KRISENSTAAT
TÜRKEI

Zum Buch

Vor kurzem noch galt die Türkei als Staat, der West und Ost, Islam und Demokratie vereint, der Vorbild sein kann für die gesamte Region. Heute ist die Türkei ein Krisenstaat, der sich von inneren und äußeren Feinden bedroht sieht und in dem Demokratie und Rechtsstaatlichkeit erheblich unter Druck geraten sind. Rücksichtslos lässt Präsident Recep Tayyip Erdoğan Andersgläubige und Andersdenkende verfolgen, immer heftiger provoziert er Konflikte mit Nachbarn und außenpolitischen Partnern, nicht zuletzt mit Deutschland. SPIEGEL-ONLINE-Korrespondent Hasnain Kazim hat miterlebt, wie sich die Türkei in den vergangenen Jahren radikalisierte. Er zeigt, wie explosiv die Situation im Land ist und was das Ende der Demokratie am Bosporus bedeutet – für die Türkei, für die Region und für Europa.

Zum Autor

Hasnain Kazim, 1974 als Sohn indisch-pakistanischer Einwanderer in Oldenburg geboren, schreibt seit 2004 für SPIEGEL ONLINE und den SPIEGEL. Seit 2009 lebt er als Korrespondent im Ausland, von 2013 bis 2016 berichtete er aus Istanbul. Nachdem er die Türkei verlassen musste, ist er heute Korrespondent in Wien. Bei allem politischen und religiösen Extremismus, dem Kazim bei seiner Arbeit begegnet, versucht er, auch das Schöne und Alltägliche zu beschreiben. Für seine Berichterstattung wurde er als »Politikjournalist des Jahres« geehrt und mit dem »CNN Journalist Award« ausgezeichnet. Zuletzt veröffentlichte er unter dem Titel »Plötzlich Pakistan« seine Erfahrungen als Auslandskorrespondent (2015).

Hasnain Kazim

KRISENSTAAT TÜRKEI

Erdoğan und das Ende der Demokratie am Bosporus

Deutsche Verlags-Anstalt

Das Mottozitat auf Seite 9 ist mit freundlicher Genehmigung
des Verlags dem Band *Istanbul: Erinnerungen an eine Stadt*
von Orhan Pamuk entnommen (Carl Hanser Verlag, München, 2006).

Sollte diese Publikation Links auf Webseiten Dritter enthalten,
so übernehmen wir für deren Inhalte keine Haftung, da wir
uns diese nicht zu eigen machen, sondern lediglich auf deren
Stand zum Zeitpunkt der Erstveröffentlichung verweisen.

MIX
Papier aus verantwor-
tungsvollen Quellen
FSC
www.fsc.org   **FSC® C014496**

Verlagsgruppe Random House FSC® N001967

1. Auflage
Copyright © 2017 Deutsche Verlags-Anstalt, München, in der
Verlagsgruppe Random House GmbH, Neumarkter Straße 28,
81 673 München, und SPIEGEL-Verlag, Hamburg,
Ericusspitze 1, 20 457 Hamburg
Umschlag: Büro Jorge Schmidt, München
Umschlagmotiv: Halil Sağırkaya / Anadolu Agency / Getty Images
Satz: Satz im Verlag
Gesetzt aus der Minion Pro
Printed in Germany
ISBN 978-3-421-04784-7

www.dva.de

Dieses Buch ist auch als E-Book erhältlich.

Meinen Kolleginnen und Kollegen in
der Türkei.

Denen, die Tag für Tag mutig ihrem
Beruf nachgehen.

Denen, die ihre Arbeit verloren haben,
nur weil sie sie gemacht haben.

Und denen, die deswegen im
Gefängnis sitzen.

Inhalt

»Die Freude an Fahrten auf dem Bosporus rührt daher, dass man, inmitten einer geschichtsträchtigen, verwahrlosten Großstadt, in sich die unbändige Energie des Meeres fühlt. Wer sich auf den schnellen Wassern des Bosporus dahinbewegt, der spürt, wie in der lauten, schmutzigen Stadt die Meereskraft auf ihn übergeht und dass es inmitten von Menschenmengen, übermächtiger Geschichte und Architektur immer noch möglich ist, allein und frei zu bleiben.«

Orhan Pamuk, *Istanbul*

Ankunft: Ein Land in Aufruhr

Rote Fähnchen mit weißem Halbmond und weißem Stern überall. Hunderte, nein, Tausende. An jeder Straßenkreuzung, an Zäunen und Brückengeländern. An Gebäuden wehte die »Rote Flagge mit dem Mondstern«, wie die Flagge der Republik Türkei genannt wird, meist in großem Format. Ein schönes, kräftiges Rot, im Kontrast zum reinen Weiß des Halbmondes und des Sterns, eine Flagge, über deren Herkunft es viele Legenden gibt. In nicht wenigen ist vom Blut gefallener osmanischer Soldaten die Rede. In einer Erzählung soll ein Sultan nach einer gewonnenen Schlacht in einem von Blut gefärbten See die Spiegelung des Mondes und eines Sterns gesehen haben und so von diesem Anblick berührt worden sein, dass er ihn auf der Flagge verewigte. Andere Interpretationen betonen, dass Halbmond und Stern auf der Flagge zu sehen seien, weil sie islamische Symbole sind.

An den Brücken der Schnellstraße hingen im Mai 2012 Porträts von Recep Tayyip Erdoğan, damals Premierminister der Türkei und heute Staatspräsident, daneben auch immer wieder das Gesicht von Mustafa Kemal Atatürk, dem Gründer der Republik Türkei. »Welcome, Mr. Prime Minister Erdoğan!« stand auf einem Banner. »Turkey is our best friend« auf einem anderen. Und: »Pakistan-Turkey Friendship Zindabad!« – »Lang lebe die Freundschaft zwischen Pakistan und der Türkei!«

Islamabad, die Hauptstadt Pakistans, hatte sich über Nacht in Little Ankara verwandelt. Man erwartete Staatsbesuch aus der Türkei. Eine befreundete türkische Diplomatin hatte mir erzählt, sie habe in den kommenden Tagen kaum Zeit, da sie den Besuch von »Erdoğan und ein paar Ministern« vorbereiten müsse.

»Ein paar Minister?«, fragte ich verwundert. Während der Jahre, in denen ich als Korrespondent in Pakistan lebte, von 2009 bis 2013, war Außenminister und Vizekanzler Guido Westerwelle der ranghöchste deutsche Besucher gewesen. Er kam mit einer kleinen Delegation. Und aus der Türkei reiste der Premierminister gleich mit mehreren Ministern an?

»Ja, er bringt sein halbes Kabinett mit«, antwortete die türkische Diplomatin. Sie sah mein Erstaunen. »Und etwa tausend Geschäftsleute.« Erdoğan komme »relativ oft« nach Pakistan, ergänzte sie noch, bevor sie sich mit dem Hinweis entschuldigte, sie habe nun einiges zu tun.

Die Türkei genießt in manchen Teilen der Welt ein viel höheres Ansehen als in Deutschland. Pakistanische Politiker zum Beispiel bemühen das Land oft als Vorbild. Der frühere Militärdiktator Pervez Musharraf hatte sieben Jahre seiner Kindheit in Ankara verbracht, wo sein Vater einen Posten an der pakistanischen Botschaft innehatte und wo auch seine Mutter Arbeit als Schreibkraft fand. Diese Zeit sollte, wie Musharraf mir später erzählte, einen großen Einfluss auf seine Weltsicht haben: »Von der Türkei habe ich viel gelernt, was ich für Pakistan wollte.« Die Tatsache, dass ein islamisches Land existierte, das wirtschaftlich prosperierte, das die Demokratie vorantrieb, das nicht nur im Nahen und Mittleren Osten politischen Einfluss besaß, sondern auch im Westen, beeindruckte ihn. Er war fasziniert von dem Umstand, dass der Islam in der Türkei zwar die Gesellschaft prägte, aber nicht auf eine so dogmatische, erdrückende Art wie in anderen Teilen der Welt, einschließlich seines eigenen Landes.

Im Westen weitgehend unbemerkt hat die Türkei sich für Pakistan zu einem wichtigen Partner entwickelt. So half die türkische Regierung etwa im Jahr 2005 bei der Annäherung zwischen Pakistan und Israel. Beide Staaten erkennen sich bis heute diplomatisch nicht an, doch weil Israel damals Bereitschaft zeigte, einen Staat Palästina zuzulassen, und der damalige israelische Premierminister Ariel Sharon als Signal in diese Richtung tatsächlich jüdische

Siedlungen in Gaza räumen ließ, trafen sich am 1. September 2005 erstmals der pakistanische und der israelische Außenminister zu Gesprächen – dank Vermittlung der türkischen Regierung. Das Treffen in Istanbul war ein historisches Ereignis, wurde in der westlichen Welt jedoch kaum wahrgenommen.

Wenige Wochen später, am 8. Oktober 2005, bebte in Kaschmir, im Norden Pakistans, die Erde. Das Epizentrum lag in der von Pakistan verwalteten Region Asad Kaschmir. Schätzungsweise neunzigtausend Menschen starben in Pakistan, bis zu zweitausend im benachbarten Indien. Es war eine Naturkatastrophe von unvorstellbarem Ausmaß, das schwerste Erdbeben in der Geschichte Pakistans, mit Hunderten zerstörten Dörfern und Städten.

Wer heute im pakistanischen Kaschmir durch die Regionalhauptstadt Muzaffarabad fährt, fühlt sich wie in Anatolien: Viele Häuser sind rosa- oder türkisfarben, die Moscheen haben, wie in der Türkei üblich, zwei Minarette, eine in Pakistan eher untypische Architektur. Die Erklärung dafür ist simpel: Es waren türkische Bauunternehmen, die die völlig zerstörten Orte wiederaufgebaut haben – mit türkischen und internationalen Hilfsgeldern. Die Menschen in Kaschmir fanden den Baustil, die Farben, die Architektur zunächst zwar gewöhnungsbedürftig, aber sie waren dankbar, dass ihre Heimat so schnell wiederhergerichtet wurde, und das auch noch moderner als zuvor. Für die Betroffenen war die Türkei nun: ein selbstloser Helfer, ein großartiges Land, ein Freund der Pakistaner, ein Partner, auf den Verlass ist. Die Türkei war das, was man sich idealerweise unter einem islamischen Bruderland vorstellte.

Meine Frau Janna und ich kannten die Türkei bis 2013 kaum. Bei Reisen zwischen unserer Heimat in Deutschland und unserem Wohnort in Pakistan waren wir oft in Istanbul umgestiegen. Von oben, nur so viel konnten wir beurteilen, sah die Stadt mit dem Bosporus, der sich zwischen den Hügeln entlangschlängelte, dem Marmarameer, den vielen alten Moscheen verheißungsvoll aus. Einmal, als ich alleine unterwegs war, blieben mir in Istanbul mehrere Stunden bis zum Anschlussflug. Ich nahm mir ein Taxi und absolvierte das Touristenprogramm: Hagia Sophia und Blaue Moschee, ein Blick auf den Bosporus – und zurück zum Flughafen. Von da an wusste ich: Istanbul ist wirklich so aufregend und so vielfältig, wie es aus dem Flugzeug aussieht. Dabei hatte ich die Stadt noch gar nicht von ihrer besten Seite gesehen, denn es war ein kalter, regnerischer Tag.

Aber auch wenn wir nur wenig von der Türkei kannten, nahmen wir wahr, wie viel positiver das Türkei-Bild in Pakistan war im Vergleich zu Deutschland. Und uns wurde bewusst, welch gewichtige Rolle die Türkei in großen Teilen der islamischen Welt spielte.

Ganz plastisch wurde mir das einmal in Kabul, Afghanistan, vor Augen geführt. Die Bundeswehr, die ihr Mandat hier pflichtbewusst erfüllte, tat sich schwer, einen Draht zur Bevölkerung aufzubauen. Ich sah, wie distanziert der Umgang zwischen Soldaten und Einheimischen war, wie mühsam es für die Deutschen war, das Vertrauen der Afghanen zu gewinnen, auch weil sie die Mentalität der Afghanen kaum verstanden. Sehr viel einfacher fiel das den türkischen Truppen im Land, was sich vor allem zeigte, wenn es Probleme zwischen den Einheimischen und den internationalen Truppen gab. Als sich einmal ein Dorf beschwerte, dass Soldaten mit ihren Panzern eine Straße zerstört hatten, stapfte ein türkischer General ohne große Formalitäten zum Dorfältesten, zog vor dessen Hütte die Kampfstiefel aus und setzte sich im Schneidersitz zu ihm und einer Reihe weiterer alter Männer auf den Teppich. Der Dolmetscher des Offiziers, ein junger Afghane, setzte sich hinter ihn. Man trank gemeinsam Tee, erkundigte sich gegenseitig nach dem Wohlergehen der Kinder und Enkel, um schließlich in freundschaftlicher Atmosphäre das Problem zu besprechen. Ohne allzu viele Worte einigte man sich, dass ein paar Nato-Soldaten die Straße in den kommenden Tagen reparieren würden. Damit war die Sache erledigt.

Fragte man Afghanen, wen von den internationalen Truppen sie am liebsten mochten, fiel die Antwort eindeutig aus: die Türken! Kein Wunder, sagten mir Bundeswehrsoldaten, die türkischen Soldaten hätten ja im Gegensatz zu anderen Nato-Truppen auch keinen Kampfauftrag in Afghanistan. Gewiss. Aber sicher spielte bei der Wertschätzung durch die afghanische Bevölkerung auch die kulturelle und religiöse Nähe zu den türkischen Soldaten eine Rolle: Man konnte überzeugend vermitteln, dass man da war, um zu helfen, nicht um zu erobern.

Ich war beeindruckt von diesem Türkei-Bild. Und offensichtlich auch viele Politiker in Deutschland, in den USA und in anderen westlichen Staaten. Die Türkei war seit 1952 Mitglied der Nato, war also nur drei Jahre nach der Gründung zum westlichen Militärbündnis hinzugestoßen und bot sich jetzt zunehmend als Mittlerin zwischen den Kulturen an. Angela Merkel, damals noch Oppositionsführerin, nannte die Türkei 2004 ein »wahnsinnig erfolgreiches Land« mit »unglaublichen Wachstumsraten« und deutete an, dass sie es für denkbar halte, dass das Land die Kriterien für eine Aufnahme in die EU erfüllen könne. Doch später schien sie diese Haltung zu revidieren, immer wieder ließ sie Skepsis durchblicken, ob die Türkei wirklich Mitglied der EU werden könne. Statt von einer Mitgliedschaft sprach sie nun, sehr zur Verärgerung des türkischen Premierministers, von einer »privilegierten Partnerschaft« zwischen EU und Türkei und von einem »dritten Weg«.

In den ersten Jahren unter der Regierung der islamisch-konservativen Partei AKP, ab 2002, wurde die Türkei in Europa und Amerika gefeiert. Erdoğan hatte sein Land mit hochfliegenden Plänen modernisiert und gleichzeitig mit seiner osmanischen Vergangenheit versöhnt. Er rettete die Türkei vor dem Staatsbankrott, brachte ihr wirtschaftlichen Aufschwung und soziale Stabilität. Und die Welt entdeckte Istanbul, jene Metropole, die sich als einzige Stadt der Welt über zwei Kontinente erstreckt und nicht nur rein geografisch, sondern auch kulturell eine Brücke zwischen Europa und

Asien, zwischen West und Ost bildet. Plötzlich wurde Istanbul zu »Istancool«.

Janna und ich hatten mehrere Jahre in Pakistan gelebt, in einer Zeit, in der sich die Sicherheitslage dort dramatisch verschlechtert hatte. Tag für Tag gab es im Land Terroranschläge. Die Checkpoints auf der Straße, die Stacheldrahtzäune und Mauern, die allgegenwärtige Waffenpräsenz, die Sicherheitskontrollen vor Hotels, Restaurants, Geschäften und Banken begannen, uns zunehmend zu belasten. Außerdem hatten wir nun einen kleinen Sohn, der Waffen nicht für etwas ganz Alltägliches halten sollte. Wir sehnten uns nach einem ruhigeren Wohnort, ohne Terror, ohne gewalttätige Demonstrationen, ohne Ausnahmezustände, bei denen man am besten keinen Fuß vor die Tür setzte.

Fast ebenso zermürbend wie die Sicherheitslage waren die täglichen Stromausfälle. Pakistan war nicht in der Lage, genug Strom für seine Bevölkerung zu produzieren, manchmal gab es bis zu zwanzig Stunden am Tag keinen Strom, und das im Sommer bei fünfundvierzig Grad Celsius, wenn man dringend auf die Klimaanlage oder zumindest auf Ventilatoren angewiesen war, vor allem mit einem Kleinkind. Mitte 2012 waren wir uns einig, dass wir höchstens noch ein Jahr bleiben wollten.

Als neuer Posten erschien uns Istanbul immer attraktiver. Nach Pakistan, einem islamischen Land mit gewaltigen Problemen, könnten wir nun ein islamisches Land erleben, das vielen als Musterbeispiel galt. Zudem liegt Istanbul strategisch günstig, von dort aus ließe sich problemlos die gesamte Region bereisen, auch weil von kaum einer anderen Stadt so viele internationale Ziele angeflogen werden. Istanbul klang wie eine Verheißung. Zu unserer Freude stimmte meine Chefredaktion zu, sie hielt den Standort Istanbul für eine gute Idee. Wir sollten im Juli 2013 umziehen.

Doch die Hoffnung auf einen ruhigeren Wohnort zerschlug sich, noch bevor die Kartons gepackt waren: Ende Mai 2013 brachen in Istanbul die Gezi-Proteste aus. Diese Demonstrationen stellen einen historischen Wendepunkt in der Geschichte der Türkei dar, die sich fortan in ein »vor Gezi« und »nach Gezi« teilen sollte. Die Proteste von einer Handvoll Stadtplanern und Umweltschützern richteten sich zunächst gegen den Bau eines Einkaufszentrums im Istanbuler Gezi-Park. Die Demonstranten wollten diesen kleinen Park neben dem Taksim-Platz, im Zentrum des europäischen Teils der Stadt, vor der Zerstörung retten. Im Zuge des wirtschaftlichen Aufstiegs war in der Türkei ein Bauboom ausgebrochen: Shoppingmalls, Wohntürme, mehrspurige Schnellstraßen pflasterten das Land, vor allem im Herzen Istanbuls drohten die Grünflächen zu verschwinden. Infrastrukturprojekte waren ein wesentliches politisches Instrument der türkischen Regierung, jedes vollendete Großbauwerk verstand sie als Beweis ihrer erfolgreichen Politik, als ein in Beton gegossenes Zeichen ihrer Macht.

Anstatt das Gespräch mit den Gezi-Demonstranten zu suchen und den Konflikt zu entschärfen, ignorierte Premierminister Erdoğan die Proteste zunächst ein paar Tage lang und ließ dann die Polizei gewaltsam gegen sie vorgehen. Mit Tränengas und Knüppeln glaubte er, die Protestierenden vertreiben zu können.

Entsetzt über die Gewaltbereitschaft der Regierung schlossen sich Studenten, Angestellte, Junge und Alte, Arme und Reiche den Demonstrationen an. Der kleine, auf Istanbul begrenzte Protest zum Erhalt eines unscheinbaren, nicht einmal besonders schönen Parks schwoll nun an zu einer landesweiten Protestwelle gegen den autoritären Regierungsstil Erdoğans. Der hatte zwar schon seit langem mit harter Hand regiert, wie Oppositionelle beklagten. Doch jetzt wurden seine aufbrausende Art und seine unerbittliche Haltung für die ganze Welt sichtbar.

Die Proteste ließen die türkische Zivilgesellschaft erwachen, man begann, sich gegen den Autoritarismus der Regierungspartei zu wehren. Endlich brachen, so nahm man es von außen wahr, viele Türken mit ihrer Untertanenmentalität und entdeckten, dass man zu seiner Regierung auch nein sagen konnte. Nicht von ungefähr wirkten die Gezi-Proteste mitunter wie ein landesweites Freiheitsfest. Wann immer sich die Polizei zurückzog, feierten Tausende im Gezi-Park und auf dem angrenzenden Taksim-Platz eine Party.

Erdoğan zeigte kein Verständnis für die immer lauter werdende Kritik an ihm, im Gegenteil: kein ausgleichendes Wort an die Demonstranten, keine beschwichtigende Geste, stattdessen beschimpfte er die Protestierenden als »Terroristen« und »Plünderer«. Gewiss mischten sich unter die Demonstranten auch Randalierer, suchten manche die gewaltsame Auseinandersetzung mit der Staatsmacht. Doch es waren vor allem die Sicherheitskräfte, die mit unverhältnismäßiger Brutalität gegen meist friedlich demonstrierende Menschen vorgingen und die Situation so eskalieren ließen.

In dieser hitzigen Atmosphäre kamen wir Ende Juli 2013 in der Türkei an. Bereits einige Wochen vor unserem Umzug waren wir für ein paar Tage in Istanbul gewesen und hatten eine Wohnung im Stadtteil Galata gefunden, nur ein paar Meter vom Galataturm entfernt. Bis zum Taksim-Platz, wo es immer noch brodelte, waren es nur etwa fünfzehn Minuten Fußweg.

Es war Ramadan, was in Pakistan bedeutete, dass die Menschen strikt fasteten. Selbst Wasser konnte man nicht in der Öffentlichkeit trinken, ohne tadelnde Blicke auf sich zu ziehen – trotz der unerträglichen Sommerhitze. Der Abschied von Islamabad war uns schwergefallen, auch wenn wir die Bedeutung der Religion in der Gesellschaft als immer erdrückender empfanden. Kurz vor unserem Umzug war unser Lieblingscafé von der Polizei gestürmt und geschlossen worden, weil es trotz Ramadan tagsüber geöffnet hatte und Speisen und Getränke anbot. Der Cafébesitzer hatte die Fenster zur Straßenseite vorsorglich mit Strohmatten zugehängt, um kein Aufsehen zu erregen und die draußen vorbeilaufenden Fastenden nicht zu stören und um den Gästen drinnen eine geschützte Atmosphäre zu bieten, in der sie sich frei entscheiden könnten, trotz Ramadan tagsüber etwas zu essen und zu trinken. Trotz dieser Vorsichtsmaßnahmen musste sich jemand beschwert haben, denn nun war der Laden plötzlich geschlossen. Wenigstens dieser Art der religiösen Bevormundung würden wir nun entkommen, glaubten wir.

Und tatsächlich, in Istanbul angekommen, trauten wir unseren Augen nicht: Die Leute saßen in Straßencafés – und tranken Bier und Wein! Sie kamen uns geradezu hemmungslos vor. Alkohol am helllichten Tag, mitten im Ramadan! Und das in einem islamischen Land! In manchen Bars hatten die Gäste eine meterhohe Biersäule vor sich und zapften sich selbst nach, wenn das Glas leer war – man konnte hier Efes, das türkische Bier, im Meter bestellen. Wir stellten uns vor, was wohl passiert wäre, wenn das jemand in Pakistan gewagt hätte.

Für Janna und mich war Istanbul eine Befreiung. Nicht nur beim Fasten sprangen uns die Unterschiede sofort ins Auge, auch bei der Kleiderwahl erwies sich die Bevölkerung Istanbuls als bunt und tolerant. Frauen trugen Kopftücher oder auch nicht, waren voll verschleiert oder in Miniröcken. In Pakistan hatte Janna nie T-Shirts oder kurze Röcke in der Öffentlichkeit getragen, sondern immer darauf geachtet, dass Arme und Beine bedeckt waren. Jetzt war es für sie zunächst schwer, sich an die neue Offenheit zu gewöhnen. Wir spürten, wie sehr uns die Jahre in Pakistan geprägt hatten – und wie sehr der Blick auf ein Land von den Vergleichsmöglichkeiten abhängt. Aus deutscher Perspektive war Istanbul alles in allem sicher konservativ, aus pakistanischer Sicht aber sehr, sehr liberal. Für uns war die Stadt eine ideale Mischung aus Hamburg und Islamabad, unseren beiden vorangegangenen Wohnorten. Sie hatte das Beste aus beiden Welten. Wir waren begeistert!

»Wartet's ab!«, warnte uns ein Freund mit türkischen Wurzeln, der viele Jahre in Istanbul verbracht hatte. »An der Oberfläche sieht in diesem Land alles toll aus. Aber darunter brodelt es.« In Wahrheit sei die türkische Gesellschaft viel mehr Islamabad als

Hamburg, entgegnete er auf meinen Vergleich. »Ihr werdet euch noch wundern!«

Nicht einmal ein Jahr später, im Mai 2014, sollte ich das am eigenen Leib erfahren. Zu diesem Zeitpunkt waren die Gezi-Proteste abgeflaut, im ganzen Land hatte Erdoğan die Demonstranten von der Polizei wegprügeln lassen. Wann immer sich in den Wochen und Monaten darauf eine Gruppe von Protestierenden auf die Straße traute, waren die Sicherheitskräfte innerhalb von Minuten zur Stelle. Auf dem Taksim-Platz wimmelte es dauerhaft von Polizisten und seltsamen Gestalten in schlecht sitzenden Anzügen, die ihr Dasein als Aufpasser über die öffentliche Ordnung kaum verbergen konnten.

Mehrere Male erlebte ich, wie in der Istiklal Caddesi, der Haupteinkaufsstraße und Fußgängermeile, die von unserem Viertel Galata zum Taksim-Platz führte, plötzlich Wasserwerfer auftauchten und Polizisten Tränengas in die Menge schossen, weil eine kleine Gruppe von Demonstranten Slogans gegen die Regierung skandierte oder ein Transparent mit einem Erdoğan-kritischen Spruch entrollte. Ohne Rücksicht auf Passanten und Touristen schossen die Sicherheitskräfte in die Menge. Auch ich musste mich mehr als einmal in das nächstbeste Geschäft flüchten, um mich vor dem Tränengas in Sicherheit zu bringen.

Einmal geriet ich auch mit meiner Familie in eine brenzlige Situation. Wir waren mit dem Kinderwagen beim Einkaufen, als wir plötzlich Glas klirren hörten und sahen, dass Steine flogen und Tränengas eingesetzt wurde. Wir harrten in einem Laden in einem Einkaufszentrum aus und überlegten, wie wir möglichst unbeschadet nach Hause gelangen konnten. In einer Feuerpause liefen wir aus dem Gebäude und so schnell wie möglich in eine parallel verlaufende Gasse, in der keine Demonstranten waren und damit auch keine Sicherheitskräfte. Wir hatten rasch gemerkt, dass die Polizei bei solchen Auseinandersetzungen nicht Freund und Helfer war, sondern Partei in einem Konflikt – auch für unbeteiligte

Passanten. Manchmal wurde jemand willkürlich festgenommen und abgeführt, vermutlich zum nächsten Polizeibus oder gleich zur Polizeistation. Bei solchen Verhaftungen kamen gelegentlich auch Gummiknüppel zum Einsatz, und oft traf es Menschen, die ich selbst ein paar Minuten zuvor durch die Läden bummeln gesehen hatte und die nun plötzlich im Verdacht standen, Demonstranten und damit Staatsfeinde zu sein. Aber diese Brutalität gegenüber unbescholtenen Bürgern schien Erdoğan, der türkischen Regierung und der Polizei egal zu sein. Was hatten diese Leute auch in der Nähe der Demonstranten verloren? Sie waren selbst schuld, wenn sie verhaftet wurden. Auch dass dieses Vorgehen eine verheerende Wirkung auf das Image der ansonsten so gast- und touristenfreundlichen Türkei hatte, bekümmerte anscheinend niemanden.

Auch wenn ich Istanbul weiterhin für einen sichereren Ort als Islamabad hielt, wurde mir jedoch schnell klar, dass es auch hier Ressentiments gegenüber dem Westen gab und dass man ausländische Journalisten nicht unbedingt willkommen hieß, sondern sie als Spione und Handlanger ihrer jeweiligen Regierung misstrauisch beäugte – ähnlich wie in Pakistan. Mein Vorteil war, dass ich äußerlich als Araber, Afghane oder Pakistaner durchging und jedenfalls als Muslim wahrgenommen wurde. Das half, um Vertrauen zu gewinnen. Ich war nicht so leicht in eine Schublade zu stecken, und man konnte mich innerhalb des komplizierten türkischen Politik- und Gesellschaftsgefüges in keinem Lager verorten – nicht bei den Islamisten, nicht bei den Säkularen, nicht bei den Nationalisten, nicht bei den Kurden. Eines machten mir meine Gesprächspartner, insbesondere regierungsnahe, jedoch durch die Bank weg schnell klar: Man erwartete von mir Verständnis für ihre Sichtweise, ein größeres als von einem Deutschen, für den man mich ja nicht hielt, jedenfalls nicht für einen richtigen.

Ich begann, die türkische Sprache zu lernen, wobei mir viele Begriffe bekannt vorkamen, da es sie auch in Urdu gibt. Urdu, die

Amtssprache in Pakistan, kennt viele türkische Begriffe. Ich hatte diese Sprache als Kind gelernt. Muss man als Korrespondent die Sprache des Landes, aus dem man berichtet, beherrschen? Nicht unbedingt, aber es ist von großem Vorteil. Man bekommt viel mehr mit, nicht nur bei offiziellen Terminen und in Pressekonferenzen, sondern auch in der U-Bahn, auf dem Markt, in alltäglichen Situationen. Allerdings ist es für einen Korrespondenten, der in unterschiedlichen Ländern arbeitet, unmöglich, alle Landessprachen zu beherrschen. Während ich in Pakistan mit meinen Urdu-Kenntnissen gut zurechtkam, musste ich in der Türkei bei null beginnen. Erschwerend kam hinzu, dass Englischkenntnisse in der Türkei weit weniger verbreitet sind als in Pakistan, das Teil des Britischen Empire gewesen war. Ich belegte einen Türkischkurs an einer Sprachschule und lernte in meiner Freizeit Vokabeln. Auch wenn mir klar war, dass ich die Sprache nie so gut beherrschen würde, dass ich ein Interview auf Türkisch führen könnte, konnte ich immerhin bald die Überschriften und den Inhalt von Zeitungsartikeln erfassen und Alltagsunterhaltungen folgen. Außerdem arbeitete ich mit sehr guten Übersetzern und Dolmetschern zusammen und konnte mich auf ein Netz von Kontakten verlassen, das mir weiterhalf, wenn ich etwas nicht verstand.

Es waren jedoch nicht Sprachschwierigkeiten, die sehr bald und für mich überraschend zu Problemen führen sollten, sondern es war meine Berichterstattung, die der Regierung nicht passte.

Im Mai 2014, wir waren noch nicht einmal ein Jahr in der Türkei, erzürnte ein Artikel von mir die Fans von Erdoğan so sehr, dass ich mit Drohungen überschüttet wurde. Auf Facebook und Twitter wurde ich plötzlich als Staatsfeind gebrandmarkt, Hunderte drohten, mich umzubringen. Auch mehrere regierungstreue türkische Zeitungen berichteten über mich und bezeichneten mich als Feind der Türkei. Meine Familie und ich sahen uns gezwungen, zu unserer eigenen Sicherheit das Land zu verlassen. Als die Lage sich beruhigte, entschieden meine Frau und ich uns

dafür, nach Istanbul zurückzukehren. Wir wollten uns nicht einschüchtern lassen, und trotz dieser bedrohlichen Erfahrung gab es
vieles, was uns in der Türkei gefiel.

Doch nach unserer Rückkehr nahm das Land eine dramatische
Entwicklung. Immer unverhohlener beanspruchte Erdoğan die
Macht für sich alleine, immer härter ging er gegen Kritiker vor. Die
Angriffe auf Presse- und Meinungsfreiheit nahmen zu, bis diese
Grundpfeiler einer Demokratie fast völlig zerstört waren. Opposi-
tionelle wurden festgenommen. Die Religion musste immer stär-
ker als prägende Kraft herhalten, die Islamisierung schritt voran.
Das Verhältnis zu Europa und Amerika verschlechterte sich. Ich
erlebte, wie die Annäherung zwischen türkischer Regierung und
der Arbeiterpartei Kurdistans, PKK, zum Stillstand kam, wie die
Friedensgespräche scheiterten und stattdessen ein Bürgerkrieg im
Südosten des Landes, in den überwiegend von Kurden bewohnten
Gebieten, begann. Ich erlebte, wie die Regierung ihre Ziele immer
stärker mit Gewalt durchsetzte, während sich Erdoğan als einziger Garant von Sicherheit und Stabilität darstellte. Und ich erlebte,
wie die PKK wieder zum Terror zurückkehrte und das Land einmal mehr mit Anschlägen erschütterte.

Gefahr drohte der Türkei auch von anderer Seite. Die Terrororganisation »Islamischer Staat« (IS) eroberte 2014 Teile des Irak
und Syriens und setzte sich in der Grenzregion zur Türkei fest. Zu
meinem Erstaunen gab es nicht wenige Menschen in der Türkei,
die Sympathien für diese Extremisten zeigten, nicht nur in Städten entlang der Grenze zu Syrien, auch im weltoffenen Istanbul.

Ganz offen rekrutierte der IS in der Türkei neue Kämpfer für
seinen Dschihad. Sie kamen aus aller Welt, aus Europa, Amerika,
Afrika und Asien. Die meisten reisten legal über Istanbul ein, von
dort an die türkisch-syrische Grenze und weiter ins Kampfgebiet.
In einem Geschäft in Istanbul, im Stadtteil Güngören, sah ich, wie
IS-Devotionalien – Flaggen, Banner, T-Shirts, Aufkleber – verkauft
wurden, ganz offen, nicht heimlich unter der Ladentheke.

Immer wieder gab es Anzeichen, dass die türkische Regierung den IS heimlich unterstützte, weil die Terrororganisation in Syrien den Machthaber Baschar al-Assad bekämpfte. Ihn hatte Erdoğan nach Jahren der Freundschaft plötzlich zum Feind erklärt. Als in Syrien im Zuge des sogenannten Arabischen Frühlings Proteste ausbrachen und das Land im Bürgerkrieg versank, sah Erdoğan eine Chance, seine Macht auszubauen. Der IS, so seine Überzeugung, könnte dazu beitragen, den Alawiten Assad zu stürzen und eine sunnitische Führung an die Macht zu bringen, die sich der Türkei unterordnen und damit den Einfluss der Türkei in der Region stärken würde.

Beweise für eine tatsächliche Unterstützung des IS durch die Türkei gab es nicht, doch hielt sich die türkische Regierung mit Kritik an der Terrormiliz auffällig zurück. Dem Vorwurf, verletzte IS-Terroristen würden in türkische Krankenhäuser entlang der Grenze zu Syrien gebracht und dort behandelt, entgegneten türkische Regierungspolitiker, in der Türkei würde jeder behandelt, unabhängig davon, wer er sei – man frage auch nicht nach. Als über Waffenlieferungen der Türkei an Extremisten in Syrien – darunter womöglich auch an den IS – berichtet wurde, gerieten wir Journalisten wieder als »Volksverräter« und »Feinde« ins Fadenkreuz der Regierung. Anders als türkische Kollegen wurde ich nicht verhaftet oder angeklagt, doch abermals erhielt ich Hunderte von Drohmails. Diesmal versuchte ich, sie so gut wie möglich zu ignorieren.

Irgendwann verschwanden die Läden mit den IS-Fanartikeln. Es war auch nicht mehr möglich, Mitglieder des »Islamischen Staats« auf türkischem Boden zu treffen. Der öffentliche Druck, vor allem aus dem Ausland, hatte die Türkei offensichtlich zum Umdenken bewogen. Doch dadurch wuchs die Gefahr für die Türkei selbst. Erstmals drohte die Terrororganisation der Türkei offen mit Racheakten. Nachdem türkische Kampfjets IS-Stellungen in Syrien bombardiert hatten, veröffentlichten die Dschihadisten ein

Video, in dem sie Erdoğan den Krieg erklärten. Er sei ein »Verbündeter des Westens«, sagte ein junger Mann in die Kamera.

Seither hat es mehrere Terroranschläge des IS in der Türkei gegeben, einige davon in Istanbul, an öffentlichkeitswirksamen Stellen wie nahe der Hagia Sophia, auf der Istiklal Caddesi und am Atatürk-Flughafen. Anfang 2017, das neue Jahr war noch keine zwei Stunden alt, erschoss ein IS-Terrorist in einem Nachtclub neununddreißig Menschen, die dort Silvester feierten. Das Video der Terrororganisation war keine leere Drohung gewesen.

Im Frühjahr 2016 habe ich die Türkei verlassen müssen, unfreiwillig. Meine Akkreditierung als Korrespondent wurde nicht verlängert, und damit hatten meine Familie und ich keine Aufenthaltsgenehmigung mehr. Stattdessen wurde mir zugetragen, ich würde möglicherweise wegen »Unterstützung einer terroristischen Organisation« angeklagt werden. Ich hatte, wie nahezu jeder Korrespondent in der Türkei, mit PKK-Anhängern gesprochen, ohne für sie Sympathien zu hegen oder mich gar mit ihnen gemeinzumachen, wie mir von Erdoğan-Anhängern unterstellt wurde. Es ist journalistische Pflicht, möglichst alle Seiten zu hören. Dass ich auch Kontakte zu IS-Leuten hatte, störte dagegen niemanden. Angesichts der Gefahr, angeklagt, mit einer Ausreisesperre belegt und einen womöglich langen Prozess über mich ergehen lassen zu müssen, entschied ich mich, mit meiner Familie das Land zu verlassen.

Wenn wir gewusst hätten, was in der Türkei auf uns zukommt, wären wir trotzdem dorthin gezogen? Ist Istanbul, diese stadtgewordene Schönheit, es wert, all die Wut, den Hass, die Gewalt zu ertragen? Darf man sich als Journalist, der vor Ort sein will, wenn eine Geschichte passiert, diese Frage überhaupt stellen? Oder muss man es sogar, weil man nicht alleine, sondern mit der ganzen Familie dort lebt und eine Verantwortung nicht nur für sich selbst hat?

Über all das schreibe ich in diesem Buch. Es ist die jüngste Geschichte der Türkei, und es ist meine Geschichte in der Türkei.

Anfänge: Atatürk und sein Erbe

Die Geschichte prägt die Gegenwart. In kaum einem anderen Land wird das so spürbar wie in der Türkei. Manche politische Entscheidung, mancher Komplex, manche Irrationalität lässt sich erklären, wenn man bedenkt, dass die Türkei einmal Herzland eines großen Reichs war, eine beeindruckende Weltmacht, deren Staatsgebiet von Nordafrika über Europa bis nach Asien reichte. Obwohl der Zusammenbruch des Osmanischen Reichs nun ein Jahrhundert zurückliegt, scheint er bis heute nicht verwunden.

Um die heutige Türkei zu verstehen, ist ein Rückblick auf die Geschichte unerlässlich – auf eine große, traditionsreiche Historie. Von diesem historischen Erbe zehrt die Türkei bis heute. In seinem Selbstverständnis, seiner Politik, seinem Auftreten beruft Erdoğan sich auf diese einstige Bedeutung und Größe. Oft nennen ihn Kritiker einen »Sultan«, aber im Kern trifft das sein Gebaren. Die vielen prächtigen Moscheen, von vielen Touristen bewundert, sind architektonische Erinnerungen an die Macht der Sultane, und so verwundert es nicht, dass Erdoğan noch heute Moscheen bauen lässt, die sich im Stil an den alten Bauten orientieren. Einen wichtigen Teil der Geschichte blendet die aktuelle Politik der Türkei aber aus: dass das Osmanische Reich ein Vielvölkerstaat war, mit unterschiedlichen Sprachen, Religionen, Kulturen und Anschauungen. Wenn man die Lage der Minderheiten in der Türkei heute betrachtet, wenn man sieht, wie sehr Nationalismus und die Stärkung des »Türkentums« die Politik prägen, ist von dieser früheren Vielfalt nicht mehr viel zu spüren.

Dass die Vorfahren der heutigen Türken aus dem Osten kamen, aus Zentralasien bis hin zur Mongolei, und zum Teil Nomaden waren, sei hier nur der Vollständigkeit halber erwähnt. Erste

Hinweise auf diese Ahnen finden sich in chinesischen Quellen aus dem zweiten Jahrhundert. Ab 1040 regierten eineinhalb Jahrhunderte lang die Seldschuken, eine Fürstendynastie, die im neunten Jahrhundert zum sunnitischen Islam konvertiert war und diese Religion nun in die Region brachte. Bis etwa zum elften Jahrhundert hatte sich die Islamisierung der hier lebenden Menschen vollzogen. Mit ihrem Sieg in der Schlacht von Manzikert, dem heutigen Malazgirt im Osten der Türkei, im Jahr 1071, hatten die Muslime in Anatolien ihren Machtanspruch manifestiert. Die Region war ethnisch und kulturell heterogen, hier lebten Araber, Armenier, Griechen, Juden, Kurden. Mit dem Sieg der Seldschuken in Manzikert begann der allmähliche Niedergang des Byzantinischen Reichs.

Die Seldschuken wiederum wurden 1243 von den Mongolen geschlagen. Fünfzehn Jahre später, 1258, in einer Situation der politischen Instabilität, kam in der Kleinstadt Söğüt, zweihundert Kilometer südöstlich von Istanbul, ein Junge zur Welt, der als Osman I. in die Geschichte eingehen sollte. Nach ihm ist das Osmanische Reich benannt. Osman I., Sohn des Clanführers Ertuğrul, war der erste Sultan und Begründer einer Dynastie, die über sechs Jahrhunderte die wechselhaften Geschicke des Landes bestimmen sollte. Osman I. wird von osmanischen Geschichtsschreibern als *gazi* dargestellt, als islamischer Rechtsgelehrter, der den Islam in einer Art heiligem Krieg gegen das Christentum behaupten wollte. Die Christianisierung war in diesem Teil der Welt, ausgehend von Europa, weit fortgeschritten. Die Missionierung war oft gewaltsam erzwungen worden, wie etwa bei den Kreuzzügen.

Osman I. begann, Ländereien in der Umgebung von Söğüt zu erobern. Aus dem Fürstentum Osman entstand das Osmanische Reich – zunächst ein kleines Land, das im Südosten die Stadt Eskişehir umfasste, im Westen aber nicht bis zum Marmarameer und im Norden nicht bis zum Schwarzen Meer reichte. Historische Quellen beschreiben, dass der Herrscher die Christen in den von ihm eroberten Gebieten nicht verfolgte, ihnen sogar mit Respekt begegnete, weil der Islam Achtung vor Andersgläubigen verlangte. Diese tolerante Haltung habe zum Erfolg der Eroberungen beigetragen, denn die Christen sahen anscheinend keinen Grund, allzu großen Widerstand zu leisten.

Die Jahreszahl, die jedes Kind in der Türkei kennt, ist 1453. Am 29. Mai jenes Jahres durchbrachen osmanische Truppen unter Sultan Mehmed II. erstmals die Stadtmauern von Konstantinopel, der Hauptstadt des Byzantinischen Reichs. Schon seit Anfang April hatte das osmanische Heer die Stadt belagert, sie am 7. April gar vollends umzingelt. Der Kaiser des Byzantinischen Reichs verfügte aber über nicht einmal siebentausend Soldaten – knapp fünftausend Griechen und zweitausend Ausländer – zur Verteidigung und hielt die Größe seiner Truppen deshalb geheim. Die osmanischen Streitkräfte wuchsen hingegen stetig an, Mitte April trafen auch die letzten Schiffe aus dem Schwarzen Meer ein. Ein erster Angriff auf die Stadt am 18. April wurde noch abgewehrt, aber am 29. Mai 1453 fiel die Stadt. Es war das Ende des Byzantinischen Reichs, die islamische Eroberung einer christlichen Bastion. Der offizielle Name der Stadt blieb für die folgenden Jahrhunderte weiter Konstantinopel, aber die Türken nannten sie im Alltag Istanbul.

In den folgenden Jahrzehnten wuchs das Reich, bis es sich Mitte des sechzehnten Jahrhunderts von Nordafrika bis in den Kaukasus, von Osteuropa bis zur Arabischen Halbinsel erstreckte. Es war ein Vielvölkerstaat, in dem der Islam dominierte. Wer kein Türke war und kein Sunnit, wurde zwar toleriert, aber nicht als Gleicher unter Gleichen akzeptiert. Die Eroberung von Kairo, Damaskus und den beiden wichtigsten heiligen Städten des Islam, Mekka und Medina, trug dem osmanischen Herrscher zusätzlich den Titel Kalif zu. Er war damit das geistliche Oberhaupt der Muslime in der ganzen Welt.

Diese Blütezeit des Osmanischen Reichs kann man heute noch in der Türkei sehen und spüren. Vor allem in Istanbul, dem »nach Lage und Bauten wohl märchenhaftesten Platz der Welt«, wie der deutsche Architekt Paul Bonatz (1877 bis 1956) einmal sagte. Einen großen Anteil daran hat Mimar (»Architekt«) Sinan, der von 1490 bis 1588 lebte und als Großbaumeister und Konstrukteur das Stadtbild von Istanbul, aber auch anderer Orte in der Türkei geprägt hat wie kein anderer vor oder nach ihm. Mehr als dreihundert Bauten werden dem Sohn eines Steinmetzen zugeschrieben, davon über achtzig Moscheen wie die Süleymaniye-Moschee in Istanbul und die Selimiye-Moschee in Edirne. Letztere bezeichnete Sinan als sein »Meisterstück«, in die er all seine Erfahrungen und sein Wissen einbrachte. Alleine ihretwegen lohnt sich ein Besuch im etwa zweihundert Kilometer westlich von Istanbul gelegenen Edirne, das einst Hauptstadt des Osmanischen Reichs gewesen war. Sinan diente als Generalbaumeister insgesamt vier Sultanen: Selim I., Süleyman I., Selim II. und Murad III. Seine Werke, nicht nur Sakralbauten, sondern auch Villen, Paläste, Badehäuser, Armenküchen und Aquädukte, geben den Städten ihr unverwechselbares Gesicht und sind Vorbild für viele Architekten – bis heute.

Der langsame Niedergang des Osmanischen Reichs begann im Jahr 1774 mit der Niederlage im Krieg gegen Russland. Hatten die osmanischen Truppen sich bis dahin immer gegen ihre Feinde behaupten können, führte die Bezwingung durch die Russen zu einem neuen Machtgefüge in der Welt und innerhalb des Osmanischen Reichs. Andere Großmächte jener Zeit – Großbritannien, Frankreich und Österreich – witterten ihre Chance, das Osmanische Reich besiegen und unter sich aufteilen zu können. Die Angst vor einer Aufspaltung des Reiches durch fremde Mächte saß tief in Istanbul. In mehreren Teilen des Reichs kam es zu Aufständen und gewaltsamen Auseinandersetzungen. Griechen, Serben, Ägypter, Wahabiten erhoben sich gegen die osmanische Zentralmacht, manche wollten sich gegen die Bevormundung wehren, andere witterten eine Chance, die eigene Macht zu vergrößern.

Kriegerische Niederlagen, Rebellionen im Inneren – mit zum Teil brutalem Vorgehen gegen Teile der eigenen Bevölkerung –, kostspielige Militärreformen sowie wirtschaftliche Probleme trugen zum Niedergang des Reichs bei. Ab dem neunzehnten Jahrhundert wurde es daher oft »der kranke Mann am Bosporus« genannt – ein Bild, das sich bis heute stark festgesetzt hat, weil man im deutschen Geschichtsunterricht meist erst dann das erste Mal vom Osmanischen Reich hört, wenn es um sein Ende geht. Bei zwei Balkankriegen 1912 und 1913 büßte das Osmanische Reich erneut große Teile seines Gebietes ein. Die Bewegung der Jungtürken, die auf Absolventen der Militärschulen und Verwaltungsakademien basierte, versuchte, eine Art konstitutionelle Monarchie einzuführen und die Schwäche des Sultans auf diese Weise auszugleichen. Am 23. Januar 1913 putschten sie sich an die Macht. Bis 1918 regierte ein »Triumvirat« aus Kriegsminister Ismail Enver Pascha, Marineminister Ahmed Cemal Pascha und Innenminister Mehmed Talaat Pascha diktatorisch. Unter ihnen kam es zum Völkermord an den Armeniern, den die Türkei bis heute nicht so bezeichnet wissen will, und sie führten das Osmanische Reich in den Ersten Weltkrieg. Die Türken traten dem Bündnis der Mittelmächte bei und kämpften an der Seite des Deutschen Reichs und Österreich-Ungarns gegen die Entente-Mächte Großbritannien, Frankreich und Russland.

Für das Osmanische Reich bedeutete der Ausgang des Ersten Weltkriegs das Ende: Im Vertrag von Sèvres wurde 1920 die komplette Zerstückelung des Territoriums beschlossen, darunter die Gründung eines armenischen und eines kurdischen Staates und die Aufteilung weiterer Gebiete unter den Siegermächten sowie Italien und Griechenland.

Für die Türken war das eine Schmach und begründete ein Misstrauen gegenüber dem Westen, das bis heute anhält. Schon im Jahr vor dem Vertrag von Sèvres hatte sich eine türkische Nationalbewegung formiert, die sich mit Waffengewalt gegen die geplante Besatzung und Bevormundung durch die Siegermächte zur Wehr setzte – ein Anführer dieser Bewegung war der Offizier Mustafa

Kemal Pascha, später Atatürk genannt. Sein Ziel war die Errichtung eines türkischen Nationalstaats, den Vertrag von Sèvres lehnte er ab, weil er ihn als Friedensdiktat empfand, als einseitige Festlegung der Bedingungen durch die Siegermächte. Erste Verdienste hatte sich Atatürk als junger Truppenführer bei der Verteidigung der Halbinsel Gallipoli 1915 erworben, als unter anderem britische, französische, australische und neuseeländische Truppen die Dardanellen unter ihre Kontrolle bringen wollten und türkische Einheiten die Meerenge erfolgreich verteidigten. Es war eine der blutigsten und brutalsten Auseinandersetzungen im Ersten Weltkrieg. Viele der Deutschen, die in dieser Schlacht ihr Leben verloren, liegen auf dem Soldatenfriedhof in Tarabya, einem Stadtteil von Istanbul.

Etliche der Gespräche und Verhandlungen, die zum Entstehen der Republik Türkei auf den Trümmern des untergegangenen Reichs führten, fanden im Istanbuler Hotel Pera Palace statt. Wer dort heute übernachten und der Geschichte nahe sein will, muss tief in die Tasche greifen. Für weniger als zweihundertfünfzig Dollar pro Nacht gibt es kein Zimmer – und das ist dann klein, mit einem winzigen Bad, in dem ein Aufenthalt »selbst für eine Person grenzwertig ist«, wie ein Gast in einem Bewertungsportal anmerkt. Aber solch eine Kritik ist natürlich kleinlich, denn immerhin handelt es sich um das älteste und traditionsreichste Hotel Istanbuls. Hier schrieb Agatha Christie ihren Bestseller »Mord im Orientexpress«, hier nächtigte die Hollywood-Ikone Greta Garbo mehrere Wochen während Dreharbeiten, hier soll die legendäre Spionin Mata Hari untergekommen sein. Auch dem James-Bond-Film »Liebesgrüße aus Moskau« diente das Pera Palace als Kulisse.

Das Hotel hat eine einzigartige Vergangenheit. Es war das erste öffentliche Gebäude in Istanbul, das einen Stromanschluss hatte, und das erste Hotel der Stadt, in dem warmes Wasser aus den Leitungen kam. Man kann hier im zweitältesten elektrisch angetriebenen Aufzug Europas fahren, älter ist nur der im Eiffelturm. Das Hotel ist eine bewohnbare Ausstellung, ein »Museumshotel« – ein Status, der zur Folge hat, dass es keine Sterne führen darf.

Der Bau des Pera Palace war ein gewagtes Unterfangen in einer Zeit, in der das Osmanische Reich vor seinem Ende stand. Die belgische Firma Compagnie Internationale des Wagons-Lits begann Ende des neunzehnten Jahrhunderts mit dem Betrieb von Luxuszügen. Ab 1883 verkehrte der Orientexpress zwischen Paris und Konstantinopel. Eine solche Reise konnten sich nur die reichsten Europäer leisten. Manche wollten sich die exotische Hauptstadt des Osmanischen Reichs anschauen, andere stiegen hier um in die Bagdadbahn. Doch weil es in Istanbul an standesgemäßer Unterbringung für die feinen Damen und Herren fehlte, beschloss das Unternehmen, im Stadtteil Pera, dem heutigen Beyoğlu, ein Hotel zu errichten. 1892 begann der Bau des Pera Palace, drei Jahre später wurde es offiziell eröffnet.

»Das Pera Palace war gleichsam als letzter Gruß des Abendlandes entlang der Route in den Orient gedacht, das denkbar glanzvollste Hotel westlicher Art in der Hauptstadt des größten islamischen Reichs der Erde«, schreibt der US-amerikanische Historiker Charles King. »Wie Istanbul selbst war auch das Hotel die erste größere Anlaufstelle für Europäer, die sich ihren Traum von einer Reise ins Fabelreich der Sultane, Harems und Derwische erfüllen wollten.«

Nachdem die Siegermächte des Ersten Weltkriegs dem Osmanischen Reich den Todesstoß versetzt hatten, war auch die Zeit der reichen Touristen vorbei, die das Pera Palace aufsuchten. Wagon-Lits stieß das Hotel 1919 ab, Käufer war ein griechischer Geschäftsmann. Ein Memoirenschreiber notierte, das Pera Palace habe sich den Ruf erworben, ein Hotel zu sein, in dem »ausländische Offiziere und Geschäftsleute von skrupellosen levantinischen Abenteurern unterhalten werden und mit gefallenen russischen Fürstinnen oder griechischen und armenischen Mädchen trinken und tanzen, deren Moral, milde ausgedrückt, so fadenscheinig ist wie ihre Gewänder«.

Reporter wie Ernest Hemingway und alliierte wie türkische Politiker, Diplomaten und Offiziere fanden sich in der Orientexpress-Bar zum Drink ein. Es war in dieser Bar, dass die Repräsentanten der Siegermächte auf den jungen, aufstrebenden Mustafa Kemal Pascha aufmerksam wurden. Ihn störte, dass plötzlich Fremde das Sagen in seinem Land hatten. Eine Anekdote erzählt, dass eine Gruppe britischer Offiziere ihn auf einen Drink an ihren Tisch einlud. Er lehnte dankend ab – es gehöre sich für einen Gastgeber nicht, sich an den Tisch seiner Gäste zu setzen. Vielmehr könnten die britischen Offiziere zu ihm kommen, wenn sie mit ihm etwas trinken wollten.

Die Türken wollten sich nicht geschlagen geben und sich den Siegermächten gar unterwerfen, sie wehrten sich gegen die Aufteilung ihres Landes und kämpften um ihre Souveränität. Dabei half ihnen nach dem Ende des Ersten Weltkriegs auch eine gewisse Kriegsmüdigkeit der Europäer. Als am 29. Oktober 1923 die Republik ausgerufen wurde, hatten die Türken ihr Ziel erreicht. Wenige Wochen zuvor, im Juli, hatte man sich auf ein neues Abkommen geeinigt, das den Vertrag von Sèvres ersetzen sollte. Im Vertrag von Lausanne wurde die Türkei in ihren heutigen Grenzen anerkannt – zwar nur ein Bruchteil des einst riesigen Osmanischen Reichs, aber doch dessen Herzland. Mustafa Kemal Pascha wurde zum ersten Präsidenten des neu gegründeten Staates. Einige Jahre später erhielt er deshalb den Beinamen Atatürk – »Vater der Türken«.

Seine Vorstellungen von der Modernisierung des Landes hatte der Gründervater der Republik Türkei in einem Zimmer des Pera Palace formuliert. Sie waren ein bewusster Bruch mit der osmanischen Vergangenheit, geradezu eine Revolution, allerdings eine von oben – und damit war fraglich, wie nachhaltig diese Modernisierung der Türkei sein würde. Bereits 1922, ein Jahr vor Gründung der Republik, war das Sultanat abgeschafft worden. 1924 traf dieses Schicksal auch das Kalifat, also die religiöse Führung der islamischen Welt. Die Vertreter der alten osmanischen Herrscherfamilie wurden des Landes verwiesen. Das Modell eines islamisch dominierten, aber doch multireligiösen Reichs wurde ersetzt durch eine säkulare Republik mit einem – zumindest in der Vorstellung – homogenen Staatsvolk. Atatürk begründete damit einen türkischen Nationalismus, der bis heute propagiert wird. Am 20. April 1924 wurde die erste Verfassung der Republik verabschiedet, die ganz zugeschnitten war auf Atatürk. Ihm sicherte sie die größte Macht zu.

Atatürk, der Modernisierer, die allgegenwärtige Überfigur, geboren 1881 im heutigen Thessaloniki als Sohn eines Zollbeamten und Holzhändlers, gestorben 1938 in Istanbul. Sein Porträt hängt in der Türkei in Schulen, in Ämtern, Firmen, Hotels, auch in vielen Privathäusern. Seine Statue findet man in vielen Städten und Dörfern. Er war zunächst der heldenhafte Offizier, unter dessen Kommando die Soldaten jene Gebiete erfolgreich für die Türkei beanspruchten, die die heutige Republik bilden. Und er war der Politiker, der das Land in die Moderne führte, Richtung Westen, hin zu Europa. Seine Politik war ein bewusster Bruch mit dem Osmanischen Reich, mit einer zuletzt demütigenden Vergangenheit, derer man sich offensichtlich schämte. Zu fern waren die glanzvollen Zeiten, als dass man sich an sie noch erinnern wollte. Ein sichtbares Zeichen dieses Bruchs mit der Vergangenheit war die Verlegung der Hauptstadt von Istanbul ins vierhundert Kilometer ostwärts gelegene Ankara.

Aber es war mehr als ein symbolischer Neuanfang. Atatürk hatte sich eingehend mit dem Islam befasst und entschieden, ihn als Staatsreligion abzuschaffen und das Prinzip des Laizismus, also der Trennung zwischen Staat und Religion, in der neuen türkischen Verfassung zu verankern. Er hielt die traditionelle Religion in ihrer bisherigen Praxis für unvereinbar mit seinen Vorstellungen von einem modernen europäischen Staat. Dabei gelang es ihm jedoch, in der religiösen Bevölkerung den Eindruck zu vermeiden, dass er gegen den Islam eingestellt sei. »Liebe Landsleute, ihr alle wisst und erkennt an, dass es nur einen einzigen Gott gibt und ihm große Ehre gebührt. Möge daher Allahs Segen, Wohlwollen und Gnade auf euch ruhen!«, sagte er seinen Zuhörern in einer Freitagspredigt in der Moschee von Balıkesir am 7. Februar 1923, nach dem Sieg im Unabhängigkeitskrieg und vor der Republikgründung. »Seine Heiligkeit, unser Prophet, wurde von Gott entsandt und beauftragt, den Menschen die religiösen Wahrheiten zu verkünden. Das grundlegende Dogma ist, wie uns allen vertraut, in den bindenden Gesetzen des glorreichen Koran festgeschrieben. Unsere Religion, die den Menschen geistige und seelische Kraft verleiht, ist die letzte offenbarte Religion. Die islamische Religion ist vollkommen. Sie ist rational und logisch. Sonst wäre sie mit den Naturgesetzen unvereinbar. Denn der Ursprung aller Gesetze des Seins ist Gott.« Das war bemerkenswert, denn wie aus Beschreibungen seines Lebenswandels deutlich wird, hatte Atatürk persönlich mit Religion nie viel im Sinn. In vertrautem Kreise äußerte er sich oft abfällig über fromme Menschen, er betrachtete sie als rückständig. Doch in der Öffentlichkeit hielt er sich mit solchen Meinungen zurück, stattdessen betonte er, dass er sich als Muslim verstand – wodurch es ihm gelang, mögliche Zweifel an seiner Religiosität aus dem Weg zu räumen und die Bevölkerung hinter sich und seinen Reformen zu versammeln.

Einen Staat, in dem die Religion das bestimmende Element war, wollte er nicht, nur konnte er das einer so frommen Bevölkerung nicht offen sagen, ohne sich dem Vorwurf der Blasphemie auszusetzen. In einem Gespräch formulierte er es so: »Tatsächlich sitzen im Parlament solche Abgeordnete, die kritische Gedanken vorbringen, und manche gehen sogar so weit, die Rückkehr zum Osmanischen Reich zu fordern. Diese Forderung bedeutet Fortschrittsfeindlichkeit. Wir aber haben doch den Entschluss gefasst, nicht rückwärts-, sondern vorwärtszuschreiten. Was wir auf diese Weise errungen haben, sind Leben und Ehre. Wir können es nicht zulassen, dass diese Errungenschaften von neuem angefochten werden.« Und nach einigen Ausführungen, wie er sich einen künftigen Staat vorstellte, fuhr er fort: »Jetzt komme ich zu der Frage: Warum sind wir laizistisch? Meine werten Freunde, auch ihr wisst sehr gut, dass ein Staat keine bestimmte Religion haben kann. Denn innerhalb eines Staates leben Menschen, die unterschiedlichen Glaubens sind. Eine bestimmte Religion formell anzuerkennen bedeutet, die anderen Landsleute wie Stiefkinder zu behandeln.« Sosehr die Religion notwendig sei für Individuen, so unnötig sei sie für Regierungen. »Die Große Nationalversammlung und die Verfassung achten die Religion des Einzelnen und geben ihm das Recht freier Religionsausübung. Außerdem, wenn ein Staat eine religiöse Politik verfolgt und die Gewissensfreiheit der ihm unterstellten Elemente wenn auch nicht physisch, so doch psychisch unterdrückt, wäre das, wie Sie mir sicher beistimmen, vernunftgemäß und logisch nicht richtig. Aus ebendiesem Grund haben wir den Laizismus, also die Trennung religiöser und weltlicher Angelegenheiten, gefordert.«

Atatürk war bewusst, dass in einem Staat, in dem die Bevölkerung zu neunundneunzig Prozent islamisch ist und ein großer Teil davon tief gläubig, so ein Plan nicht durchzusetzen war. Es kam folglich zu einer türkischen Variante des Laizismus: nicht zu einer echten Trennung von Staat und Religion, sondern zu einer Kontrolle der Religion durch den Staat, also zu einer Unterordnung. 1924 wurde das Amt für religiöse Angelegenheiten, Diyanet, gegründet. Diese Behörde bildet bis heute Imame aus, entsendet sie und verfasst die Freitagspredigten, kontrolliert mithin die Inhalte, die die Geistlichen vermitteln.

Um seine Politik umzusetzen, gründete Atatürk 1923 die Republikanische Volkspartei CHP. Diese sozialdemokratische, kemalistische, also sich zu Mustafa Kemal Atatürks Prinzipien bekennende

Gruppierung ist die älteste aktive Partei in der Türkei, die sich inzwischen allerdings schon seit Jahren in der Opposition befindet.

Von Beginn an waren Atatürk und seine Politik nicht unumstritten. Manchen war sein Regierungsstil zu autoritär, anderen zu unislamisch. Ohne Frage regierte er diktatorisch und nach eigenem Gutdünken. Sein Pragmatismus im Wechsel von Allianzen und Zielen empfanden manche als Betrug. So hatte er den Kurden Unterstützung bei ihren Unabhängigkeitsbestrebungen versprochen, wenn sie sich politisch auf seine Seite stellten. Das taten die Kurden, doch der im Vertrag von Sèvres zugesicherte Kurdenstaat war mit dem Vertrag von Lausanne vom Tisch, woraufhin Atatürk keinerlei Anstrengungen mehr unternahm, den Kurden beizustehen. Stattdessen propagierte er ein neues, starkes Nationalbewusstsein, in dem er den Schlüssel für den Fortschritt des Landes sah. »Freiheit, Gleichheit und Gerechtigkeit gibt es nur in Verbindung mit der Herrschaft eines Volkes«, verkündete er. Als es 1925 und ein zweites Mal 1930 zu Aufständen von Kurden im Südosten der Türkei kam, ließ er sie militärisch niederschlagen, jegliche kurdische Opposition wurde fortan unterdrückt. Atatürks Härte im Umgang mit Widersachern erschütterte viele, da er auch vor der Hinrichtung politischer Gegner nicht zurückschreckte.

Aber die meisten Türken feierten ihn, weil er das Land für die westliche Lebensart und aufgeklärte Denkweisen geöffnet hatte. Dass er auch hierbei zum Teil brachial und rücksichtslos vorgehen konnte, war nur möglich, weil er die Mehrheit der Bevölkerung hinter sich wusste. So verbot er die arabische Schrift, stattdessen musste nun mit lateinischen Buchstaben geschrieben werden. Lehrer, die weiterhin die arabische Schrift nutzten, wurden ermahnt und, wenn sie sich weigerten oder schlicht das lateinische Alphabet nicht beherrschten, entlassen. Auch das Tragen von Kleidung, die an das Osmanische Reich erinnerte, wurde verboten – insbesondere für Männer das Tragen des traditionellen Fez und des Turbans, stattdessen war nun der Hut angesagt. Atatürk selbst trat stets im Anzug und mit Hut auf. »So sieht ein Gentleman aus!«, dozierte er. »Das ist ein Hut! In Zukunft werden wir das tragen. Wenn wir ein zivilisiertes Volk sein möchten, müssen wir zivilisierte Kleidung tragen. Der Fez ist ein Zeichen von Unwissen!« Allen, die sich dieser Mode widersetzten, drohten drakonische Strafen. So wurde der Prediger Iskilipli Atif, der eine Schrift mit dem Titel »Der Hut und das Nachäffen der Franken« verfasst und verbreitet hatte, um damit den Verlust der islamischen Kultur anzuprangern, zum Tode verurteilt und starb im Februar 1925 am Galgen.

Atatürk ersetzte den islamischen Mondkalender durch den gregorianischen Kalender und führte das metrische System ein. Im Gesetz wurden Männer und Frauen gleichgestellt, auch wenn das vor allem auf dem Papier galt. Bereits ab 1934 hatten Frauen in der Türkei, wie damals in vielen europäischen Ländern, das passive und aktive Wahlrecht inne. Atatürk orientierte das türkische Recht nicht an der Scharia, dem islamischen Recht, das auf dem Koran basiert, sondern übernahm Gesetze aus Europa, das Zivilrecht etwa aus der Schweiz und das Strafrecht aus Italien. Er legte zudem Wert auf Bildung, auf seine Einladung hin kamen Professoren aus Deutschland in die Türkei, um dort neue Institute zu gründen und die universitäre Ausbildung zu verbessern, darunter viele Juden, die in den Dreißiger- und Vierzigerjahren vor den Nationalsozialisten flüchten mussten.

Der harte Bruch mit Glauben und Tradition und die Verwerfungen, die die radikale Modernisierung des Landes nach sich ziehen würden, nahm Atatürk dabei bewusst in Kauf. Schon Jahre vorher hatte er sein geplantes Vorgehen in seinem Tagebuch skizziert: »Sollte ich eines Tages großen Einfluss oder Macht besitzen, halte ich es für das Beste, unsere Gesellschaft schlagartig – sofort und in kürzester Zeit – zu verändern. Denn im Gegensatz zu anderen glaube ich nicht, dass sich diese Veränderung erreichen lässt, indem die Ungebildeten nur schrittweise auf ein höheres Niveau geführt werden. Mein Innerstes sträubt sich gegen eine solche

Auffassung. Aus welchem Grund sollte ich mich auf den niedrigen Stand der allgemeinen Bevölkerung zurückbegeben, nachdem ich viele Jahre lang ausgebildet worden bin, Zivilisations- und Sozialgeschichte studiert und in allen Phasen meines Lebens Befriedigung durch Freiheit erfahren habe? Ich werde dafür sorgen, dass sie auch dahinkommen. Nicht ich darf mich ihnen, sondern sie müssen sich mir annähern.«

Es ging Atatürk darum, den stärker werdenden Westen zu imitieren, um ebenso erfolgreich zu werden – ein Vorgehen, das Sultan Mahmud II. Anfang des neunzehnten Jahrhunderts in abgeschwächter Form vorgelebt hatte, indem er korrupte Beamte und Geistliche bestrafte, von der Bevölkerung mehr Hygiene verlangte und die moderne Medizin förderte, um Krankheiten zu bekämpfen. Sultan Mahmud folgte mit diesem ersten Modernisierungsschub der Türkei einem Trend: Ausgelöst durch den Einmarsch Napoleons in Ägypten 1798 hatten die Menschen auch in anderen islamischen Ländern begonnen, westliche Lebensweisen und Ansichten zu übernehmen.

Trotz der Modernisierungsanstrengungen und Veränderungen, die Atatürk der Bevölkerung abverlangte, und trotz seiner Unterdrückung von politisch Andersdenkenden bis hin zum Verbot von konkurrierenden Parteien verehrten ihn die Türken. Er hatte den scheinbar unangreifbaren Siegermächten des Ersten Weltkriegs die Stirn geboten und sie dazu gebracht, den Vertrag von Sèvres fallen zu lassen. Stattdessen hatte er einen neuen, letztlich doch auch islamischen Staat geschaffen, eine Türkei, die den Erfordernissen der modernen Welt angepasst war und ihrer Bevölkerung ein besseres Leben verhieß. Für viele Menschen in und außerhalb der Türkei wurde Atatürk zum Vorbild.

Aber was unter ihm begonnen hatte, war auch ein Kulturkampf, der bis heute andauert. Atatürk hatte die religiösen Bedürfnisse seines Volkes unterschätzt und damit eine andauernde Identitätskrise ausgelöst, denn der Islam war über viele Jahrhunderte wesentlicher Teil des türkischen Selbstverständnisses gewesen und durfte es plötzlich, auf Anordnung von oben, nicht mehr sein.

Noch zu Lebzeiten Atatürks, aber auch in den Jahrzehnten darauf wehrten sich vor allem Frauen gegen Kleidungsvorschriften. Unter Atatürk war ihnen das Tragen eines Schleiers untersagt worden, nicht jedoch eines Kopftuchs. Wer jedoch etwas auf sich hielt, verzichtete auch darauf. Zu einem ausdrücklichen Kopftuchverbot kam es in der Türkei erst in den Achtzigerjahren. Die Hochschulbehörde hatte Anfang 1987 an achtundzwanzig Universitäten im Land Frauen das Tragen von Kopftüchern und Männern den Vollbart untersagt, weil dies äußere Zeichen islamischer Rechtgläubigkeit seien. Wer sich dem Verbot widersetzte, wurde von Vorlesungen ausgeschlossen und bei weiterer Weigerung der Universität verwiesen. In einem islamischen Land blieb solch ein drastisches Vorgehen nicht ohne Folgen. Studentinnen und Studenten protestierten gegen das Verbot – ohne Erfolg. Im sogenannten Turban-Erlass erklärte das oberste türkische Verwaltungsgericht schließlich alle Verhüllungen als verfassungswidrig, die sich gegen die weltliche Ordnung der Republik richteten.

Seit dem Tod Atatürks ringt die Türkei um sein Erbe. Wie laizistisch will das Land wirklich sein, in dem die große Mehrheit doch sehr fromm ist? Und inwiefern soll das Militär, in einer Demokratie üblicherweise ein Instrument der Politik, ein Mitspracherecht in der Politik haben, weil es sich als Wächter über Atatürks Erbe fühlt?

Wann immer die Armee nach dem Tod Atatürks die moderne, laizistische Staatsordnung in der Türkei gefährdet sah, griff sie in die Politik ein, sprich: Sie bestimmte das Geschehen. Dreimal putschte sich das Militär an die Macht – 1960, 1971 und 1980 –, jedes Mal sorgte es dafür, dass die kemalistische Ordnung wiederhergestellt wurde. Und doch war es ausgerechnet die Armee, die 1982 einen Verfassungsartikel billigte, wonach erstmals seit der Republikgründung wieder Religionsunterricht an den staatlichen

Schulen zugelassen wurde. Die lange unterdrückte Religiosität der Bevölkerung brach sich Bahn: Immer mehr Kinder besuchten den Unterricht, und die Zahl der theologischen Institute, die Lehrer ausbildeten, wuchs. Die Politik schien von einem Extrem ins andere zu fallen: Auch nichtmuslimische Kinder waren nun verpflichtet, den islamischen Religionsunterricht zu besuchen.

Der damalige Staatspräsident Kenan Evren sah die Entwicklung kritisch. Es gebe »Fundamentalismus in der Türkei«, der »mindestens ebenso gefährlich erscheint wie Kommunismus und Faschismus für unsere laizistische Republik«. Evren, Generalstabschef und ranghöchster Soldat der Türkei, hatte sich 1980 an die Macht geputscht. Er beendete damit die bürgerkriegsähnlichen Auseinandersetzungen zwischen Linken und Rechten, die etwa fünftausend Menschen das Leben gekostet hatten. Aber auch er, Sohn eines Imams vom Balkan, entfesselte staatliche Gewalt ungeahnten Ausmaßes. Mehr als eine halbe Million Menschen, angeblich Staatsfeinde, ließ er in die Gefängnisse werfen, fünfzig Verhaftete wurden sofort hingerichtet, mehrere hundert starben in den Folterkellern. Dass Evren mit seinem brutalen Vorgehen den Zusammenhalt der Religiösen stärkte und die Gesellschaft spaltete, wollte er nicht wahrhaben. Sein Ziel war Ruhe und Ordnung. 2012, Jahrzehnte nach seiner Präsidentschaft, wurde er angeklagt und zu lebenslanger Haft verurteilt, musste die Gefängnisstrafe aber wegen seines hohen Alters nicht antreten. Er starb 2015 in Ankara.

Evrens Politik der staatlichen Härte und der Folter hatte Massenproteste zur Folge. Tausende Menschen zogen durch Istanbul – auch Islamisten, die sich durch die erfolgreiche Islamische Revolution 1979 im Iran ermutigt und in dem Gefühl bestärkt fühlten, die Trennung von Staat und Religion überwinden zu können. »Für eine islamische Türkei!« stand auf ihren Bannern. Viele forderten einen theokratischen Staat und griffen damit das von Atatürk geschaffene Fundament der Republik frontal an. Auf ihren Schultern trugen die Demonstranten einen Mann, der dem Islam in der

Türkei jene Geltung verschaffen wollte, die diese Religion ihrer Meinung nach verdiente: Necmettin Erbakan, Gründer der wegen radikaler Tendenzen umstrittenen islamistischen Bewegung Milli Görüş (Nationale Sicht). Erbakan sollte später stellvertretender Regierungschef und 1996 für ein Jahr Ministerpräsident werden.

In den Achtzigern erhielten die islamischen Stimmen in der Türkei Verstärkung aus dem Ausland. So sendete die »Stimme des Iran« täglich Sendungen, in denen sie Türken »zum Kampf gegen Atatürk« aufforderte – man wollte das Gedankengut dieses Mannes, der zu diesem Zeitpunkt schon über vierzig Jahre tot war, ausradieren. Aus Deutschland vernahm man die »Schwarze Stimme aus Almanya«: Der ehemalige Mufti von Adana, der aus der Türkei ausgebürgerte Cemalettin Kaplan, schickte aus Köln Tonbänder und Videokassetten in seine alte Heimat, in denen er zur religiösen Revolte aufrief. »Die Zeit ist reif, mit dem Kemalismus und den Kemalisten radikal aufzuräumen«, forderte er.

Zunehmend prallten laizistische und islamistische Ansichten aufeinander: Während Präsident Evren die Reislamisierung seines Landes beklagte und von einem »unglückseligen Brauch« armer Familien sprach, intelligente Söhne in religiöse Schulen zu schicken, die neben Unterricht auch kostenlose Unterkunft boten, arbeitete Ministerpräsident Turgut Özal zur gleichen Zeit in die entgegengesetzte Richtung. Während Evren zum Beispiel die Auslieferung Kaplans verlangte, wollte Özal davon nichts wissen. »Wozu denn, den haben wir doch ausgebürgert. Der ist ja gar kein Türke mehr«, kam er ihm zu Hilfe. Es war Özals Erziehungsminister, der die Evolutionstheorien von Charles Darwin aus den Schulbüchern entfernen lassen wollte, weil sie dem Koran widersprächen.

Seit den Achtzigerjahren hat sich die Zahl der Moscheen, Koranschulen und sonstigen islamischen Einrichtungen in der Türkei vervielfacht, was als ein andauerndes Aufbäumen gegen Atatürk verstanden werden kann. Der fromme Teil der Bevölkerung hat zunehmend den Mut gefunden, seiner Religiosität Ausdruck zu verleihen und sich seinen Platz in der Gesellschaft zu erkämpfen.

Erbakan legte in den Achtzigerjahren die Basis für das Erstarken des politischen Islam in der Türkei in den kommenden Jahrzehnten. Er vertrat die Ansicht, dass der Islam der einzig richtige Weg sei, nicht nur für die Türkei, sondern für die gesamte Menschheit. Nationalismus und Islamismus sollten die türkische Gesellschaft seiner Ansicht nach prägen. Sein Feindbild war der Westen, der von einem »rassistischen Imperialismus, das heißt: dem Zionismus« regiert werde. Er schrieb von einer »zionistischen Weltverschwörung«. Der Zionismus habe die Kreuzzüge zu verantworten, ebenso die »Sekte des Protestantismus« und den Kapitalismus, weshalb sich das Zentrum der Zionisten »bei den Banken der New Yorker Wall Street« befinde. Erbakan sagte den Erfolg der Islamisten in der Türkei voraus. »Wir werden ganz sicher an die Macht kommen, ob dies jedoch mit Blutvergießen oder ohne geschieht, ist eine offene Frage.« Diese Prophezeiung sollte Jahre später wahr werden.

In den ersten Monaten nach unserer Ankunft waren Janna und ich fasziniert von Istanbul. Am Abend des 29. Oktober 2013, wir waren gerade ein paar Wochen in unserer neuen Wohnung und dabei, uns einzurichten, begann plötzlich über dem Bosporus ein imposantes, nicht enden wollendes Feuerwerk. Es war der neunzigste Geburtstag der Republik Türkei. Das Land hatte mit den Gezi-Protesten im Sommer schwere Zeiten erlebt, und wirklich beruhigt hatte sich die Lage immer noch nicht. Aber dies war nun ein Tag zum Feiern. Das Feuerwerk dauerte vielleicht zwanzig Minuten. Es musste Zigtausende Euro gekostet haben. Sinnlos verfeuertes Geld, aber ein schönes Spektakel.

Ein paar Tage später, am 10. November, hörten wir morgens die Sirenen heulen, Autos und die Fähren auf dem Bosporus hupten. Es war die Todesminute Atatürks, er war am 10. November 1938 um 9.05 Uhr im Dolmabahçe-Palast in Istanbul an den Folgen einer Leberzirrhose gestorben. Jedes Jahr, erfuhren wir, werde in der ganzen Türkei in dieser Minute Atatürks gedacht. Die Menschen feiern die Republik, also feiern sie Atatürk und seine Werte, dachte ich. Sein Gesicht war im türkischen Alltag allgegenwärtig, auf Tassen, Wandteppichen und Schals, und seine Unterschrift findet sich auf Kugelschreibern und als Aufkleber an den Hecks vieler Autos. In den Kindergärten und in den Schulen erzählen die Lehrer Heldengeschichten von Atatürk, und die Kinder lernen Atatürk-Zitate. »Ne mutlu Türküm diyene!«, übersetzt: »Wie glücklich ist derjenige, der sich Türke nennt!« Glücklich also derjenige in Atatürks Augen, der sich zur türkischen Sprache, zur türkischen Herkunft und zu den Grundlagen der Republik – und damit zu ihm – bekennt.

Ich sah Kindergärten, in denen den schon den Kleinsten ein Personenkult beigebracht wurde, den ich bedenklich fand. Ich las in Zeitungsartikeln von Menschen, die bestraft wurden, weil sie etwas Kritisches über Atatürk gesagt hatten. Internetseiten wurden gesperrt, weil dort etwas stand, das Atatürk angeblich verunglimpfte. Ich lernte, dass es im türkischen Strafrecht ein Gesetz »Nummer 5816« aus dem Jahr 1951 gibt, in dem es heißt: »Wer das Andenken an Atatürk öffentlich beschimpft oder beleidigt, wird mit Freiheitsstrafe von einem Jahr bis zu drei Jahren bestraft.« Und: »Wer Atatürk darstellende Statuen, Büsten und Denkmäler beziehungsweise das Mausoleum Atatürks zerstört, zertrümmert, beschädigt oder verschmutzt, wird mit Freiheitsstrafe von einem Jahr bis zu fünf Jahren bestraft.« Wer andere zu den genannten Straftaten ermuntere, werde »gleich einem Täter« bestraft. Schon im Jahr 1934, als Mustafa Kemal Pascha den Namen Atatürk erhielt, war gesetzlich geregelt worden, dass niemand außer ihm den Namen Atatürk tragen dürfe.

Doch wie ging man mit berechtigter Kritik an Atatürk um? An seiner autoritären Art zu regieren? An seinem Verbot oppositioneller Parteien und der Sicherung einer Einparteienherrschaft für seine CHP? Mit der Tatsache, dass Atatürk trotz aller gegenteiliger Bekenntnisse Minderheiten diskriminierte? Dass die Gründung politischer Parteien erst 1945, also Jahre nach seinem Tod, erlaubt wurde und die CHP erstmals 1950 die Macht abgeben musste? Dass ein großer Teil der religiösen Bevölkerung in der Türkei seine Ansichten bis heute nicht teilt?

In den letzten Jahren ist es geradezu gesellschaftsfähig geworden, Atatürk zu kritisieren. Es war Erdoğan selbst, der Atatürk als »Alkoholiker« bezeichnete und damit auf dessen Vorliebe für Rakı, den türkischen Anisschnaps, anspielte. Es war keineswegs eine sachliche Feststellung, sondern als Beschimpfung gemeint, so wie Erdoğan jeden, der einmal in der Woche Alkohol zu sich nimmt, als Alkoholiker bezeichnet – und auch die Gezi-Demonstranten als solche verunglimpft. Erdoğans Plan, den Gezi-Park zu bebauen, kann denn auch als Angriff auf Atatürk verstanden werden, denn der Park und der Taksim-Platz gelten als Symbol der säkularen Türkei Atatürks.

Es dauerte nicht lange, bis mir klar wurde: Erdoğan strebt einen Gegenentwurf zu Atatürk an, er will zurück zum osmanischen Stil, zurück zu einem alle gesellschaftlichen Bereiche dominierenden Islam. Dass er sich, auch buchstäblich, selbst auf das Podest stellen will, auf dem Atatürk steht, wird manchmal sichtbar an Bemerkungen, die Erdoğan fallen lässt, wonach der Islam doch eine stärkere Rolle in der Türkei spiele sollte, ein anderes Mal lässt er gleich eine Atatürk-Statue entfernen.

Wie gespalten die Türkei ist, wird auch anhand eines eindrucksvollen Gebäudes deutlich: der Hagia Sophia, dem berühmtesten Museum der Türkei.

Im Frühjahr 2014 traf ich Ali Uğur Bulut, einen freundlichen Mann, der, wenn er erst einmal ins Erzählen gekommen war, weit ausholte in der Geschichte Istanbuls, seiner Stadt. Er begann mit der Einnahme Konstantinopels durch die Osmanen. Sultan Mehmed II. sei am Nachmittag jenes 29. Mai 1453 vom Pferd gestiegen, habe Erde vom Boden genommen und sie über seinen Turban gestreut. Dann habe er die Hagia Sophia betreten, damals schon seit fast tausend Jahren die größte Kirche der Welt, habe sich gen Mekka verneigt, gebetet – und damit das Gebäude zu einer Moschee gemacht.

Bulut sprach von diesem Tag, als wäre er dabei gewesen. Für ihn war das Ereignis die »Eroberung Istanbuls«. Die Hagia Sophia, seit dem sechsten Jahrhundert eines der Machtsymbole der Christenheit und die bedeutendste Kathedrale der Orthodoxie, war ein Objekt der Begierde in der islamischen Welt, und dank Mehmed II. war sie nun ein Haus Allahs geworden. Die Umwandlung stand symbolisch für das Ende des Byzantinischen Reichs und für den Beginn der osmanischen Herrschaft.

Bulut war glücklich mit dem damaligen Verlauf der Geschichte. Er hatte seine Gründe, zufrieden zu sein. Sein Arbeitgeber war die konservativ-islamische Anatolische Jugendvereinigung AGD. Nach eigenen Angaben hatte sie etwa eine halbe Million Mitglieder und war damit die größte Jugendorganisation der Türkei. Sie stand der von Erbakan gegründeten Bewegung Milli Görüş nahe.

Bulut, fünfzig Jahre alt, war Chef der AGD in Istanbul – und in dieser Funktion einer der Vorkämpfer für eine Rückumwandlung der Hagia Sophia, der »göttlichen Weisheit«, wie das Gebäude wörtlich übersetzt heißt, von einem Museum in eine Moschee. »Sie ist nicht nur das Wahrzeichen von Istanbul, sondern ein Symbol der islamischen Eroberung der Stadt«, sagte er. »Es ist unsere Pflicht, dieses Erbe zu schützen.«

Im Jahr 1934 hatte Atatürk angeregt, das Gebäude aufgrund seiner bewegten Geschichte in ein Museum umwandeln zu lassen. Damit hatte er viele Muslime verärgert, doch offen kritisieren mag ihn deshalb bis heute niemand. Zweifelte Bulut öffentlich an der Entscheidung Atatürks? Er lachte und sagte: »Die Unterschrift unter dem Gesetz, das aus der Moschee ein Museum machte, sieht nicht aus wie die von Atatürk. Wahrscheinlich ist die gefälscht.«

Aber Atatürk ließ die Umwandlung in ein Museum doch geschehen, nie machte er Anstalten, diese Entscheidung rückgängig zu machen. Wie kann die Unterschrift also gefälscht sein?

Bulut sagte: »Die Umwandlung geschah damals in einer Zeit, als die Republik im Entstehen war, sie musste sich finden. In der heutigen Zeit würde Atatürk es natürlich begrüßen, wenn in der Ayasofya-Moschee wieder gebetet wird.« Bulut sagte immer »Ayasofya-Moschee«, nicht Hagia Sophia. Offiziell heißt das Gebäude heute »Hagia-Sophia-Moschee-Museum«.

Was ist falsch daran, ein Monument, das neunhundertsechzehn Jahre lang eine Kirche war und vierhundertzweiundachtzig Jahre eine Moschee, jetzt als Museum zu nutzen? Das Museum, sagte Bulut, sei »unter dem Druck des Auslands« entstanden. »Das Gebäude wurde seiner Seele, seines Geistes beraubt.« Außerdem habe schon der Prophet Mohammed den byzantinischen und damit christlichen Kaiser Herakleios per Brief aufgefordert, sein Volk zum Islam zu bekehren – vergeblich.

Bulut betonte stets das »islamische Erbe«, das es zu bewahren gelte. Aber was war mit dem christlichen Erbe der Kuppelbasilika, die der byzantinische Kaiser Justinian in den Jahren 532 bis 537 erbauen ließ und Sankt Sophia nannte, jener Kirche also, die das Urbild vieler früher Kathedralen war?

»Wir Muslime stellen in diesem Land die Mehrheit. Also haben wir das Recht zu bestimmen«, antwortete Bulut. »So, wie die Spanier das Recht haben, alte Moscheen aus der Zeit der Mauren als Kirchen zu nutzen.« Viele Millionen Unterschriften habe man für die Nutzung der Hagia Sophia als Moschee gesammelt. Aber als feindseligen Akt wollte er all diese Bemühungen nicht verstanden wissen. »Selbst Sultan Mehmed hat den Christen die Ehre erwiesen, indem er den Namen Hagia Sophia beibehielt.« Natürlich wolle man auch jetzt in Frieden miteinander leben. »Wir sind gegen Extremismus und Gewalt.« Er fand es nicht widersprüchlich, im nächsten Satz zu sagen: »Wir streben eine Gesellschaft an, die nach dem Vorbild unseres Propheten Mohammed, Friede sei mit ihm, lebt und nach dem heiligen Koran, Wort für Wort.«

Immer wieder fordern türkische Politiker eine Rückumwandlung der Hagia Sophia in eine Moschee, um bei besonders konservativ-islamischen Wählern zu punkten. Im Jahr 2013 sagte etwa der damalige Vizepremierminister Bülent Arınç: »Die Hagia Sophia spricht zu uns. Was sagt sie wohl? Wir schauen sie an, sie scheint betrübt. Hoffen wir bei Allah, dass ihr bald wieder Tage des Lachens geschenkt werden.« Zuvor hatte die nationalistische Oppositionspartei MHP einen Gesetzesentwurf vorgelegt, der die Umwandlung in ein Museum rückgängig machen sollte.

Noch scheut die türkische Regierung vor solch einem Schritt zurück. Zwar inszeniert sie das Gebäude, obwohl offiziell ein Museum, als Moschee, etwa indem seit einiger Zeit auch von den Minaretten der Hagia Sophia der Aufruf zum Gebet erfolgt. Dadurch stellt die Regierung zumindest den Status als Museum in Frage. Allerdings sagte Erdoğan vor einigen Jahren, bevor man über eine Rückumwandlung der Hagia Sophia in eine Moschee nachdenke, sollten die Gläubigen erst einmal die nebenan gelegene Blaue Moschee füllen.

Samstag, 31. Mai 2014, es war drei Uhr morgens. Auf den Straßen um die Hagia Sophia, dort, wo sich tagsüber die Touristen tummeln, war für diese Uhrzeit ungewöhnlich viel los. Busse mit Kennzeichen aus der ganzen Türkei parkten in den engen Gassen. Die AGD hatte zum öffentlichen Gebet auf dem Platz zwischen Hagia Sophia und Blauer Moschee eingeladen. Lieber noch hätte sie das Ereignis zwei Tage früher stattfinden lassen, am Tag der Eroberung Istanbuls durch die Truppen von Sultan Mehmed II., aber das war ein Donnerstag, da wären nicht so viele Menschen gekommen.

Straßenhändler boten Packpapier und Plastikfolie an, als Unterlage für die Gebetsteppiche an jenem regnerischen Morgen. Manche verkauften auch Gebetsketten und religiöse Bücher. Wie

Mosaiksteine lagen die Teppiche nun auf dem Platz, Tausende. Die Gläubigen standen vor der Hagia Sophia. Ein Prediger aus Saudi-Arabien war eingeflogen worden, um das Gebet zu sprechen und aus dem Koran zu rezitieren.

Ali Uğur Bulut stand ganz vorne vor der Gemeinde, beim Prediger. Er blickte um sich und war glücklich. Mit fünfzigtausend Besuchern hatte er gerechnet, gekommen waren deutlich mehr: Frauen mit Kopftüchern, manche ganz in schwarzen Stoff gehüllt, und Männer mit Gebetskappen, Turbanen oder Fez. »Öffnet die Hagia Sophia!«, skandierten sie. »Lieber würden wir drinnen beten!« Und: »Allahu Akbar!« – »Gott ist groß!« Zwei Stunden lang riefen, sangen, lachten sie, tranken Tee, den sie in Thermoskannen mitgebracht hatten, frühstückten, bis um fünf Uhr das Gebet zum Sonnenaufgang begann.

Beim Gedanken an diese Szene einige Tage später schüttelte Anestis Vasilakeris den Kopf. »Diese Entwicklung macht mich traurig«, sagte er. Vasilakeris ist Experte für byzantinische Architektur und Kunst. Er lehrt an der Bosporus-Universität in Istanbul. Viel geblieben, sagte er, sei aus der Zeit des Byzantinischen Reichs nicht. Mit der Eroberung Konstantinopels begannen die Osmanen, alles Alte abzureißen. Die Hagia Sophia verschonten sie zwar, veränderten sie aber nach und nach. Über die Jahrhunderte erhielt sie vier Minarette, zwei davon wurden von Mimar Sinan konstruiert. Auch mehrere Anbauten und Halbkuppeln kamen dazu. Über die Jahrhunderte trugen unterschiedliche Architekten aus aller Welt dazu bei, das Gotteshaus umzugestalten.

»Es ist ein einzigartiges Gebilde, eine architektonische Errungenschaft«, sagte Vasilakeris. Er erwähnte, dass die Kuppel mit einunddreißig Metern Durchmesser bis ins neunzehnte Jahrhundert hinein die größte der Welt war. Sie wirke, als schwebe sie über dem Hauptraum. In der Antike und im Mittelalter galt sie deshalb als ein Weltwunder. Bemerkenswert sei auch, dass das tragende Gebäude größer als die Kuppel ist und eine Konstruktion mit vier Pfeilern geschaffen wurde, um ein rundes Dach auf eine viereckige Architektur aufzusetzen. »Sie war nicht nur Vorbild für viele Kathedralen, sondern auch für Moscheen«, sagte Vasilakeris. Zwei Jahrzehnte nach der Erbauung stürzte das Dach bei einem Erdbeben ein. Es wurde mit verändertem Querschnitt und Neigungswinkel neu errichtet, nun deutlich stabiler. »Mehrere Erdbeben setzten der Hagia Sophia im Laufe der Jahrhunderte zu, aber die Anbauten aus der islamischen Zeit tragen zur Stabilität bei«, sagte Vasilakeris. »Ohne sie gäbe es die Hagia Sophia heute vermutlich nicht mehr. Das darf man nicht vergessen.«

Vasilakeris fand, dass die Zeit der Eroberungen und Konversionen vorbei sein müsste. »Wir leben in einem Zeitalter des Respekts und des Miteinanders.« Die Hagia Sophia sollte ein Symbol dafür sein. Sorge bereitete ihm auch, dass die jahrhundertealten Mosaike verhängt oder sogar wieder hinter einer Schicht aus Mörtel verschwinden könnten, weil es im Islam ein Bilderverbot gibt und in einer Moschee keine Abbildungen zu sehen sein dürfen. Die prächtigen Mosaike waren erst in den vergangenen Jahrzehnten mühsam freigelegt worden.

Die Befürworter einer Umwandlung des Gebäudes in eine Moschee beteuerten zwar, dass die Kunstwerke dadurch keinen Schaden nehmen würden. »Aber was nützt es, wenn sie niemand mehr sehen kann? Was rechtfertigt das Verstecken von Kunst?«, hielt Vasilakeris dagegen. Die Mosaike, darunter Porträts von Herrschern, seien Meisterwerke byzantinischer Kunst. Sie gehörten der Menschheit, und jeder habe ein Anrecht, sie zu sehen. »Sie zu verstecken wäre ein Angriff auf das kollektive Gedächtnis, ein Verlust von Geschichte!«

Bulut von der konservativ-islamischen Jugendorganisation AGD sagte, er hoffe, dass es »bald« zu einer Rückumwandlung komme. Vielleicht in ein paar Jahren, auf jeden Fall aber noch unter Erdoğan. »Die Mehrheit steht hinter unserer Forderung«, sagte er.

Wie wahrscheinlich ist ein Gesetzesbeschluss zur Rückumwandlung in eine Moschee? Die – ebenfalls Hagia Sophia genannte – Klosterkirche in der Stadt Trabzon am Schwarzen Meer sowie die Hagia-Sophia-Kirche im nordwesttürkischen Iznik sind bereits in Moscheen umgewandelt worden. Erdoğan hat gezeigt, dass er Minderheitenmeinungen nicht respektiert. Sollte die Entscheidung einmal fallen, dass aus der Hagia Sophia wieder ein Gotteshaus wird, könnte das vermutlich niemand verhindern.

Erdoğan: Vom Islamisten
zum Demokraten und zurück

Seit Atatürk hat niemand die Türkei so stark geprägt wie Recep Tayyip Erdoğan. Nach meiner Ankunft in der Türkei hoffte ich also sehr, diesen Mann, der in vielen islamischen Ländern gefeiert wird und der im Westen lange als Modernisierer und Reformer galt und nun als Islamist, Diktator und neuer Sultan kritisiert wird, bald persönlich treffen zu können. Mich interessierte, was ihn trieb, welche Wandlungen er vollzogen hatte – oder ob er sich überhaupt nicht verändert, sondern nur sein wahres Gesicht geschickt zu verbergen wusste hatte. Ich las alles, was ich über ihn finden konnte. Erste Porträts in der internationalen Presse waren ab Mitte der Neunzigerjahre erschienen, als sich Erdoğan um das Amt des Oberbürgermeisters von Istanbul bewarb und die Wahl schließlich gewann. Im Laufe der Jahre gab er mehrere Interviews. Er galt zunächst als pressefreundlich. Doch das sollte sich später ändern.

Im Herbst 2013, die Gezi-Proteste lagen nun einige Monate zurück, bat ich zum ersten Mal um einen Interviewtermin. Erdoğan war zu diesem Zeitpunkt Ministerpräsident, ich richtete meine Anfrage deshalb an das Presseamt des Regierungschefs. Man wollte von mir vorab das Thema des Interviews und auch gleich die genauen Fragen erfahren. Ich wusste, dass das in der Türkei gängige Praxis war und dass ich, sollte ich dieser Aufforderung nicht nachkommen, ganz bestimmt keinen Termin bekommen würde. Wenn ich erst einmal eine Zusage hatte und im Gespräch war, dachte ich, müsste ich mich ja nicht strikt an diese Liste halten und konnte trotzdem fragen, was ich wollte. Also reichte ich meine

Fragen ein – und wartete. Es vergingen Tage, Wochen, Monate. Ich hakte mehrmals nach. Eine Antwort bekam ich nie.

In den darauffolgenden Jahren sollte ich weitere Versuche starten, Erdoğan zum Interview zu treffen. Neben offiziellen Anfragen unternahm ich auch Anläufe, ihn über ihm nahestehende und leichter zugängliche Politiker von einem Gespräch zu überzeugen, aber nichts half. Erdoğan war für mich und für die meisten anderen ausländischen Journalisten unerreichbar. Er war, wie mich ein wohlgesonnener AKP-Politiker wissen ließ, misstrauisch und unterstelle uns Journalisten böse Absichten. Tatsächlich begegnete er uns mit einer gewissen Verachtung.

Recep Tayyip Erdoğan wurde am 26. Februar 1954 in Istanbul geboren. Sein Vater Ahmet, ein gläubiger, einfacher Mann, war in den Dreißigerjahren als Dreizehnjähriger aus der ärmlichen Gegend um Rize, am Schwarzen Meer gelegen, auf der Suche nach Arbeit nach Istanbul gekommen. Am Goldenen Horn, im Arbeiter- und Hafenviertel Kasımpaşa, fand er eine Bleibe. Dort arbeitete er als Seemann und Küstenschiffer und gründete ein paar Jahre später eine Familie. Recep Tayyip Erdoğan wuchs als jüngstes Kind gemeinsam mit drei Brüdern und einer Schwester in einer Zweizimmerwohnung in Kasımpaşa auf. Aus Biografien, aus dem, was Erdoğan selbst über seine Kindheit berichtet, und aus Erzählungen von Zeitzeugen erfährt man, dass der Vater seine Kinder muslimisch fromm und streng autoritär erzog. Er sei aufbrausend gewesen, habe sich aber beruhigen lassen, wenn die Kinder sich vor ihm niederwarfen und ihm die Füße küssten. Einmal, als Erdoğan fluchte, hängte ihn sein Vater an den Armen an der Decke auf. Seit jenem Tag, sagte Erdoğan später einem Biografen, habe er nie wieder geflucht.

Es waren harte Jahre, das Geld war knapp, und auf der Straße herrschte das Recht des Stärkeren. Istanbul hatte, als Erdoğan auf die Welt kam, gerade die Bevölkerungsgrenze zur Millionenstadt überschritten. In Kasımpaşa türmte sich der Müll in den Straßen,

Stromausfälle und Wasserknappheit waren alltäglich. Wer hier lebte, hatte das Glück nicht auf seiner Seite und wenig Chancen, der Armut zu entkommen. Viele Menschen flüchteten in die Religion.

Während unserer Zeit in Istanbul wohnten wir ganz in der Nähe von Kasımpaşa, im Viertel Galata. Noch vor einigen Jahren war dieser Stadtteil ein ähnlich ärmliches Viertel wie Kasımpaşa gewesen, das man nach Einbruch der Dunkelheit besser mied, wo der Drogenhandel blühte und es viele Bordelle gab, doch die Gentrifizierung hatte in den vergangenen Jahren das Bild verändert. Jetzt lebten in Galata viele Wohlhabende, die Mieten explodierten.

Kasımpaşa aber ist arm geblieben. Die mehrspurige Straße, die Galata und Kasımpaşa trennt, überquert kaum ein Tourist. Man hat den Eindruck, dass hier zwei Welten aufeinanderprallen. Trotz der anhaltenden Armut des Viertels sprechen die Arbeiter und Ladenbesitzer in Kasımpaşa voller Stolz über Erdoğan, den sie alle schon als Kind gekannt haben wollen. Sie nennen ihn oft beim Vornamen, Tayyip, als wollten sie damit Nähe herstellen – so wie seine Gegner ihn ebenfalls oft nur Tayyip nennen, um ihrer Verachtung Ausdruck zu verleihen.

Erdoğan selbst steht zu seiner Herkunft, ist sogar stolz auf sie und gibt seinen Anhängern nach Jahrzehnten der Herrschaft der Atatürk-nahen Eliten und des Militärs die Hoffnung, dass es in der türkischen Gesellschaft doch möglich ist, aus ärmlichen Verhältnissen aufzusteigen. Seine Sprache ist die des einfachen Mannes aus Kasımpaşa, und dafür verehren ihn sehr viele Menschen. »Das ist die Erde, die mich geformt hat«, sagte er in einem Interview über Kasımpaşa. Gerne erzählt er davon, wie ihm der Aufstieg bis ins Präsidentenamt gelungen ist. Teil der Legende ist, dass er als Kind die *simit* genannten Sesamkringel, Süßigkeiten, Wasser und Postkarten verkaufte, um zum Familieneinkommen beizutragen.

Als Kind und Jugendlicher spielte er leidenschaftlich gerne Fußball und erwog sogar, eine Profikarriere einzuschlagen. Aber sein Vater wollte davon nichts wissen. Er hielt Fußball für Zeitverschwendung, in seinen Augen war das keine Beschäftigung für einen gläubigen Muslim. Stattdessen schickte er seinen Sohn zum Koranunterricht, und Erdoğan fand Gefallen an der religiösen Unterweisung. Fußball spielte Erdoğan trotzdem weiter, allerdings heimlich. Zu Hause versteckte er seine Sportsachen vor seinem Vater. Erdoğans spielerische Fähigkeiten sollen so gut gewesen sein, dass ihm eine Profikarriere tatsächlich offengestanden habe, erzählt man sich. Angeblich habe aber eine Verletzung solche Pläne zunichtegemacht.

Der Besitzer eines kleinen Lebensmittelladens, der mit Erdoğan aufgewachsen war, erzählte mir, die Kinder im Viertel hätten damals alle Respekt vor Erdoğan gehabt. Er sei schon als Junge ehrgeizig gewesen, beim Fußball ebenso wie beim Murmelspiel. Einer, der sich durchzusetzen wusste. Alle hätten ihn *abi* genannt, die respektvolle Anrede für einen älteren Bruder, selbst die Jungen, die älter waren als er.

Schon als Kind kam Erdoğan mit der Politik in Berührung, denn er wuchs in bewegten Zeiten auf. Erdoğan war erst sieben Jahre alt, als im September 1961 Adnan Menderes hingerichtet wurde, der türkische Regierungschef, der ein Jahr zuvor durch das Militär gestürzt worden war. Menderes war 1950 ins Amt gekommen und der erste aus freien Wahlen hervorgegangene Ministerpräsident der Türkei. Er hatte maßgeblichen Anteil daran, das Einparteiensystem in der Türkei zu beenden und ein Mehrparteiensystem zu etablieren.

Formell achtete Menderes zwar die Trennung zwischen Staat und Religion, so wie Atatürk sie eingeführt hatte, sprach sich aber, zum Missfallen der Militärs, immer wieder für eine stärkere Rolle des Islam in der Türkei aus. »Wir haben unsere bis jetzt unterdrückte Religion von der Unterdrückung befreit«, verkündete er etwa nach seiner Wahl. Unter ihm begann die Religion, wieder eine Rolle im politischen Tagesgeschäft zu spielen.

Auch außenpolitisch beschritt Menderes neue Wege. 1950 kam die Türkei dem Aufruf der Vereinten Nationen nach, Truppen nach Korea zu entsenden – das kommunistische Nordkorea hatte den Süden angegriffen. Die USA nahmen die türkische Beteiligung am Koreakrieg wohlwollend zur Kenntnis, 1952 führte Menderes die Türkei dann in die Nato.

Innenpolitisch verschärften sich unter Menderes schwelende Konflikte in der multiethnischen Bevölkerung der Türkei. In der Nacht vom 6. auf den 7. September 1955 kam es zum Pogrom von Istanbul. Bei diesen Ausschreitungen gegen Christen, vor allem gegen die griechische Minderheit, aber auch gegen Armenier und türkische Juden, starben etwa ein Dutzend Menschen, mehr als vierhundert wurden verletzt. Auch in Ankara und Izmir kam es zu gewalttätigen Übergriffen.

»In Istanbul musste die türkische Armee eine Infanteriedivision, eine Panzerbrigade und Marineinfanterie einsetzen. Nach letzten Berichten gleicht ein Teil der Stadt einem einzigen Trümmerfeld«, schrieb die »Berliner Zeitung« am 8. September 1955. Griechische Gebäude und Kirchen seien in Brand gesteckt worden. »Griechische Geschäfte wurden gestürmt, ihre Einrichtungen zerstört und die Trümmer auf die Straße geworfen. In den engen Gassen häufen sich zerschlagene Möbel, Glasscherben, zerfetzte Kleidungsstücke und zertrampelte Lebensmittel. Dutzende von Menschen liefen mit blutüberströmten Gesichtern durch die Straße«, heißt es in dem Artikel weiter.

Bis zu dieser Nacht hatten noch mehr als hunderttausend Griechen in Istanbul gelebt, sie waren von dem 1923 im Vertrag von Lausanne vereinbarten Bevölkerungsaustausch zwischen der Türkei und Griechenland ausgenommen gewesen. Aber das Misstrauen vieler Türken gegenüber dieser Minderheit saß tief, und es entlud sich in dieser gewalttätigen Nacht, nachdem am 6. September 1955 im Geburtshaus von Atatürk im griechischen Thessaloniki eine Bombe explodiert war.

In der Folge dieses Pogroms verließen die meisten Griechen die Stadt, heute leben nur noch einige hundert in Istanbul. Der Verdacht, dass dieser massive Ausbruch von Gewalt staatlich organisiert war, ist bis heute nicht ausgeräumt. Während bis zu hunderttausend Menschen mit Stöcken, Gewehren und Macheten durch die Straßen liefen und Angst und Schrecken verbreiteten und während etliche Türken verängstigte Griechen bei sich versteckten, sah die Polizei den Übergriffen oft tatenlos zu oder stachelte die Gewalttätigen sogar noch an.

Auch Ministerpräsident Menderes schwieg. Möglicherweise wollte er in einer Phase der wirtschaftlichen Schwäche von Fehlern seiner Regierung ablenken. Gewiss spielte aber der Zypernkonflikt eine Rolle. Nationalistischen türkischen Zeitungen zufolge planten griechische Zyprioten einen Angriff auf die türkische Minderheit auf der Insel. Damit schürten die Blätter auch eine antigriechische Stimmung in der türkischen Bevölkerung. Zudem hatte die türkische Regierung auf einer Zypernkonferenz Besitzansprüche auf die Insel geltend gemacht, sollte sie nicht in britischem Besitz verbleiben, sondern Souveränität erlangen. (Zu einer türkischen Besatzung und damit letztlich zur Teilung Zyperns sollte es tatsächlich erst ab 1974 kommen.)

Menderes regierte in dieser turbulenten Zeit immer autokratischer. Nicht nur deswegen büßte er an Popularität ein, sondern auch weil der anfängliche wirtschaftliche Aufschwung des Landes Verlierer geschaffen hatte: Zu viele Menschen blieben auf der Strecke und verarmten, vor allem jene, die schlecht oder gar nicht ausgebildet waren oder denen die Beziehungen fehlten, um einen Job zu finden. Gleichzeitig grassierte die Korruption, die Eliten bereicherten sich schamlos.

Am 27. Mai 1960 beendete das türkische Militär die Herrschaft von Menderes durch einen unblutigen Putsch – den ersten in der Geschichte der Republik. Unter anderem wurde Menderes die »Organisation antigriechischer Ausschreitungen« im Jahr 1955 vorgeworfen, außerdem Misswirtschaft. Er wurde in einem Schauprozess wegen Hochverrats zum Tode verurteilt.

Während die Bevölkerung die Machtübernahme durch das Militär begrüßte, weil man es als Hüterin der Verfassung sah und noch nicht so sehr mit diktatorischem Regieren in Verbindung brachte wie in den folgenden Jahren, waren viele über das Todesurteil für Menderes und seine Hinrichtung am Galgen entsetzt. So auch die Familie von Erdoğan. Der Vater hegte Sympathien für Menderes, er hielt ihn für einen religiösen, rechtschaffenen Mann. Der Politiker Erdoğan sollte später immer mit Respekt von Menderes sprechen. »Manche Menschen lassen sich von solch einer Sache betrüben und resignieren«, sagte er einmal über die Hinrichtung von Menderes. »In meinem Fall hat mich die Traurigkeit darüber zur Politik gebracht.«

Wenn man den Geschichten, die über Erdoğan kursieren, Glauben schenken kann, so zeigte sich schon früh, in welche Richtung er sich später einmal entwickeln würde. Bereits seinem Religionslehrer in der Grundschule in Kasımpaşa soll er als besonders fromm aufgefallen sein. Als er einmal vor der Schulklasse vorbeten und den Koran rezitieren sollte, wurde statt eines Gebetsteppichs eine Zeitungsseite als Unterlage benutzt. Erdoğan wehrte sich und erreichte, dass stattdessen ein Tischtuch verwendet wurde. Der Lehrer empfahl daraufhin dem Vater Erdoğans, den Jungen auf eine Imam-Hatip-Schule, eine religiös ausgerichtete Oberschule, zu schicken, in der der Schwerpunkt auf dem Koranunterricht liegt und in denen vor allem der geistliche Nachwuchs ausgebildet wird.

Nach offiziellen Angaben absolvierte Erdoğan anschließend ein Studium an der Marmara-Universität in Istanbul, wo er 1981 mit einem Diplom in Wirtschafts- und Verwaltungswissenschaften abschloss. An dieser Darstellung gibt es allerdings Zweifel, da das entsprechende Institut erst ein Jahr später gegründet wurde. Oppositionspolitiker verbreiteten nach Erdoğans Wahl zum Staatspräsidenten im August 2014, er habe gar keinen Studienabschluss, das Diplomzeugnis sei eine Fälschung. Erdoğan wies diese Behauptungen als Versuch zurück, ihn zu diskreditieren, denn gemäß türkischem Recht ist ein Studienabschluss Voraussetzung dafür, Präsident werden zu können. Aufgelöst hat Erdoğan den Widerspruch aber nie.

Als junger Erwachsener verdiente Erdoğan sein Geld mit verschiedenen Jobs, unter anderem als Angestellter der Istanbuler Verkehrsbetriebe und als Buchhalter in einer Wurstfabrik. Zwischendurch leistete er seinen Militärdienst. Sein Herz aber schlug für die Politik, vor allem für Necmettin Erbakan und dessen Eintreten für eine Rückkehr zu islamischen Werten. Erbakan, Gründer der islamistischen Bewegung Milli Görüş, engagierte sich in mehreren Parteien, die er zum Teil selbst gründete, die jedoch immer wieder wegen ihrer islamisch-fundamentalistischen Inhalte verboten wurden: die Nationale Ordnungspartei, die Nationale Heilspartei, die Wohlfahrtspartei, die Tugendpartei, schließlich die Glückseligkeitspartei.

Erdoğan war als junger Mann ein glühender Anhänger Erbakans und wurde Mitglied der Nationalen Heilspartei. Mit zweiundzwanzig Jahren wurde er Chef der Jugendorganisation der Partei im Istanbuler Stadtteil Beyoğlu, zu dem auch das Viertel Kasımpaşa gehört, und machte erstmals mit seinen rhetorischen Fähigkeiten, an denen er zu Hause feilte, und mit seiner Vorliebe, nationalistische Gedichte zu rezitieren, auf sich aufmerksam. Emine, seiner künftigen Frau, die sich in einer Frauenorganisation engagierte, gefiel dieser begnadete Redner. Die beiden trafen sich gelegentlich, immer unter Aufsicht, und nach einem halben Jahr verlobten sie sich. 1978 heiratete das Paar.

Nach dem Militärputsch 1980 wurde die Nationale Heilspartei ebenso wie alle anderen alten Parteien verboten. Die Islamisten versammelten sich unter dem Dach der drei Jahre später gegründeten Wohlfahrtspartei. Manche, wie Erbakan, trieb die Hoffnung auf einen islamischen Staat, darauf, eine Art Theokratie entstehen lassen zu können. Andere hofften nur auf mehr Toleranz gegenüber den Religiösen, wollten aber nicht am laizistischen Prinzip der Republik rühren.

Erbakan, der seine islamistisch-nationalistische Ideologie »blutig oder unblutig« durchsetzen wollte, gewann immer größeren Einfluss in der Türkei, er war die Hoffnung all derer, die die Militärs und die republikanischen Eliten verachteten. Ihm zu Ehren gab Erdoğan einem seiner Söhne den Vornamen Necmettin. Erbakan wiederum förderte Erdoğan und machte ihn zu seinem politischen Ziehsohn. 1984 rückte Erdoğan, nun dreißig Jahre alt, in den Parteivorstand auf und wurde Vizeparteichef. Das gemeinsame Bemühen der beiden Männer, islamische Werte in die Politik einzubringen, trug Früchte: Die Wohlfahrtspartei gewann an Ansehen und Einfluss. Damals tönte Erdoğan, die Demokratie sei »nicht das Ziel, sondern ein Mittel«. Und: »Wir werden uns erheben. Wenn Allah es will, beginnt der große Aufstand.«

In Artikeln aus den Neunzigern kann man herauslesen, dass Erdoğan sich im Laufe der Jahre zunehmend von Erbakan emanzipierte, dass er, anders als Erbakan, Wert darauf legte, bei allen Bemühungen um eine Reislamisierung der Türkei die Trennung zwischen Staat und Religion aufrechtzuerhalten. Die Förderung der Demokratie liege ihm ebenso am Herzen wie islamische Werte, heißt es in mehreren Texten. Inwieweit das stimmt, lässt sich kaum überprüfen. Es entspricht jedenfalls dem Bild, das Erdoğan gerne von sich gezeichnet wissen möchte: der Mann, der Islam und Demokratie miteinander zu verbinden weiß.

Seine Beliebtheit in Istanbul nahm ab Mitte der Neunzigerjahre zu. Erbakan sah sehr wohl die Gefahr, dass Erdoğan zu einem ernstzunehmenden Konkurrenten werden könnte. Als die Wohlfahrtspartei Erdoğan zum Kandidaten für das Amt des Oberbürgermeisters von Istanbul ernannte, geschah das gegen Erbakans ausdrücklichen Willen. Umfragen in den Wochen vor den landesweiten Kommunalwahlen am 27. März 1994 deuteten darauf hin, dass annähernd ein Viertel der Wahlberechtigten für die religiöse Wohlfahrtspartei stimmen wollten. Erdoğan tönte, die Bevölkerung habe »ihren islamischen Charakter wiederentdeckt«. »Vier Monate nach unserem Wahlsieg werden Schleier wieder in Mode sein«, verkündete er.

Erdoğan, vierzig Jahre alt, gewann die Wahl mit sechsundzwanzig Prozent der Stimmen und wurde 1994 der erste islamistische Oberbürgermeister von Istanbul. Auch in anderen Metropolen fuhr die Wohlfahrtspartei Wahlsiege ein, unter anderem in Ankara. In gut zwei Dutzend Städten stellte sie die Bürgermeister. Es war jedoch vor allem Erdoğans Wahlsieg, der ins ganze Land ausstrahlte. Sein Erfolg bewies, dass es in der Türkei doch möglich war, als frommer Muslim politisch erfolgreich zu sein. Mehr noch: Erstmals hatte ein Mann gewonnen, der nicht zur republikanischen Elite gehörte, der nicht den Militärs nahestand, sondern der aus einfachen Verhältnissen kam und gottesfürchtig war.

Die alten Eliten waren entsetzt. Oberbürgermeister der größten und wichtigsten Stadt des Landes war nun also ein »Fundamentalist«, wie sie ihn nannten. Prompt wurde gegen Erdoğan wegen Beleidigung von Atatürk ermittelt, weil er die erste Sitzung des neuen Stadtrats mit einer Rezitation aus dem Koran und nicht, wie üblich, mit einer Gedenkminute für Atatürk begonnen hatte. Doch solche Angriffe liefen ins Leere, denn weit mehr Menschen als nur die üblichen Moscheegänger mussten für Erdoğan gestimmt haben. Er war ein Phänomen: fromm, aber ohne langen Bart oder religiös anmutende Kleidung, sondern immer im maßgeschneiderten Anzug, mit getrimmtem Oberlippenbart, eine charismatische Erscheinung.

Erdoğan selbst erklärte seinen Wahlerfolg so: »In diesem Land gibt es schwarze Türken und weiße Türken. Euer Bruder Tayyip gehört zu den schwarzen Türken!« Mit den »schwarzen Türken« meinte er, den Begriff der Soziologin Nilüfer Göle aufgreifend, die einfachen, gläubigen Menschen vom Land, die die Mehrheit in der Bevölkerung stellten, aber bislang politisch kaum repräsentiert waren. Zu den »weißen Türken« zählte er die wohlhabenden, gebildeten, urbanen Menschen, die Militärs, die Bürokraten und die linken Intellektuellen, die sich Richtung Westen orientierten und seit Gründung der Republik die Geschicke des Landes bestimmt hatten. Über all die Jahrzehnte hatte die säkulare Elite ihre frommen Landsleute mit Abneigung, oft mit Hass betrachtet und sie als »rückständig«, »primitiv« und »dumm« abgewertet und entsprechend herablassend behandelt. Aber jetzt war plötzlich einer dieser armen, religiösen Leute an der Macht. Die Unterschicht hatte endlich die Oberschicht geschlagen.

»Bruder Tayyip« jedenfalls verstand, was die Menschen in Istanbul wollten – er hatte ja sein ganzes Leben in der Stadt verbracht und ihre Mängel am eigenen Leib erfahren. Erdoğan sorgte für eine funktionierende Müllabfuhr, die Ausgaben für den öffentlichen Personenverkehr wurden erhöht, neue Strom- und Wasserleitungen verlegt, neue Straßen gebaut. Er ließ aber auch Grünflächen anlegen und Bäume pflanzen, um die Stadt lebenswerter zu machen. Immer wieder betonte er in Interviews und bei öffentlichen Auftritten, um wie viel angenehmer das Leben der Istanbuler seit seiner Amtsübernahme geworden sei. Selbst seine politischen Gegner räumten ein, dass seine Politik das Leben der Menschen verbesserte. Erdoğan machte den Eindruck eines hart arbeitenden, kompetenten Bürgermeisters, dem am Wohl der Menschen gelegen war, auch wenn nicht immer alles glattlief.

So drohte Anfang Oktober 1994 die Trinkwasserversorgung von Istanbul zusammenzubrechen, es hatte lange nicht mehr geregnet, und der Wasserspiegel in den Stauseen hatte einen Tiefstand erreicht. Experten in der Stadtverwaltung errechneten, dass die Speicher spätestens in zwei Wochen leer wären, falls der Regen weiter ausblieb. Das wenige Wasser, das nur einmal in der Woche für ein paar Stunden aus den Leitungen tröpfelte, war mit Nitrat und Ammoniak belastet, weil Abwässer aus Siedlungen und Fabriken in die Stauseen geleitet wurden. »Istanbul ist wie Uganda«, klagte die Zeitung »Hürriyet«. Trotz Protests von Wissenschaftlern und Ärzten behauptete Erdoğan, das Wasser sei trinkbar. Als Mittel gegen die Wasserknappheit empfahl er den Bürgern, für Regen zu beten.

Kritik schlug ihm bisweilen auch entgegen, weil er in manchen Bereichen eben doch eine islamische Agenda verfolgte. Schon damals plante er eine Umgestaltung des Taksim-Platzes und dachte über den Bau eines islamischen Kulturzentrums mit Moschee nach, in unmittelbarer Nähe zu jenem Denkmal, das dort die Gründung der laizistischen Republik versinnbildlicht. Auch die bisherige Kulturpolitik passte ihm nicht. »Warum werden keine nationalen Theaterstücke aufgeführt?«, schimpfte er. »Warum stattdessen immer Stücke, die ein Europäer oder ein Russe geschrieben hat?« Seine Vision von Istanbul nannte er die einer »sauberen und anständigen« Stadt, mit getrennten Schulbussen für Jungen und Mädchen und eigenen Badestränden für Frauen. Bordelle wollte er schließen und die Prostituierten stattdessen als Pflegerinnen in Altersheimen beschäftigen lassen.

Den größten Protest rief aber sein Plan hervor, den Ausschank von Alkohol zu reduzieren. Clubs, Bars, Kneipen und Restaurants, in denen es Alkohol gab, wurden keine städtischen Flächen mehr verpachtet. Erdoğan drohte den Wirten, ihnen die Lizenzen zu entziehen, sollten sie weiterhin alkoholische Getränke verkaufen. Ihnen wurde zudem verboten, in den Sommermonaten Tische und Stühle auf die Straße zu stellen. Das war zu viel. Die Menschen wollten sich ihr Bier, ihren Wein, ihren Rakı nicht nehmen lassen. Die Folge waren Massenproteste. Schließlich trat die Stadtverwaltung den Rückzug an und nannte ihren Vorstoß ein »Versehen«. Man habe durchaus Verständnis für die Bedürfnisse der Menschen.

War Erdoğan zu dieser Zeit ein Demokrat? Er gab sich jedenfalls keine Mühe, Zweifel zu zerstreuen oder den Anhängern der laizistischen Republik in irgendeiner Weise entgegenzukommen. Im Gegenteil, er schürte Ängste, indem er sich, halb im Scherz, »Imam von Istanbul« nannte.

Necmettin Erbakan wurde 1996 zum Ministerpräsidenten der Türkei gewählt, was nach Erdoğans Sieg in Istanbul nicht mehr überraschte. Zwar musste er eine Koalitionsregierung bilden, aber mit seiner Wahl wurde der Islamismus, der politische Islam, in der Türkei salonfähig – auch wenn Erbakan schon im Jahr darauf vom Militär wieder aus dem Amt gedrängt wurde. Erbakan hatte die Generäle und die von ihnen geprägte Politik als »jämmerliche Imitation des Westens« bezeichnet und eine »weltweite Solidarität der Muslime« gefordert – und damit den Bogen überspannt. Er musste abtreten, die Wohlfahrtspartei wurde im Februar 1998 verboten. Bereits einen Monat zuvor hatte Erdoğan ihr, von Erbakan entfremdet, den Rücken gekehrt. Erbakans Nachfolgepartei, der Tugendpartei, trat er nicht mehr bei.

Trotz der Entfremdung teilten Erbakan und Erdoğan bald das gleiche Schicksal: Sie beide wurden mit einem Politikverbot belegt. Im Dezember 1997 trat Erdoğan bei einer Veranstaltung in Siirt auf, einer Stadt im äußersten Südosten der Türkei. Wie fast immer bei solchen Auftritten kam er schnell in Fahrt, begeisterte seine Zuhörer mit einfachen, volksnahen Aussagen und indem er sie spüren ließ, dass er einer von ihnen war und ihre Sorgen und Ängste ernst nahm. Und dann zitierte er, wie oft zuvor, ein martialisches, hundert Jahre altes Gedicht des Publizisten und Schriftstellers Ziya Gökalp: »Die Demokratie ist nur ein Zug, auf den wir aufspringen, bis wir am Ziel sind. Die Moscheen sind unsere Kasernen, die Minarette unsere Bajonette, die Kuppeln unsere Helme und die Gläubigen unsere Soldaten.« Der erste Satz wird ihm bis heute immer wieder vorgehalten: Er meine es nicht ernst mit der Demokratie, sondern benutze sie nur als Vehikel zur Macht. Der zweite Satz wird als Beleg dafür gesehen, Erdoğan sei in Wahrheit ein

Islamist, also jemand, der den politischen Islam befürworte und Politik und Staat nach islamischen Regeln gestalten wolle.

Er selbst erklärte später einmal, warum er dieses Gedicht so gern zitierte: »Man gewinnt dadurch die Aufmerksamkeit des Publikums.« Die Menschen würden damit »in Schwung gebracht«. Und warum solle dieses Gedicht schlecht sein, immerhin habe es das Bildungsministerium für die Verwendung in Schulbüchern freigegeben. Was sei also schon dabei, es zu zitieren? Tatsächlich erklärte Erdoğan in seiner Rede in Siirt, nachdem er das Gedicht vorgetragen hatte, der Islam sei sein »Kompass« und wer auch immer versuche, das Gebet in der Türkei zu unterdrücken, bekomme es mit einem »explodierenden Vulkan« zu tun. Für solche Worte feierten ihn viele Menschen in der Türkei.

Das Militär sah darin jedoch einen Angriff auf die staatliche Ordnung. Erdoğan wurde 1998 wegen Anstachelung zu religiösem Aufstand angeklagt und zu zehn Monaten Freiheitsstrafe sowie einem lebenslangen Politikverbot verurteilt. Als er im März 1999 seine Haft antrat, begleiteten ihn Tausende Anhänger zum Tor des Gefängnisses. Von den zehn Monaten Haft musste er am Ende nur gut vier Monate absitzen. »Es war ein Wendepunkt in meinem Leben«, sagte er später über diese Zeit. »Gefängnis macht dich reifer.«

Glaubt man Erdoğans Aussagen und den Berichten über seine Haft, brach er im Gefängnis mit seinem Ziehvater Erbakan und dessen antiwestlicher Ideologie. Nachdem zuerst Erbakan, danach er selbst entmachtet worden war, wurde ihm klar, dass man in der Türkei keine Politik gegen das Establishment machen konnte. Wenn man so will, brachte ihn das Gefängnis zu der Erkenntnis, dass der Islam mit der Demokratie kompatibel sein könne. Das meinte er, wenn er davon sprach, dass das Gefängnis einen »reifer« machte. Menschen, die Erdoğan nahestanden, behaupten, sein Wandel sei echt gewesen. Erbakan hingegen war enttäuscht von dem Mann, den er jahrelang gefördert hatte. »Erdoğan ist zum

Kassierer des Zionismus geworden«, er sei »ein Glied der zionistischen Weltordnung« und vertrete »die kapitalistische, zionistische Wirtschaftsordnung, die Steuern erhebt und Schulden macht, um das Geld, über die Zinsen, den Zionisten zu geben«, tobte er. »Er war mein Schüler. Ich habe ihm gesagt, was zu machen ist, aber er hat nicht auf mich gehört. Ihn zu stürzen ist nun unser Ziel.«

Vielleicht reifte in Erdoğan auch nur der Plan, die islamistische Rhetorik für eine bestimmte Zeit abzulegen und sich so lange Richtung Westen zu orientieren, bis er fest im Sattel der Macht saß, um dann unbehelligt wieder zur Religion zurückzukehren. »Die Demokratie ist nur ein Zug …« So sehen es seine Kritiker, und tatsächlich ließe sich die jüngste Geschichte der Türkei so lesen.

Erdoğan hatte sich in der Wohlfahrtspartei zu den jungen Erneuerern gezählt und wartete nun nach dem Verbot der Partei auf seine Chance. Als auch die Nachfolgerin, die Tugendpartei, 2001 verboten wurde und ihr die Glückseligkeitspartei folgte, kam es endgültig zur Spaltung der Islamisten. Während die Alten sich der Glückseligkeitspartei anschlossen, sahen Erdoğan und andere aus dem Kreis der jungen Modernisierer, darunter Abdullah Gül, die Chance, ihren eigenen Weg zu gehen. Sie gründeten die AKP, ein Akronym für *Adalet ve Kalkınma Partisi*, die Partei für Gerechtigkeit und Entwicklung. Es war diese Partei, die Erdoğan zu seinem eindrucksvollen Aufstieg verhalf und mit der er bis heute die Türkei regiert.

Der Name war geschickt gewählt: Erdoğan und seine Parteifreunde sagen nicht AKP, sondern Ak-Parti. »Ak« steht im Türkischen für »rein« und »weiß«. Diese gewollte Doppeldeutigkeit soll den Eindruck einer redlichen, ehrenhaft handelnden Partei vermitteln, frei von Korruption und schlechten Charakteren. In der Türkei nennen nur die politischen Gegner die Ak-Partei AKP – und die ausländischen Medien, was dazu beiträgt, dass wir Journalisten zwangsläufig dem gegnerischen Lager zugerechnet werden.

Zumindest anfangs war die AKP eine Partei, die zwar islamische

Werte vertrat, sich aber nicht als islamische Partei verstand und auch nicht am laizistischen Prinzip der Republik rütteln wollte. Eine Partei, die den Islam als einende, aber nicht ausschließende Kraft verstand, die Werte und Moral vermittelte und den Menschen harte Arbeit für Gott und Vaterland abverlangte und im Gegenzug Anerkennung, Wohlstand und Aufstiegsmöglichkeiten versprach. Sie wollte den »weißen Türken« keine Angst einjagen und den »schwarzen Türken« das über viele Jahrzehnte vermittelte Gefühl nehmen, sie wären Bürger zweiter Klasse. Das kam bei den Massen natürlich gut an. Für Erdoğan begeisterten sich vor allem viele Frauen, die Erbakan nie für sich hatte gewinnen können.

Auch wenn Erdoğan wegen des gerichtlich verhängten Politikverbots nicht selbst zur Parlamentswahl antreten durfte, engagierte er sich stark für die AKP. Mit Erfolg: Das Wahlergebnis war eine politische Sensation. Bei den Wahlen am 2. November 2002 erzielte die AKP 34,3 Prozent der Stimmen und war damit überragender Wahlsieger. Die CHP, die Partei Atatürks, wurde mit 19,4 Prozent zweitstärkste Kraft. Alle anderen Parteien scheiterten an der Zehnprozenthürde, die in den Achtzigerjahren eingeführt worden war, um kurdischen Parteien den Einzug ins Parlament zu erschweren.

Aufgrund des türkischen Wahlrechts erhielt die AKP damit dreihundertdreiundsechzig von fünfhundertfünfzig Mandaten und verfehlte damit die Zweidrittelmehrheit nur knapp. Die erst sechzehn Monate alte AKP war nun Regierungspartei. Und sie konnte sogar alleine regieren. Seit 1987 war das keiner Partei mehr gelungen. Die türkischen Wähler waren der brüchigen Koalitionsregierungen überdrüssig geworden, sie wollten die alte politische Klasse abstrafen, wollten die Korruption beendet sehen, wünschten sich nach mehreren Regierungswechseln in einer zersplitterten politischen Landschaft Stabilität und sehnten sich nach wirtschaftlichem Aufschwung. Die Türkei hatte in den Neunzigern blutige Jahre des Krieges gegen die Arbeiterpartei Kurdistans, die PKK, und deren Terror gegen den türkischen Staat erlebt und war zur Jahrtausendwende in die größte Wirtschaftskrise seit Gründung der Republik geraten. Die Menschen wollten eine starke Partei, eine starke Führung – und hatten der AKP eine überwältigende Mehrheit beschert.

Noch in der Wahlnacht versuchte Erdoğan, den Menschen im In- und Ausland die Angst vor ihm und der AKP zu nehmen. Man werde die prowestliche Außenpolitik fortsetzen und sich weiter um eine EU-Mitgliedschaft bemühen, versprach er. Was Glauben und Lebensstil angehe, so sei jeder Mensch in der Türkei natürlich frei. Man werde alle Anstrengungen darauf verwenden, die Türkei aus dem wirtschaftlichen Tal hinauszuführen. »Wir akzeptieren es nicht, als islamistische Partei charakterisiert zu werden«, sagte Erdoğan. »Da schwingen viele falsche Wahrnehmungen und anti-demokratische Assoziationen mit. Wenn man sich selbst als Isla-mist bezeichnet, suggeriert das, man wolle eine Art jakobinische, intolerante Einheitlichkeit einführen. Wir aber glauben, dass Religion eine persönliche Angelegenheit ist.« Keine Rasse sei besser als die andere, keine Religion einer anderen überlegen. Über sich selbst sagte er: »Ich bin zuvorderst ein Muslim. Als Muslim versuche ich, meine religiösen Pflichten zu erfüllen. Ich habe Allah gegenüber, der mich erschaffen hat, eine Verantwortung, und ich versuche, dieser Verantwortung gerecht zu werden. Aber ich versuche jetzt sehr, dies von meinem politischen Leben fernzuhalten. Eine politische Partei kann keine Religion haben. Nur Individuen können das. Andernfalls würde man die Religion ausnutzen. Aber Religion steht an höchster Stelle, man darf sie nicht ausnutzen oder sich durch sie einen Vorteil verschaffen.«

Weil Erdoğan wegen des Politikverbots nicht selbst zur Wahl angetreten war, übernahm Parteivize Abdullah Gül das Amt des Regierungschefs. Aber es bestand kein Zweifel daran, wer der wahre Wahlsieger war: Parteichef Recep Tayyip Erdoğan. Im Dezember 2002 lud US-Präsident George W. Bush ihn ins Weiße

Haus ein, obwohl er nur Chef der Regierungspartei, nicht Regierungschef war. Erdoğan wusste nicht, was ihn in Washington erwartete. Umso überraschter war er über den warmherzigen Empfang durch Bush. »Sie glauben an den Allmächtigen, und ich glaube an den Allmächtigen. Deshalb werden wir großartige Partner sein!«, sagte ihm der US-Präsident. Rasch wurde klar, dass die Amerikaner nach den Terroranschlägen vom 11. September 2001 große Hoffnungen in Erdoğan setzten, für den Westen ein Brückenbauer in die islamische Welt zu werden. Auch in den europäischen Hauptstädten wurde er wie ein Regierungschef empfangen.

Erdoğan, der Neuling, machte im Inland und auf der internationalen Bühne eine gute Figur. Befürchtungen europäischer Staaten vor einem EU-Beitritt der Türkei begegnete er mit diplomatischem Geschick, das Thema Religion klammerte er bei Reden, anders als nach seiner Wahl zum Oberbürgermeister von Istanbul, fast komplett aus, um sowohl seine Gesprächspartner in Europa als auch die alte kemalistische Elite in der Heimat zu besänftigen. Erdoğan agierte kühl und klug. Er wurde nicht müde zu betonen, dass seine islamistische Phase vorbei sei, dass er Religion für eine Privatsache hielt und dass die AKP eine »rechtsliberal-konservative Partei« sei, für die islamische Werte zwar das Fundament bildeten, die sich aber nicht in private Angelegenheiten der Bürgerinnen und Bürger einmische. Mit Erdoğan keimte zum ersten Mal die Hoffnung auf, in der Türkei könne so etwas wie eine Demokratie islamischer Prägung entstehen, mit Muslimdemokraten an der Macht, den Christdemokraten in europäischen Ländern ähnlich.

So hölzern Erdoğan im persönlichen Umgang wirkte, so sehr lebte er auf, wenn er am Rednerpult stand. Erst mit zunehmender Erfahrung begann er, die physische Nähe zum Volk zu schätzen. Ich erlebte ihn einige Male, da war er schon zehn Jahre Regierungschef, wie er nach dem Freitagsgebet in Istanbul den Gläubigen die Hände schüttelte und Kinder umarmte. Aber selbst da sah man ihm in manchen Momenten ein gewisses Unbehagen an, er wirkte seltsam distanziert. Bei Wahlkampfauftritten erlebte ich ihn dagegen auf der Bühne wie ausgewechselt: ein Mann, der seinen Zuhörern emotional kaum näher sein konnte. Frauen weinten, Männer fielen auf die Knie.

Noch im Dezember 2002, im Monat nach dem Wahlsieg, verabschiedete das Parlament eine Verfassungsänderung, um Erdoğan den Weg zum Amt des Ministerpräsidenten zu ebnen. Demnach sollten nur noch Vorstrafen wegen terroristischer Vergehen zum Verlust des passiven Wahlrechts führen. Staatspräsident Ahmet Necdet Sezer, ein Kemalist, hatte in einem ersten Anlauf die Verfassungsänderung zu stoppen versucht, indem er seine Unterschrift verweigerte und sie an das Parlament zurückverwies. Die Änderung diene nicht der Allgemeinheit, sondern sei offensichtlich auf eine Person zugeschnitten, begründete er seine Ablehnung. Aber nun hatte das Parlament zum zweiten Mal für Erdoğans Kurs gestimmt, und eine wiederholte Ablehnung durch Sezer hätte eine Konfrontation mit der neuen Regierung bedeutet und die ohnehin geschwächte Türkei in eine erneute Krise gestürzt. Erdoğan wusste das für sich zu nutzen: Wegen angeblicher Formfehler wurde jetzt die Parlamentswahl in der Provinz Siirt für ungültig erklärt, am 9. März 2003 fanden Nachwahlen statt. Die Gesetzesänderung ermöglichte es Erdoğan, zur Wahl anzutreten, und er zog ins Parlament ein. Zwei Wochen später, am 23. März, wurde er zum neuen Regierungschef gewählt. Sein Vorgänger Gül, der sich selbst ohnehin nur als Übergangslösung verstanden hatte, wurde Außenminister.

Erdoğan war am Ziel. Ihm war ein Aufstieg gegen das Establishment gelungen, gegen alle Ablehnung, zahllose Attacken und juristische Hürden. Doch die Militärs warnten weiterhin bei jeder Gelegenheit vor dem »Wolf im Schafspelz«, und der Widerstand der laizistischen Kreise gegen ihn hielt an. So weigerte sich Präsident Sezer, Emine Erdoğan zur Amtseinführung ihres Mannes einzuladen, weil sie ein Kopftuch trug. Gefragt, was er davon halte, antwortete Erdoğan: »Versetzen Sie sich in die Lage meiner Frau und entscheiden Sie selbst.« Aber letztlich machte ihn das Vertrauen, das ihm nun ein großer Teil der Bevölkerung, aber auch das Ausland schenkte, unangreifbar.

Erdoğan schien seine Macht klug zu nutzen. Die Wirtschaft blühte auf, die Menschen fassten neuen Mut, Investitionen aus dem Ausland stiegen, und das Land entwickelte sich nach entsprechenden Reformen zu einem ernsthaften Kandidaten für einen EU-Beitritt. In Folge des weltweit zunehmenden islamistischen Terrors wurde vielen Politikern in den westlichen Hauptstädten bewusst, welch große strategische Bedeutung der Türkei zukam. Erdoğan wiederum betonte regelmäßig, die Türkei könne nur dann erfolgreich sein, wenn sie europäischen Normen folgte und dazu die notwendigen Reformen durchführte. Kein anderer türkischer Politiker hatte jemals so glaubwürdig für einen EU-Beitritt der Türkei plädiert und die damit verbundenen Anstrengungen, die das Land auf dem Weg zur Mitgliedschaft auf sich nehmen musste, eingefordert.

Doch nicht alles gelang Erdoğan auf Anhieb, vor allem der Start im neuen Amt des Regierungschefs verlief holprig. Erdoğan pokerte hoch – und überschätzte seine Macht. Er hatte US-Präsident Bush, mit dem er sich seit der Einladung nach Washington nach dem AKP-Wahlsieg gut verstand, zugesichert, dass die USA für ihren 2003 geplanten Einmarsch in den Irak, Zehntausende Soldaten auf türkischem Boden stationieren dürften. Doch die türkische Bevölkerung war gegen einen US-geführten Krieg gegen den Irak, und selbst die AKP-Abgeordneten verweigerten Erdoğan in dieser Frage die Gefolgschaft. Washington reagierte verstimmt. Man glaubte, dieser neue Erdoğan habe seine eigenen Leute nicht im Griff.

Dann machte Erdoğan seine eigenen Pläne bekannt, wonach vierzigtausend türkische Truppen in den überwiegend kurdisch besiedelten Nordirak einmarschieren sollten. Als Grund gab er

»Terrorbekämpfung« an, bis heute die Standardrechtfertigung für jeden gewaltsamen Einsatz von Sicherheitskräften. Tatsächlich wollte er jenseits der Grenze nicht nur gegen die PKK vorgehen, deren Mitglieder sich zum Teil dorthin zurückgezogen hatten, sondern er wollte auch verhindern, dass Kurden im Zuge des Irakkriegs die Kontrolle über die nordirakischen Städte Kirkuk und Mossul und damit über wichtige Ölquellen gewönnen und damit die finanzielle Grundlage für einen möglichen Kurdenstaat erhielten, was auch die Autonomiebestrebungen der Kurden in der Türkei hätte beflügeln können.

Doch auch dieser Plan kam nicht gut an, dieses Mal intervenierten die westlichen Partner der Türkei. Die Nato ließ Erdoğan wissen, sie werde ein Überschreiten der Grenze zum Irak durch türkische Soldaten nicht dulden. Aus der EU drohte man ihm, er gefährde mit einem solchen Krieg den EU-Beitritt seines Landes. Und die USA warnten ihn vor »unkoordinierten oder einseitigen Aktionen« – Bush war bei seinen eigenen Kriegsplänen auf die Unterstützung der Kurden angewiesen und wollte sie nicht durch den Nato-Partner Türkei geschwächt sehen. Einen Nebenkriegsschauplatz im Nordirak konnte er nicht gebrauchen.

Doch Erdoğan lernte schnell aus diesen Fehlschlägen. Er wusste, dass er seine neue Machtposition nur dann dauerhaft sichern konnte, wenn er mit den USA und der EU zusammenarbeitete – und wenn er sich deren Wünsche zunutze machte. Seine kemalistischen Gegner misstrauten ihm weiterhin, und das Militär lauerte darauf, ihn bei der nächstbesten Gelegenheit zu entmachten. Also begann er, mit Verweis auf europäische Standards, nach und nach die Macht der Generäle zu stutzen.

Als er 2007 seinen politischen Wegbegleiter Abdullah Gül vom Außenminister zum Staatspräsidenten befördern wollte, stellte sich das Militär quer und drohte zu putschen. Die Offiziere hielten auch Gül für einen Islamisten und wollten Erdoğan zeigen, wer das letzte Wort im Land hat. Jedoch wurde schnell klar, dass kein anderer Kandidat die Mehrheit für die Wahl zum Präsidenten erhalten würde. Erdoğan erkannte den Bluff und erhielt Rückendeckung durch die EU und die USA, die die die Generäle öffentlich davor warnten, Einfluss auf die Entscheidung der gewählten Regierung zu nehmen. Erdoğan wagte die Kraftprobe und nutzte die Chance, um Neuwahlen auszurufen. Es war die zweite Parlamentswahl, die die AKP gewann. Sie legte sogar gut zwölf Prozentpunkte zu, verlor allerdings geringfügig an Sitzen, da es mit der nationalistischen MHP diesmal einer dritten Partei gelang, die Zehnprozenthürde zu nehmen und ins Abgeordnetenhaus in Ankara einzuziehen. Das neue Parlament wählte Abdullah Gül zum Staatspräsidenten.

Erdoğan fühlte sich durch diesen Erfolg ermutigt, den Staatsapparat nach seinem Willen umzubauen. Er bannte die Gefahr, die ihm von Seiten der Offiziere drohte: Nach und nach drängte er die Kemalisten aus ihren Reihen und ersetzte sie durch Islamisten oder zumindest durch Leute, die ihm treu ergeben waren.

Weil die Wirtschaft sich nach wie vor gut entwickelte, gab es wenig Kritik an Erdoğan und seiner Regierung. Besonders deutlich wurde mir das bei Besuchen in Zentralanatolien. Bevor Erdoğan an die Macht kam, lebten in Kayseri etwa eine halbe Million Menschen. Als ich die Stadt 2014 zum ersten Mal besuchte, hatte sie mehr als doppelt so viele Einwohner – Kayseri boomte. Die Stadt steht für den wirtschaftlichen Erfolg der Türkei; sie ist das Zentrum der »anatolischen Tiger«, jener Aufsteigermetropolen, in denen der türkische Wohlstand der vergangenen Jahre entstanden ist. Kayseri liegt am Fuß des knapp viertausend Meter hohen Vulkans Erciyes, und oben, auf dem Gipfel, auf dem sechs Monate im Jahr Schnee liegt, hatte bei meinem Besuch gerade ein neues Resort mit Sessellift, Pisten und Restaurants eröffnet. In der Innenstadt reihten sich Fast-Food-Restaurants und Filialen europäischer Modeketten aneinander, und vor den Vorstadtvillen parkten Limousinen und Geländewagen von Mercedes, BMW und Audi.

Hunderte neue Firmen waren hier entstanden, Textilfabriken, Maschinenhersteller, international tätige Konzerne wie die Boydak Holding, zu der eine Bank, eine Kabelfabrik und die größte türkische Möbelfirma Istikbal gehörten. Nahezu alle Sofas, Schrankwände und Einbauküchen des Landes wurden hier gebaut, auch europäische Unternehmen ließen in der Stadt fertigen.

»Kayseri ist das Schwaben der Türkei«, erzählte mir eine Unternehmerin aus dieser Stadt. »Die Menschen sind konservativ, fleißig und bescheiden.« Die damals fünfzigjährige Unternehmerin war in Stuttgart aufgewachsen, dann hatte es sie in die Heimat ihrer Eltern gezogen. 1997 eröffnete sie mit ihrem Mann eine Holzwerkstatt, inzwischen hatte ihr Unternehmen sechzig Mitarbeiter und produzierte Stühle für ganz Europa. »Das ist auch ein Erfolg von Erdoğan«, sagte sie. »Vor seiner Amtszeit betrug die Inflation über vierzig Prozent. Die Regierungen waren chaotisch und korrupt, ständig gab es Streit in den Koalitionen, auf nichts war Verlass.« Viele ihrer Freunde, sagte sie, hätten Erdoğan und seine AKP aus Protest gewählt. »Seit seinem Amtsantritt ist die türkische Lira relativ stabil und hat sogar an Wert gewonnen.«

Zuvor war die Wirtschaft von der kemalistischen Elite kontrolliert worden, doch Erdoğan öffnete die Märkte für Unternehmer aus Anatolien. Er privatisierte große staatliche Unternehmen wie Türk Telekom, die Öl- und Gasindustrie, Häfen und Flughäfen; er liberalisierte den Arbeitsmarkt, reformierte den Banken- und Kreditsektor und förderte das Unternehmertum.

Mit seinem Wirtschaftsförderungsprogramm hatte Erdoğan großen Erfolg: Zu Beginn der AKP-Ära wuchs die türkische Wirtschaft jährlich um bis zu neun Prozent. Ausländische Anleger investierten von 2003 bis 2012 rund vierhundert Milliarden Dollar. In den zwanzig Jahren davor waren es lediglich fünfunddreißig Milliarden Dollar gewesen. So stiegen unbedeutende Orte in Zentralanatolien zu Industriestädten auf, und es entstand eine neue Mittelschicht: das islamisch-konservative Bürgertum, wohlhabend und fromm. Zugleich wurden im ganzen Land Neubausiedlungen für die arme Landbevölkerung errichtet, die nun in die boomenden Städte strömte.

So wie Kayseri sollte nach Erdoğans Wunsch die ganze Türkei werden, vermutete ich bei meinen Besuchen in der Stadt. In den Restaurants wurde kein Alkohol ausgeschenkt, viele Frauen trugen Kopftuch, fast jede Firma verfügte über einen Gebetsraum. Glaube und Leistung, sagten sie hier, ergänzten sich. »Islamische Calvinisten« wurden sie von Soziologen genannt. Bei Wahlen erhielt die AKP in Kayseri regelmäßig bis zu siebzig Prozent der Stimmen. Kayseri war ein Ort, an dem es für Erdoğan viel Verehrung und wenig Widerworte gab.

Zumindest war das lange Zeit so gewesen. Doch ganz langsam und leise begann sich, das zu ändern. Erdoğan sei nicht mehr so unumstritten wie noch vor ein paar Jahren, sagte mir die Unternehmerin bei meinem Besuch in der Stadt. Erdoğans harsches Vorgehen gegen die Gezi-Demonstranten und kritische Journalisten sei ihr unverständlich, »ebenso seine Abkehr vom Reformkurs und seine Abwendung von der EU«. Und auch Erdoğans wichtigstes Fundament bröckelte: Die Wirtschaft wächst seit 2013 immer langsamer, der Internationale Währungsfonds warnte, die Türkei sei der fragilste aller Schwellenmärkte.

Denn der Erfolg täuschte lange Zeit über ein strukturelles Defizit hinweg, das die AKP noch befördert hat: Die Türkei importiert seit Jahren deutlich mehr Güter, als sie exportiert – und häuft so Schulden an. Das Handelsbilanzdefizit stieg unter Erdoğan von sechzehn Milliarden auf sechsundfünfzig Milliarden Dollar im Jahr 2016 und betrug 2011 sogar etwa einhundertsechs Milliarden Dollar. Ausländische Geldgeber hätten zudem nur kurzfristig investiert, sagte die Frau aus Kayseri. »Kaum begann die weltweite Finanzkrise, haben sie ihr Kapital wieder abgezogen.« Nachhaltig sei die Entwicklung daher nicht. »Wir haben Malls, Malls, Malls, vor allem die Baubranche boomt«, sagte sie. »Eine solide Industrie oder einen langfristig erfolgreichen IT-Sektor gibt es nicht.«

Über solche Defizite täuschte Erdoğan die Bevölkerung mit Megaprojekten hinweg. Die dritte Brücke über den Bosporus und die Untertunnelung der Meerenge für Autos und für die Bahn, die den Verkehr zwischen dem europäischen und asiatischen Teil Istanbuls entspannen sollen, beeindruckte die Menschen in der Türkei, ja erfüllte sie mit Stolz. Ein neuer Großflughafen in Istanbul, einer der größten der Welt, ist nahezu fertig. Dass beim Bau des Flughafens Korruption im Spiel gewesen sein soll und dass nach Angaben von Umweltschützern zweieinhalb Millionen Bäume dafür gefällt wurden, solche Kritik versteht Erdoğan als Beleidigung und geht drastisch dagegen vor. Das führt dazu, dass selbst bei so verrückten Vorhaben wie dem Bau eines künstlichen Kanals parallel zum Bosporus, eine der meistbefahrenen Wasserstraßen der Welt, sich kaum noch jemand traut, öffentlich Kritik zu üben. Der Kanal, etwa fünfundvierzig Kilometer lang, soll den Verkehr auf dem Bosporus entlasten. Fragt man Experten, was davon zu halten ist, sagen sie, eine zweite Verbindung zwischen Schwarzem Meer und Marmarameer könnte ein Risiko für das Ökosystem sein.

Erdoğans politischer Aufstieg vom Sohn aus armer Familie zum mächtigsten Mann der Türkei ist eindrucksvoll. Ihm ist gelungen, was kein anderer türkischer Politiker vor ihm schaffte: Die Mehrheit der einfachen Menschen, religiös und patriotisch, aber auch viele konservative Akademiker hinter sich zu einen. Er steht an der Spitze von Staat und Regierung und verfügt über Macht, Ressourcen und Möglichkeiten. Diese Position hätte er nutzen können, die Türkei weiter zu demokratisieren und zu einem Erfolgsmodell, zu einer wahren Regionalmacht zu machen. Doch stattdessen hat er, vom Rest der Welt zunächst eher unbemerkt, die türkische Demokratie neu definiert: Er ist »das Volk«, und er hat immer recht. Erdoğan benutzt den Islam, um seine Macht auszubauen. Anders als Islamisten in anderen Ländern hat er einen Islamismus erschaffen, der islamischen Konservatismus mit Nationalismus vereint. Das ist insofern erstaunlich, als Islamisten den Begriff der Nation bislang ablehnten. Ihr Wirken richtete sich auf die *Ummah*, die islamische Gemeinschaft, die keine nationalstaatlichen Grenzen kennt. Erdoğan hat Nationalismus ganz pragmatisch und in seinem Sinne neu definiert: Demnach ist nicht die Nation per se schlecht, sondern die säkulare Nation – also jene, die Atatürk geprägt hat. Zugleich ist die türkische Nation natürlich Teil der *Ummah*. In Wahrheit hat Erdoğan also die Demokratie weitgehend abgeschafft und die Türkei auf einen neuen Kurs gebracht: in Richtung Nationalismus und Islamismus. Er selbst will im Zentrum der islamischen Gemeinschaft stehen und versteht sich als Schutzpatron aller sunnitischen Muslime im Nahen Osten, vergleichbar den Kalifen. Dieses Ziel verfolgt Erdoğan mit allen Mitteln. Hauptsache, er bleibt an der Macht.

Glaubensfragen: Der Islam und die Frauen

Den besten Blick auf Istanbul hat man von Çamlıca. Die Erhebung auf der asiatischen Seite der Stadt bietet eine Aussicht auf die Silhouette Istanbuls, wie man sie von Postkarten kennt: Moscheen, Minarette, die Hagia Sophia, das Goldene Horn, der Galata-Turm, der Bosporus. In Çamlıca gibt es Wohnparks für Millionäre, aber der Ort ist auch ein beliebtes Ziel der Istanbuler für ihren Wochenendausflug.

Als wir 2013 nach Istanbul zogen, entstand dort oben auf dem Hügel eine Moschee der Superlative mit Platz für bis zu fünfzigtausend Menschen. Die Minarette des Neubaus sollen zu den höchsten der Welt zählen: Vier von ihnen sind jeweils einhundertsieben Meter hoch, dazu kommen zwei weitere mit jeweils neunzig Metern Höhe. Sechs Minarette insgesamt also, so viele wie die altehrwürdige Blaue Moschee auf der anderen Seite des Bosporus und damit zwei mehr als üblich für eine große Moschee.

Die Zahl der Minarette soll eine Botschaft senden, denn nur die Moscheen an den heiligsten Orten des Islam, die Prophetenmoschee in Medina mit zehn Minaretten und die Hauptmoschee in Mekka mit neun Minaretten, haben mehr. Dass die Blaue Moschee sechs hat, geht der Legende nach auf ein Missverständnis zurück: Demnach sollte der Architekt Mehmet Ağa ein Gotteshaus mit vergoldeten Minaretten bauen. Aber das Budget dafür war viel zu knapp bemessen. Mehmet Ağa wagte es aber nicht, den Sultan damit zu konfrontieren, dass das Geld für so viel Blattgold nicht reichte. Also tat er so, als habe er sich verhört: »altı«, »sechs«, statt »altın«, »goldene« Minarette.

Die neue Çamlıca-Moschee hingegen, wie die Menschen sie hier nach dem Hügel, auf dem sie gebaut wurde, und nach dem

Viertel im Stadtteil Üsküdar nennen, erhält sechs Minarette nicht aus Versehen, sondern ganz bewusst. In einer Reihe von Megaprojekten ist das gigantische Gotteshaus der Bau mit der größten Symbolkraft und das erklärte Lieblingsvorhaben von Staatspräsident Erdoğan. Er will sich, wie Sultan Süleyman im sechzehnten Jahrhundert, mit einem großen sakralen Bau in Istanbul verewigen. Die neue Großmoschee ist die erste auf der anatolischen, also: asiatischen Seite und weithin sichtbar. Erdoğans Macht, seine Regierungszeit, sein großer Einfluss auf das Land und, vor allem, die von ihm vorangetriebene Rückkehr der Religion in das öffentliche Leben sollen sich auch im Stadtbild widerspiegeln. Die Moschee ist ein Symbol für die Türkei, wie sie Erdoğans Vorstellungen zufolge sein soll.

Im Mai 2012 erwähnte Erdoğan seine Idee, in Çamlıca eine Moschee zu bauen, zum ersten Mal während einer Rede. Anschließend wurde ein Architekturwettbewerb ausgeschrieben. Die Vorgabe: Der Entwurf müsse die osmanische Tradition fortsetzen, also im Stil der alten Moscheen drüben auf der europäischen Seite entsprechen. Auch das war Symbolik: Bitte kein moderner Entwurf! Insgesamt zweiundsechzig Vorschläge gingen ein. Ein neu gegründeter Moscheen- und Kulturverein gab zwei Architektinnen den Zuschlag für einen Entwurf, der der Süleymanye-Moschee und der Blauen Moschee ähnelt.

»Es wird ja nicht nur eine Moschee«, sagte mir der Bauingenieur Ergin Külünk, der Vorsitzende des Vereins, der den Bau beaufsichtigte und ihn komplett mit Spenden finanzierte. »Es entstehen auch eine Bibliothek, ein Museum, ein Kunstatelier und ein Konferenzzentrum.« In seinem Büro in einem Container direkt neben der Baustelle hingen Zeichnungen an den Wänden, die die fertige Moschee in ihrer ganzen Pracht zeigten, in den Regalen wechselten sich Bildbände über islamische Architektur mit Modellen von Baggern ab. Im Sommer 2013 hatten die Bauarbeiten begonnen, heute ragen dort, wo früher ein Fußballplatz war, neben einem

Fernsehturm und Mobilfunkmasten die kolossalen Minarette in den Himmel.

Umgerechnet etwa siebzig Millionen Euro sollte der Bau kosten, Geldprobleme gebe es keine, sagte Külünk. Bei dieser Moschee handele es sich um eine Herzensangelegenheit Erdoğans. »Er kommt regelmäßig vorbei und erkundigt sich nach dem Stand der Dinge«, erzählte Külünk, als ich ihn im August 2014 auf der Baustelle traf. Er betonte aber, dass Erdoğan sich nicht einmische. »Er hat nicht einmal bei der Auswahl des Entwurfs mitgeredet.« Kritik an dem Bau konnte Külünk nicht nachvollziehen. »Warum reden die Kritiker von Islamisierung und werfen Erdoğan vor, sich ein Denkmal setzen zu wollen? Die einzig relevante Frage ist doch, ob es für solch eine Moschee einen Bedarf gibt.« Und den gebe es, sagte Külünk, zumindest auf der asiatischen Seite von Istanbul.

Wie islamisch ist die türkische Bevölkerung? Daten belegen, dass die religiöse Zusammensetzung des Landes sich in den vergangenen Jahrzehnten kaum verändert hat. Etwa neunundneunzig Prozent der türkischen Bevölkerung sind Muslime, davon die große Mehrheit, etwa achtzig Prozent, Sunniten. Aleviten und Alawiten sind in der Minderheit, sie stehen dem schiitischen Islam nahe. Und dennoch: Ging man in den Neunzigerjahren durch türkische Großstädte, konnte man beinahe vergessen, dass man sich in einem Land mit mehrheitlich muslimischer Bevölkerung befand. Das hat sich seither gründlich geändert. Seitdem Erdoğan die politische Bühne betreten hat, sind in der Türkei mehr als siebzehntausend neue Moscheen entstanden.

Ist das nun »Islamisierung«? Oder ist es vielmehr die Rückkehr zu einer Religiosität, die vor Atatürk herrschte, seither aber unterdrückt worden war? Mein Eindruck ist, dass das Pendel nicht zur Mitte zurückschlägt, sondern weit darüber hinaus, weil Erdoğan den Islam für seine eigenen Zwecke benutzt. Religion dient, wie so oft in der Geschichte, als Legitimation für Macht. Erdoğan gibt sich als Vorkämpfer für die Rechte der unterdrückten Muslime, die im eigenen Land jahrzehntelang Bürger zweiter Klasse waren – und übertreibt es in einer Mischung aus Großmannssucht (weil er an Zeiten anknüpfen will, als das Osmanische Reich eine Weltmacht war), verletztem Stolz (weil die EU seine Bemühungen um eine Mitgliedschaft der Türkei bislang mit einer kaum verhohlenen Abneigung abgewiesen hat) und Minderwertigkeitskomplex (weil er aus kleinen Verhältnissen stammt und die alte Elite immer noch auf ihn herabschaut).

Allein in den ersten hundert Tagen seiner Amtszeit als Staatspräsident, zu dem Erdoğan im August 2014 gewählt wurde, machte er mehrere streitbare Äußerungen, die einen Einblick in seine Gedankenwelt geben – Worte, die er wenige Jahre zuvor so gewiss nicht gewählt hätte und die verdeutlichen, wie sehr die Islamisierung der Gesellschaft unter ihm bereits fortgeschritten war.

So bemängelte Erdoğan vor Lehrern in Antalya Anfang Dezember 2014 das Unwissen türkischer Jugendlicher über bedeutende Muslime in der Weltgeschichte und kritisierte damit auch die Lehrer. »Wenn man fragt, wer Einstein ist, kann jeder türkische Jugendliche etwas über ihn sagen. Aber wenn man fragt, wer Ibn Sina ist, wird man feststellen, dass die Kinder nie etwas über ihn gehört haben.« Ibn Sina, ein persischer Arzt und Wissenschaftler aus dem elften Jahrhundert, auch bekannt als Avicenna, war eine der berühmtesten Persönlichkeiten seiner Zeit. Er trug nicht nur zur Entwicklung der Medizin bei, sondern verfasste theologische, philosophische und naturwissenschaftliche Werke und gilt als Wegbereiter des Sufismus. In vielen islamischen Ländern ist er daher eine bekannte historische Figur – nicht aber unter türkischen Schülern, wie Erdoğan behauptete. Er forderte deshalb neue Lehrpläne.

Gut zwei Jahre später war es so weit: Am 13. Januar 2017 präsentierte das Ministerium für Nationale Erziehung Pläne für Grundschulen und Gymnasien, wonach der Islam Einzug in alle Fächer, darunter auch in die Naturwissenschaften erhalten sollte.

Die Evolutionslehre sollte nicht mehr unterrichtet werden, weil Charles Darwins Erkenntnisse »alt und verdorben« seien, wie der stellvertretende Regierungschef Numan Kurtulmuş erläuterte. In Religionsbüchern sollten Atheismus und Agnostizismus als »problematische Überzeugungen« und »Krankheit« bezeichnet werden. Das Bildungsministerium begründete die Änderungen der Lehrpläne damit, dass die Türkei bei Pisa-Studien schlecht abgeschnitten habe und man deshalb »überflüssige Themen« streichen wolle. Über Republikgründer Atatürk solle zum Beispiel nur noch das Nötigste vermittelt werden, dafür sollte der Koran eine wichtigere Rolle im Unterricht spielen.

Auch aus seinem Frauenbild machte Erdoğan kein Geheimnis. Ausgerechnet auf einem Frauengipfel sagte er Ende 2014: »Man kann Frauen und Männer nicht in gleiche Positionen bringen. Das ist gegen die Natur, weil ihre Natur unterschiedlich ist. Im Arbeitsleben kann man einer schwangeren Frau nicht dasselbe abverlangen wie einem Mann.« Als er wegen dieser Äußerung von der Opposition und von Feministinnen scharf kritisiert wurde, rechtfertigte er sich, er sei absichtlich falsch interpretiert worden. Er sei ein Verteidiger von Frauenrechten. Männer und Frauen seien »selbstverständlich gleichwertig, aber eben nicht gleich«.

Auch wenn Erdoğan in diesem Fall missverstanden worden sein mag, seine Worte lassen keinen Zweifel, wie er die Rollenverteilung zwischen Mann und Frau sieht. Mehrfach hat er zum Beispiel gefordert, eine türkische Frau solle früh heiraten und mindestens drei Kinder zur Welt bringen, damit die türkische Bevölkerung wachse – Erdoğan verbindet mit der Einwohnerzahl der Türkei die Größe und Stärke des Landes. »Wir wollen viel mehr Nachkommen haben«, sagte er einmal. »Andere reden über Verhütung. Keine muslimische Familie sollte so etwas tun.« Denn niemand solle »Allahs Werk beeinflussen«.

Nach unserer Ankunft in Istanbul fielen Janna und mir vor allem die herabwürdigenden Bemerkungen etlicher konservativer

Politiker über Frauen auf. Erdoğan war mit seinen Ansichten wahrlich nicht allein. Rasch wich unsere anfängliche Begeisterung über die liberale türkische Gesellschaft, die wir nach vier Jahren im streng konservativen Pakistan empfunden hatten, der Sorge, dass all jene, die eine Islamisierung der Türkei befürchteten, womöglich recht haben könnten. Erdoğan hatte schon in den Neunzigern die Richtung vorgegeben: »Wer in der Küche an der Macht ist, wird auch in der Türkei an der Macht sein. Denn eine Festung wird von innen erobert.« Die Frau gehörte seiner Meinung nach als Hausfrau und Mutter in die Küche, nicht ins Berufsleben – unter einer starken Türkei verstand er eine patriarchalische Türkei.

2013, in seiner Zeit als Ministerpräsident der Türkei, wollte er das uneheliche Zusammenleben von Studentinnen und Studenten verbieten und nach Geschlechtern getrennte Wohnheime durchsetzen. Angespornt durch solche Vorstöße Erdoğans, maßten sich immer mehr Politiker und andere Personen des öffentlichen Lebens an, Frauen Vorschriften über ihr Leben und ihr Verhalten zu machen.

Besonders unrühmlich hervorgetan hat sich dabei Bülent Arınç, einer der Mitgründer der AKP. Der damalige Vizeregierungschef beklagte zum Beispiel den Verfall der Moral in der türkischen Gesellschaft. Probleme wie der zunehmende Drogenkonsum vor allem bei jungen Menschen sowie Gewalt gegen Frauen deutete er als Zeichen dafür. Die Schuld daran gab er den Frauen – sie lachten in der Öffentlichkeit zu laut. Lachen aber vertrage sich nicht mit Tugendhaftigkeit. Der Wertemangel sei ein großes Problem, befand er. »Tugendhaftigkeit ist so wichtig, sie ist nicht nur ein Wort. Sie ist eine Zierde für Männer und Frauen gleichermaßen.« Aber dann richtete er sich vor allem an die Frauen: »Wo sind unsere Mädchen, die leicht erröten, ihren Kopf senken und die Augen abwenden, wenn wir in ihre Gesichter schauen und somit zu einem Symbol der Keuschheit werden?«

Auch seine übrigen Ermahnungen offenbarten, dass es für

die – von ihm so wahrgenommenen oder tatsächlichen – Probleme in der türkischen Bevölkerung vor allem ein Heilmittel gab: eine Besinnung auf den Glauben und auf traditionelle Werte. Junge Leute sollten etwa weniger fernsehen, denn viele Sendungen führten sie in eine »Sex-Abhängigkeit«, stattdessen sollten sie mehr im Koran lesen. Männer sollten ihren Frauen treu bleiben. Für Frauen hatte er gleich mehrere Ratschläge parat: Sie sollten es in der Öffentlichkeit nicht nur unterlassen, laut zu lachen, sondern sie sollten bitte auch nicht ihre Attraktivität zeigen; sie sollten »stundenlange« Gespräche am Handy vermeiden, sondern vielmehr bei persönlichen Treffen Kochrezepte austauschen und Klatschgeschichten erzählen. Die so Ermahnten nahmen es mit Humor: Arınçs Äußerungen hatten landesweite Lachproteste zur Folge, im Internet verbreiteten sich unzählige Fotos von lachenden Frauen in der Türkei.

Doch diese eher bizarre Moralpredigt war kein einmaliger Fehltritt des Vizeregierungschefs. Im Gegenteil, Arınç war für seine frauenfeindliche Haltung bekannt. Als ihn während einer Parlamentsdebatte über einen türkischen Militäreinsatz gegen Stellungen von kurdischen Kämpfern und gegen den IS eine oppositionelle Abgeordnete lautstark kritisierte, fiel ihm nichts Besseres ein, als ihr das Wort zu verbieten: »Seien Sie still! Sie als Frau, seien Sie still!« Daraufhin brach erneut ein landesweiter Protest aus. Tausende von Frauen schleuderten Arınç per Twitter entgegen: »Als Frau schweigt man nicht!« Sie schrieben Sätze wie »Schweigt nicht, denn wenn wir schweigen, redet Bülent« oder »Frauen sind seit 1935 im türkischen Parlament. Und jetzt sollen sie plötzlich den Mund halten?«. Bei Demonstrationen trugen sie Banner mit der Aufschrift: »Nicht wir kommen von deiner Rippe, sondern du aus unserer Gebärmutter.« Und: »Wir reden! Und wir lachen!« Arınç erwiderte, er habe doch nur »mehr Bescheidenheit« gefordert und nicht generell Frauen kritisiert. In der türkischen Gesellschaft, behauptete er, fänden seine Worte »breite Zustimmung«.

Oft erzählten mir Türkinnen, die kein Kopftuch trugen und sich körperbetont kleideten, sie hätten Sorge, dass ihr Land sich ändern würde. Sie sagten, sie würden verachtende Blicke spüren, manchmal würden sie sogar wütend gefragt werden: »Warum trägst du kein Kopftuch?« oder sogar »Warum ziehst du dich an wie eine Hure?« Ein Gelehrter habe in einer Talkshow gesagt, es sei »unästhetisch«, wenn Schwangere sich in der Öffentlichkeit zeigten. Sie sollten besser zu Hause bleiben. Überhaupt solle man über das Thema Schwangerschaft nicht so viel reden, riet er. »Ist das nicht krank?«, fragte mich eine Frau entrüstet.

Ich konnte ihr Unbehagen nachempfinden, dachte aber auch daran, dass zuvor ähnlicher Hass jahrzehntelang Kopftuch tragenden Frauen entgegengeschlagen war, die keine Universität besuchen und keinen staatlichen Job annehmen durften. Die AKP wollte den Kopftuch tragenden Frauen – Umfragen zufolge etwa siebzig Prozent aller Frauen in der Türkei, auf dem Land mehr als in den Metropolen – nach eigenem Bekunden wieder ihren Platz in der Gesellschaft verschaffen. Dieses Anliegen konnte ich ebenfalls nachvollziehen. Frauen sollten mit Kopftuch studieren und im Staatsdienst arbeiten dürfen. Diese Versprechen erschienen jedoch unglaubwürdig, wenn man hörte, wie oft diese Partei ein Frauenbild propagierte, wonach Frauen möglichst viele Kinder auf die Welt bringen, sich zu Hause um die Familie kümmern und auf eine Berufsausübung möglichst verzichten sollten. »Kinder, Küche, Kopftuch«, spotteten Kritiker.

Zumindest vordergründig setzte die AKP sich für die Kopftuch tragenden Frauen ein. Aus diesem Bestreben heraus erklärt sich auch der Tabubruch, den die AKP im Herbst 2013 inszenierte: Vier Politikerinnen der Partei nahmen erstmals mit Kopftuch an einer Parlamentssitzung teil. Zwar betonten die Parlamentarierinnen, sie trügen das Kopftuch nicht aus politischen, sondern aus rein persönlichen Gründen – sie hätten in jenem Monat die Hadsch, die große Pilgerfahrt nach Mekka, absolviert und seien während dieser Reise zu dem Schluss gekommen, künftig gemäß ihrer religiösen Überzeugung Kopftuch zu tragen –, doch die oppositionelle CHP hatte trotzdem scharfe Kritik an dem Vorhaben angekündigt. Vizeparteichef Faruk Loğoğlu erklärte, seine Partei werde »alles tun, um zu verhindern, dass die weiblichen Abgeordneten der AKP mit Kopftuch an der Parlamentssitzung teilnehmen. Wir werden das nicht zulassen. Wir werden das Parlament beschützen. Wir werden die parlamentarische Tradition und die Haltung des Parlaments schützen«. Die Volksvertretung in Ankara sei schließlich »nicht der Hinterhof der regierenden Partei«, in dem sie machen könne, was sie wolle.

Doch als die vier AKP-Politikerinnen den Saal betraten, blieb es bei vereinzelten kritischen Bemerkungen. Niemand hinderte sie daran, in den Raum zu gelangen. »Alle Mitglieder unserer Fraktion sind überzeugt, dass die AKP die Religion für politische Zwecke benutzt«, sagte die CHP-Abgeordnete Dilek Akagün Yılmaz anschließend. »Wir werden nicht hinnehmen, dass sie den säkularen Charakter unseres Landes auslöscht. Aber wir werden unsere Kritik in angemessener Form kundtun.« Erwägungen, lautstark zu protestieren oder die Parlamentssitzung zu boykottieren, hatte die CHP wenige Stunden vorher verworfen.

Die CHP trieb die Angst, die Regierung könnte das Prinzip der strengen Trennung von Religion und Staat aufweichen oder gar aufheben. Das Kopftuchverbot ist in der Türkei ein heikles Thema, wer daran rüttelt, stellt die laizistischen Grundlagen der Republik in Frage. Einige Wochen vor dem Auftritt der vier Abgeordneten mit Kopftuch hatte Erdoğan ein Reformpaket vorgestellt, wonach das Kopftuchverbot für Staatsbedienstete aufgehoben werden sollte. Mit Ausnahme von Richterinnen, Staatsanwältinnen, Soldatinnen und Polizistinnen dürften Staatsbedienstete künftig ihr Haar bedecken. CHP-Vize Loğoğlu hielt dem entgegen, das Kopftuch sei das »Symbol einer anti-säkularen Geisteshaltung«. Tatsächlich kippte Erdoğan noch im Herbst 2013 das Kopftuchverbot im öffentlichen Dienst, weiterhin untersagt war es nur Frauen in den Sicherheitskräften und im Justizdienst.

Wie riskant das Tragen eines Kopftuchs im türkischen Parlament vor einigen Jahren noch gewesen ist und wie sehr sich das Klima im Land gewandelt hat, zeigt ein Vergleich mit einem Vorfall vom Mai 1999: Damals hatte die Abgeordnete Merve Safa Kavakçı von der islamistischen Tugendpartei sich getraut, zur Eröffnung des neu gewählten Parlaments mit dem Tuch auf dem Kopf zu erscheinen – ein Skandal. Das sei ein »Sabotageakt der Islamisten an der laizistischen Grundordnung der Türkei«, donnerte der Generalstaatsanwalt. Kavakçı wurde ausgebuht, musste unter ohrenbetäubendem Lärm und »Raus! Raus!«-Rufen das Parlament verlassen, verlor später ihr Mandat und schließlich sogar die türkische Staatsbürgerschaft, mit der Begründung, sie habe illegal die amerikanische Staatsbürgerschaft angenommen. Kavakçı, die unter anderem an der Harvard-Universität studiert hatte, ist Ingenieurin und lebt inzwischen in den USA.

In der AKP wird sie bis heute als Ikone gefeiert. Die Partei, die drei Jahre nach diesem Vorfall an die Macht kam, hat immer wieder versucht, das Kopftuchverbot zu lockern. Ihre Politiker argumentierten, es solle allein im Ermessen einer Frau liegen, ob sie ein Kopftuch trägt oder nicht. Eine Demokratie müsse diese Freiheit zulassen und eine Entscheidung zugunsten des Kopftuchs aushalten.

Eine der vier Abgeordneten, die im Jahr 2013 mit Kopftuch das Parlament betrat, sagte, die Türkei habe sich seit dem Verhüllungsversuch Merve Safa Kavakçıs »in Sachen fundamentaler Rechte und Freiheiten« stark weiterentwickelt. »In einem Land, in dem sechzig bis siebzig Prozent der weiblichen Bevölkerung Kopftuch tragen, war ein Verbot in der Politik, in Universitäten und im öffentlichen Sektor eine Schande. Für viele bedeutete es großes Leid.« Universitäten und staatliche Einrichtungen hätten »diese Schande beseitigt«. Sie und ihre Mitstreiterinnen betonten, sie hätten ihre Entscheidung nicht mit der Partei abgesprochen. Es gebe kein Gesetz, das das Tragen eines Kopftuchs im Parlament verbiete. Auch der damalige Staatspräsident Abdullah Gül hatte zuvor gesagt, es gebe diesbezüglich keine gesetzlichen Hürden.

In dieser heiklen Situation sah sich die CHP in der Falle: Hätte sie zu laut kritisiert, hätte sie sich womöglich den Vorwurf eingehandelt, undemokratisch zu sein und persönliche Freiheiten einschränken zu wollen. Hätte sie den Auftritt ohne jeglichen Protest zugelassen, hätte sie ihre laizistische Haltung verraten.

Einerseits fand ich die Warnung aus der CHP, die AKP wolle den »säkularen Charakter« des Landes »auslöschen«, übertrieben. War es nicht ein berechtigtes Verlangen, dass auch Kopftuch tragende Frauen die Gesellschaft mitgestalten durften, dass man sie also nicht weiter ausgrenzen durfte? Und war es deshalb nicht auch eine richtige Entscheidung, dass Soldatinnen seit 2017 wieder Kopftuch tragen dürfen? Und doch musste man sich fragen, ob es der AKP wirklich darum ging, den Frauen in der Türkei die Freiheit zu geben zu leben, wie sie wollten. Würde eine dominantere Rolle der Religion in Staat und Gesellschaft nicht doch zwangsläufig dazu führen, die Freiräume von Frauen (und Männern) zu begrenzen? Wie frei waren Menschen in der Türkei überhaupt, ihr Leben selbstbestimmt zu gestalten?

Um mehr darüber zu erfahren, wie selbstbestimmt Frauen und Männer in der Türkei leben konnten, traf ich im Dezember 2014 in Istanbul Michelle Demishevich. 1999 hatte der junge Journalist beschlossen, fortan als Frau zu leben. Damals war sie zwanzig Jahre alt, die Wehrpflicht stand an, sie wollte verweigern, das war klar. Aber für das Militär war sie ein wehrpflichtiger Mann. »Als ich ihnen sagte, dass ich Männer liebe, wollten sie von mir einen Beweis«, sagte Demishevich. »Ich fragte: Wie beweist man, dass man schwul ist? Aber sie antworteten nicht, sondern grinsten nur.« Also rief sie ein paar Freunde zusammen und drehte mit ihnen einen Sexfilm. »Den reichte ich beim Militär ein.«

Sie lachte.

»Sie haben mich tatsächlich freigestellt.«

Seither musste sie für diese Entscheidung kämpfen und erlebte regelmäßig Diskriminierung und Gewalt. Gerade deswegen engagierte sie sich für eine offenere Gesellschaft in der Türkei.

Anders als in vielen islamischen Staaten ist Homosexualität in der Türkei nicht strafbar, wird aber von weiten Teilen der Gesellschaft abgelehnt. Eine Ministerin erklärte 2010, bei Homosexualität handele es sich um eine »biologische Fehlfunktion«, die man behandeln müsse. Beim türkischen Militär ist das die offizielle Haltung – Homosexualität gilt als Krankheit und rechtfertigt den Ausschluss vom Wehrdienst.

Die staatliche Diskriminierung ermöglichte dem jungen Mann die Befreiung von der Wehrpflicht, danach begann sein Kampf für ein freies Leben. Oder besser: ihr Kampf. Am 1. Juli 1999 gab sie sich den Namen Michelle Demishevich. An jenem Donnerstag, sagte Michelle, wurde sie in Istanbul neu geboren. Der Mann, der sie vorher war, hörte auf zu existieren.

Nicht einmal den alten Namen wollte Demishevich jetzt erwähnt wissen. Zu schmerzhaft war die Zeit vor ihrer Wandlung. »Einmal fragte mich ein Vorgesetzter: ›Sag mal, bist du eigentlich ein Mann oder eine Frau?‹, weil ich so feminin wirkte. Kurz darauf verlor sie ihren Job. »Da fing ich erstmals an, mir einzugestehen, dass meine Seele die einer Frau ist.« Heute ist Demishevich berühmt, sie ist Fernsehjournalistin und in der Türkei ein bekanntes Gesicht.

In einer Gesellschaft, in der es wenig Verständnis für alles Fremde und Andersartige gibt, ist es eine schwierige, eine mutige Entscheidung seine Transsexualität zu leben. »Man muss Türke, männlich, Sunnit und heterosexuell sein, dann ist man akzeptiert. Alles andere ist problematisch«, sagte Demishevich. Schon als Frau habe man Schwierigkeiten. Kurde, Armenier, Schiit, Christ, schwul oder lesbisch – »alles ein Problem in der Türkei«, sagte sie.

Homosexualität gilt geradezu als Schande, außer auf der Bühne, wo schon vor Jahrzehnten selbst konservative Türken für die transsexuelle Diva Bülent Ersoy schwärmten oder für den Sänger Zeki Müren, der gelegentlich mit Highheels und Perücke auftrat.

Demishevich hatte Glück, dass ihre Eltern sie immer so akzeptierten, wie sie ist. »Mein Vater hat zu mir gestanden, als ich ein schwuler Mann war. Und auch jetzt stehen sie zu mir.« Die meisten Transsexuellen werden von ihren Familien verstoßen, auch Schwule und Lesben haben es in der Türkei schwer. Homosexuelle Handlungen werden zwar nicht strafrechtlich verfolgt, jedoch werden Menschen, die nicht heterosexuell sind, häufig angegriffen. Ein Schicksal wie das von Ahmed Yıldız, der nach seinem Coming-out im Sommer 2008 in Istanbul von seinem Vater auf offener Straße erschossen wurde, ist leider kein Einzelfall. Bei Demishevich lag die Buntheit in der Familie: Ihre Mutter hatte griechische Wurzeln und war Muslimin, ihr Vater stammte aus Mazedonien und war Christ. Sie selbst kam in der Türkei zur Welt und wuchs in Istanbul auf. »Ich bin nicht religiös«, sagte Demishevich. »Hauptsache, Liebe!«, sagte sie und lachte wieder.

In Istanbul hat es die sogenannte LSBT-Community – Lesben, Schwule, Bisexuelle und Transgender – einfacher als in den ländlichen Gebieten der Türkei. Bei solch traditionellen Geschlechterbildern, wie sie in der Türkei gepflegt werden, haben viele Menschen, die jenseits der heterosexuellen Norm lieben, Angst, sich zu ihrer Identität zu bekennen. Nach Angaben der türkischen Organisation Lambda verschweigen etwa neunzig Prozent aller Homosexuellen ihre sexuelle Identität. Mehr als die Hälfte täuscht vor, in einer heterosexuellen Partnerschaft zu leben.

Andererseits hat sich in den vergangenen Jahren manches zum Besseren entwickelt. In Metropolen wie Istanbul, Ankara und Izmir haben Cafés, Bars und Diskotheken für Homosexuelle eröffnet, die Zahl der Teilnehmer an der »Gay Pride«-Demonstration in Istanbul ist von dreißig im Jahr 2003 auf mehr als hunderttausend im

Jahr 2014 gestiegen. Allerdings wurde diese Veranstaltung in den Jahren danach von der türkischen Regierung verboten. Jugendliche Islamisten hatten das Verbot erwirkt und gedroht, sollte die »Gay Pride« stattfinden, werde man »alles Notwendige tun«, um »diesen perversen Aufzug zu verhindern«. Die Politik knickte ein, die Polizei setzte Wasserwerfer ein gegen die wenigen, die es trotzdem wagten, auf die Straße zu gehen.

Dass die selbsternannten Sittenwächter ihre Regeln dem Rest der Gesellschaft aufzwingen möchten, sah man auch 2016 im Fastenmonat Ramadan als feiernde Jugendliche von Islamisten verprügelt wurden und die Polizei nur zuschaute. Die Sicherheitskräfte griffen erst ein, als Menschen gegen diese Gewalt protestierten: Nun setzte die Polizei Tränengas ein und prügelte auf die Demonstranten ein.

»Einfach ist es nicht«, sagte Demishevich, als ich sie nach ihren Erfahrungen im Alltag fragte. Ein paar Wochen vor unserem Gespräch hatte sie ihre Stelle verloren, bei der sie eh schon schlechter bezahlt worden sei als ihre Kollegen. Auch eine Krankenversicherung habe man ihr verweigert. Doch solche Diskriminierungen verblassen angesichts der Gefahren, denen sich Transsexuelle in der Türkei ausgesetzt sehen. Im Gegensatz zu vielen Schwulen, die sich verstecken können, ist Transsexualität sichtbar. In den vergangenen Jahren wurden in der Türkei Dutzende Transsexuelle umgebracht, mehrere davon in Istanbul. »Kein einziger Täter wurde je zur Rechenschaft gezogen«, sagte Demishevich. »Die Polizisten sagen sich: ›Ist ja nur eine Transsexuelle.‹«

Generell nahm in der Türkei die Zahl der ermordeten Frauen in den vergangenen zehn Jahren zu, allein im Jahr 2016 waren es dreihundertsiebenundneunzig. Die Dunkelziffer dürfte höher liegen. Ein Fall Anfang 2015 in Tarsus, einer Stadt in der südtürkischen Provinz Mersin, sorgte für besonders großes Aufsehen und für landesweite Proteste: die Ermordung von Özgecan Aslan. Die neunzehnjährige Psychologiestudentin blieb am Abend des 11. Februars als letzter Fahrgast in einem Minibus zurück. Nachdem alle anderen Passagiere ausgestiegen waren, hielt der Fahrer an einer einsamen Stelle abseits der üblichen Route und versuchte, Özgecan zu vergewaltigen. Die junge Frau wehrte sich, schrie, kratzte den Angreifer, sprühte ihm Pfefferspray ins Gesicht. Außer sich vor Wut würgte der Täter sein Opfer. Er stach auf die Frau ein. Er schlug sie mit einer Eisenstange. Schließlich hackte er ihr die Hände ab, weil er befürchtete, Hautreste unter ihren Fingernägeln könnten ihn verraten. Allerdings wurde er später anhand der Blutspuren im Bus überführt.

Nachdem er die junge Frau getötet hatte, rief der Täter seinen Vater und einen Freund zu Hilfe. Gemeinsam zündeten sie die Leiche an und warfen sie in ein Flussbett. Erst drei Tage später fanden Polizisten die sterblichen Überreste von Özgecan Aslan. Tatablauf und Fundort gingen aus dem Geständnis hervor, das der damals sechsundzwanzigjährige Hauptbeschuldigte abgelegt hatte. Seine Ehefrau sagte aus, ihr Mann sei auch ihr gegenüber gewalttätig gewesen. »Am Tag unserer Hochzeit waren wir verliebt, aber schon bald danach machte er mir das Leben zur Hölle.« Die Mutter des Beschuldigten erklärte, ihr Sohn habe als Kind oft gelitten, weil sein Vater gewalttätig war. »Aber darüber konnte ich nie mit irgendjemandem sprechen.«

Der grausame Mord erschütterte die Türkei. Tagelang demonstrierten Tausende Frauen im ganzen Land gegen Gewalt. »Unsere patriarchalische Machogesellschaft muss sich verändern«, sagte mir die Studentin Aysecan, die in Istanbul an einem Protestmarsch teilnahm. Sie hielt ein Foto von Özgecan Aslan hoch. »Gewalt gegen Frauen wird immer totgeschwiegen, und wenn es zu sexuellen Übergriffen kommt, wird so getan, als hätten wir Frauen selbst Schuld, weil wir es darauf angelegt hätten.«

Menschenrechtsorganisationen und Frauenrechtlerinnen beklagen seit Jahren die zunehmende Gewalt gegen Frauen in der Türkei. Der Sexualmord an Özgecan Aslan sei kein Einzelfall, sondern Ausdruck eines grundlegenden Problems, sagten mehrere Demonstrantinnen. Nun würde endlich über das Problem gesprochen. Unter dem Hashtag #sendeanlat (»Erzähl auch du«) berichteten auf Twitter plötzlich viele Frauen über ihre Erfahrungen mit sexueller Gewalt.

Führende AKP-Politiker verurteilten die Tat, doch viele Kritiker der Regierungspartei machten gerade deren islamisch-konservatives, patriarchales Gesellschaftsbild mitverantwortlich für die Verharmlosung von Gewalt gegen Frauen und für die frauenfeindliche Haltung vieler türkischer Männer. In der Zeitung »Hürriyet« schrieb die Kolumnistin Melis Alphan, die wahren Schuldigen seien »diejenigen, die Strafen bei Gewalt gegen Frauen reduzieren«, die »Frauen das Lachen verbieten wollen und den Sexismus zur offiziellen Ideologie des Landes erklären«. In der Zeitung »Yeni Şafak«, einem regierungstreuen Propagandablatt, hielt die Kolumnistin Sevda Türküsev dagegen und verurteilte den Protest. »Frauen, die erzählen, wie sie sexuell belästigt wurden, sollten den Mund halten und zum Arzt gehen. Das Leben ist kein TV-Drama«, schrieb sie. Ihre Kollegin Cemile Bayraktar versuchte, das Thema herunterzuspielen, indem sie schrieb: »Ähnliche Vorfälle gibt es auch in Amerika.«

Songül und Mehmet Aslan, die Eltern der Ermordeten, wirkten in dieser aufgeheizten Stimmung mäßigend. Sie forderten zwar eine gerechte Strafe für den Mörder ihrer Tochter, lehnten aber Forderungen nach Wiedereinführung der Todesstrafe ab. Zwei Minister hatten das zuvor verlangt.

Erdoğan wiederum warf der Opposition vor, den Mord an der Studentin zu »politisieren«. »Der Täter ist ein Bösewicht. Das hat nichts mit seinem Glauben, seinen ethnischen Wurzeln oder seinem sozialen Status zu tun«, erklärte er. Oppositionsführer Kemal Kılıçdaroğlu, Chef der CHP, hatte zuvor behauptet, die »schlechten sozioökonomischen Bedingungen« seien der Hauptgrund für solche Verbrechen. Kritik von Oppositionsabgeordneten und

Gruppen von Feministinnen an dem von der AKP propagierten Gesellschaftsbild wies Erdoğan zurück. »Das hat nichts mit unserer Religion und unserer Kultur zu tun«, sagte er. »Die Frau ist ein von Gott an den Mann überreichtes wertvolles Wesen, das er schützen muss.«

Die schutzbedürftige Frau, das war keineswegs das Frauenbild, das Janna und ich zu Beginn unserer Zeit in Istanbul wahrnahmen. Wir hatten den Eindruck, dass Frauen in der Türkei freier und selbstbestimmter lebten als in Pakistan, wo wir zuvor gewohnt hatten. In Pakistan hatte Janna sich zwar nie gänzlich verhüllt, aber doch ihre Arme und Beine bedeckt. Frauen in kurzen Hosen oder gar Minirock sah man in Pakistan nie, in der Türkei waren sie Teil des Straßenbilds. Es fiel Janna schwer, sich daran zu gewöhnen, selbst wieder T-Shirts oder Shorts zu tragen. Sie sagte, sie merke erst jetzt, was Kleidungsvorschriften mit einem machten, wie sehr sie einen Menschen prägten und wie schwer es falle, sich davon wieder zu lösen. Sie könne jetzt jedenfalls verstehen, dass es einer Frau, die ihr Leben lang ein Kopftuch getragen habe, nicht leichtfalle, es abzulegen.

Erst mit der Zeit lernten wir, in welch unterschiedlichem Ausmaß islamische Vorstellungen das Rollenverhalten der Frau in der Türkei prägten, wie es sein konnte, dass man in manchen Stadtteilen Istanbuls fast nur verhüllte Frauen sah, in anderen sehr freizügig gekleidete oder warum in manchen Vierteln Frauen selbstverständlich als Bankangestellte, Kellnerinnen und Verkäuferinnen arbeiteten, man in anderen Stadtteilen aber kaum Frauen sah.

Wir lernten, dass es vor allem in ländlichen Regionen, wo Religion eine viel stärkere Rolle spielte, ganz anders war als in großen Städten wie Istanbul. Dort wäre es für eine Frau der gesellschaftliche Tod, wenn sie sich nicht so kleidet, wie man es von ihr verlangt, wenn sie sich nicht so verhält, wie es von ihr erwartet wird, wenn sie aus dem traditionellen Rollenverständnis ausbricht.

Je konservativer und patriarchalischer die Türkei wird – und das ist die Richtung, in die das Land sich entwickelt –, desto schwieriger dürfte es in Zukunft für westlich orientierte Frauen werden, ihr Recht auf Selbstbestimmung durchzusetzen. Mit den wachsenden Gegensätzen zwischen Stadt und Land werden die Freiräume kleiner.

Neue Gefahren: Die Türkei und der Terror

Das Jahr 2017 war gerade einmal eine gute Stunde alt, als ein Mann den mondänen Club »Reina« betrat, direkt am Ufer des Bosporus gelegen, teuer und beliebt bei internationalen Stars. Etwa siebenhundert Menschen feierten hier den Jahreswechsel, die Reichen und Schönen von Istanbul und viele ausländische Gäste. Der Mann erschoss nahe dem Eingang einen Wachmann und einen Polizisten und verschaffte sich so Zutritt zu dem exklusiven Club. Dann stürmte er ins Innere und feuerte wahllos in die Menge. Nachdem er neununddreißig Menschen getötet hatte, mischte er sich unter die Flüchtenden und verschwand. Erst zweieinhalb Wochen später fasste man ihn: einen Usbeken, der angeblich im Auftrag des IS gemordet hatte.

Am 19. Dezember 2016, kurz vor dem Anschlag auf den Club »Reina«, war der russische Botschafter Andrej Karlow in Ankara bei der Eröffnung einer Fotoausstellung von einem islamischen Extremisten, der als Sicherheitsmann getarnt gewesen war, erschossen worden. Nachdem er mehrere Schüsse abgefeuert hatte, brüllte der Attentäter, der später von der Polizei erschossen wurde, mehrmals: »Allahu akbar«, »Gott ist groß« und: »Vergesst Syrien nicht! Vergesst Aleppo nicht! Solange die Menschen dort nicht sicher sind, werdet ihr nicht sicher sein!« Seine Tat sollte offensichtlich ein Racheakt für das militärische Eingreifen Russlands in Syrien darstellen.

Die beiden Beispiele zeigen, dass die Türkei inzwischen auch ins Zentrum des islamistisch motivierten Terrors gerückt ist. Gewalt durch die PKK und andere kurdische Organisationen kennt das Land seit langem, nun treten mit dem angeblichen Terror der Gülen-Bewegung und dem Terror des IS neue Gefahren hinzu. Erstaunlich ist jedoch, dass für die türkische Regierung offensichtlich Terror nicht gleich Terror ist und dass sie bei der Verfolgung von Terroristen unterschiedliche Maßstäbe anlegt. So werden beispielsweise PKK-Anhänger schon beim geringsten Verdacht seit Jahrzehnten gnadenlos gejagt, während man IS-Kämpfer lange Zeit unbehelligt ließ. Wie frei Islamisten in der Türkei agieren konnten, hat mich in meiner Zeit als Korrespondent immer wieder verblüfft.

In Istanbul lernte ich Ahmet kennen. Ich hatte den Einundzwanzigjährigen im Sommer 2014 in einem Teehaus nahe einer Moschee im europäischen Teil der Stadt getroffen. Dieses Teehaus galt als Treffpunkt für junge Männer und Frauen, die sich dem IS anschließen wollten.

Ahmet war Kämpfer des IS. Er war zweimal in Syrien im Einsatz gewesen und wartete auf Anweisungen von ranghöheren IS-Mitgliedern, wann er erneut in den Krieg ziehen sollte. Ich hatte ihn über einen Mittelsmann kennengelernt. Er wollte wieder kämpfen, »bis zum Ende«, sagte er. In Istanbul war er also nur auf Fronturlaub, um sich zu erholen. Hier war er auch angeworben worden.

Immer wieder hörte ich, dass sich IS-Kämpfer in Istanbul aufhielten, dass viele junge Männer und, seltener, junge Frauen aus Europa und anderen Teilen der Welt in die Stadt reisten, sich hier von der Terrororganisation anwerben ließen, um anschließend weiter nach Syrien oder in den Irak zu reisen und dort in den »Heiligen Krieg« zu ziehen.

Der Umgang türkischer Regierungspolitiker mit diesen Leuten gab mir zu denken: Man ließ die Extremisten einfach gewähren. Das war jedenfalls mein Eindruck. Man ließ den IS in türkischen Städten unbehelligt Nachwuchs rekrutieren, ließ Dschihadisten über die Grenzen nach Syrien und in den Irak ziehen – und wieder zurück, in türkische Krankenhäuser, wo die verletzten Extremisten behandelt wurden. Über die Türkei bezog der IS Waffen, Munition, Lebensmittel, Medikamente und sonstige Hilfsgüter – und die türkische Regierung ließ das zu. Freunde in Istanbul erzählten, dass bei Nachbarn auf dem Balkon die IS-Flagge wehte. Selbst auf Märkten gab es T-Shirts mit dem IS-Emblem zu kaufen, als handele es sich um Fanartikel eines Fußballvereins.

Ahmet hatte schon viele Leichen gesehen. Er hatte selbst getötet, um sein Leben gefürchtet, sich in Häuserkämpfen Gefechte geliefert, Handgranaten geworfen, Bombenexplosionen überlebt und Verletzte geschleppt. Er zeigte mir Filme von all dem auf seinem Smartphone.

Ahmet mit Waffe.

Ahmet mit Leiche.

Ahmet mit Verletzten.

Als ich ihn traf, sah er ausgezehrt aus. Seine knochigen Schultern zeichneten sich unter dem viel zu großen Hemd ab. Der Gürtel seiner Jeans saß auf dem engsten Loch. Er trug einen Vollbart, die Haare über der Oberlippe waren wegrasiert. Als ich in fragte, weshalb, antwortete er: »Wie der Prophet, Friede sei mit ihm.« In Istanbul wohnte er bei seinem Cousin in Fatih, einem konservativen Stadtteil. Ein paar Wochen wollte er bleiben. Ahmet war türkischer Staatsbürger, aber er träumte von einem Leben in einem Kalifat, das vom Irak bis Syrien und »irgendwann, inschallah«, von Pakistan über die Türkei bis nach Israel reichen sollte.

Zwei Jahre zuvor war Ahmet in Istanbul von einer IS-Vorgängerorganisation rekrutiert worden, ein Teenager aus zerrütteten Verhältnissen, sechs Jahre Schulbildung, auf der Suche nach Halt. Seine Mutter war gestorben, als er sieben war. Sein Vater hatte wieder geheiratet, die Stiefmutter schlug ihn, sagte er. Ahmet zog oft durch sein Viertel und bewunderte die älteren Jungen in der Koranschule, die mit ihren radikalen Ideen protzten. Einer von ihnen sprach ihn an, fragte, ob er nicht Lust habe, für den Islam zu kämpfen. »Er versprach mir vierhundert Dollar im Monat«, sagte Ahmet. Sie brachten ihm den radikalen Islam näher, »ohne Moschee, ein Muslim braucht nur einen schlichten, sauberen Platz zum Beten«. Und sie versprachen ihm eine Kampfausbildung in einem Camp in Syrien.

Es muss eine Art Gehirnwäsche gewesen sein, denn die Cousins von Ahmet, die ihn zu unserem Treffen begleiteten, sagten, er sei vorher nicht so radikal gewesen. Über den Werdegang ihres Familienmitglieds schienen sie nur mäßig besorgt zu sein. Ahmet sagte: »Ich glaube, es ist nicht falsch, im Kampf für seinen Glauben zu sterben. Man gelangt auf direktem Weg ins Paradies.«

Die Dschihadisten des »Islamischen Staats« hatten Mitte 2014 auf irakischem und syrischem Territorium ein Gebiet so groß wie Bayern erobert. Mindestens zehntausend Mitglieder zählte die Terrororganisation damals, junge Männer aus dem arabischen Raum, aber auch aus Zentral- und Südasien, aus Deutschland, Großbritannien, Belgien, den Niederlanden und der Türkei. Istanbul war nach Erkenntnissen von Geheimdiensten ein wichtiger Rekrutierungsort für den IS. Hier, unter schätzungsweise fünfzehn Millionen Menschen, fielen die Extremisten nicht allzu sehr auf, hier konnten sie unbehelligt Wohnungen anmieten und ohne Risiko Rekruten ansprechen.

Viele junge Europäer, die sich den Dschihadisten anschließen wollten, aber keine Kontakte zu der Terrororganisation hatten, reisten in die Türkei. Der Kontakt zu den Extremisten ließ sich hier relativ einfach herstellen. In Istanbul musste man sich nur ein wenig umhören, dann erfuhr man meist rasch eine Telefonnummer, den Namen eines Teehauses oder einer Koranschule. Die Polizei, hieß es, schaue weg, weil die Regierung sich den Sturz des syrischen Präsidenten Baschar al-Assad wünsche und deshalb jeden unterstütze, der dazu beitrage. Auch den IS.

Erdoğan hatte 2011, als der sogenannte Arabische Frühling auch Syrien erfasste und viele Menschen gegen das syrische Regime protestierten, auf ein Ende seines einstigen Freundes Assad gesetzt. Doch anders als in anderen arabischen Staaten gelang es der syrischen Bevölkerung nicht, das Regime zu stürzen. Das Kalkül

Erdoğans ging nicht auf. Etwa ein halbes Jahr nach Beginn der Gewalt in Syrien erwog die Türkei Geheimdiensterkenntnissen zufolge sogar einen Krieg gegen das Nachbarland, um Assad von der Macht zu entfernen. Demnach beauftragte Erdoğan den damaligen Generalstabschef Necdet Özel, entsprechende Pläne zu erarbeiten. Der kam zu dem Ergebnis, dass ein solcher Feldzug mehreren tausend türkischen Soldaten das Leben kosten würde. Erdoğan tobte, begrub aber seine Kriegspläne.

Seither wurde die Logistik der Assad-Gegner – und damit auch der Islamisten – über die Türkei organisiert. Die Grenze zwischen der Türkei und Syrien war im Grunde offen, Kämpfer und Waffen konnten frei passieren. Damit die Unterstützung durch die Türkei nicht gar zu offensichtlich war, fuhren die Lastwagen meist abends oder nachts. Die zuständigen Behörden sorgten für Stromausfälle, damit die Transporte bei vollständiger Dunkelheit abliefen. Dass die Türkei Waffen nach Syrien lieferte, dafür gab es Belege. Dass sie sie an den IS lieferte, blieb ein Verdacht, der sich nicht beweisen ließ.

Der Regierung in Ankara wurde auch deswegen vorgeworfen, die Terrororganisation zu unterstützen, weil die Türkei als Zentrum für die Nachwuchsgewinnung des IS galt und weil rund tausend türkische Staatsbürger im benachbarten »Kalifat« für den IS kämpften. Zwar bestritt die Regierung jegliche Unterstützung der Terrormiliz, ließ aber lange Zeit zu, dass Dschihadisten über die Grenze ins Kampfgebiet reisten. Auch für die Lieferung von Lebensmitteln und Medikamenten und dafür, dass Extremisten in türkischen Krankenhäusern an der Grenze zu Syrien behandelt wurden, gab es Belege. »Wir behandeln alle Menschen, unabhängig davon, wer sie sind, was sie glauben und welche politischen Ansichten sie haben«, entgegnete mir ein AKP-Politiker, den ich auf die medizinische Betreuung von IS-Kämpfern in der Türkei ansprach. »Entspricht das nicht den ethischen Gepflogenheiten der Ärzte in Deutschland?« Natürlich sollte jeder Verletzte behandelt werden, aber warum nahm man die Kämpfer anschließend nicht fest? Weshalb ließ man Terroristen laufen und in den Kampf zurückziehen? Darauf wollte der Politiker nicht antworten.

Am 19. Januar 2014 stoppte die Gendarmerie in der türkischen Provinz Adana drei Lastwagen, die auf dem Weg nach Syrien waren. Die Kontrolleure hatten einen Hinweis erhalten, dass es sich um einen Waffentransport handelte. Staatsanwalt Aziz Takcı unterschrieb einen Durchsuchungsbefehl. Der Vorfall sickerte an die Öffentlichkeit durch. Aber mehr als das Gerücht, dass es sich bei der Fracht um Waffen für Extremisten gehandelt habe, wurde zunächst nicht bekannt, denn kurz darauf wurde eine Nachrichtensperre verhängt. Man registrierte den Fall als eines von vielen Beispielen von Waffenschmuggel nach Syrien, über die, wenn überhaupt, nur zurückhaltend berichtet wurde. Erdoğan, damals noch Ministerpräsident, erklärte öffentlich, an die Sicherheitskräfte vor Ort gerichtet: »Sie dürfen keine Lastwagen des [türkischen Geheimdienstes – Anm.] MIT stoppen! Sie haben dazu keine Befugnis! Diese Lastwagen transportieren humanitäre Hilfsgüter!«

Das Protokoll der Gendarmerie, das den Stempel »GIZLI«, also »GEHEIM« trug und das eine Hackergruppe auf Twitter veröffentlichte, erzählte eine andere Geschichte. Das zum Teil handschriftlich verfasste Dokument verstärkte den Verdacht, dass die Regierung Extremisten unterstützte, um damit dem verhassten Assad zu schaden. Demnach war die Fracht für die Terrororganisation al-Qaida bestimmt: Waffen, Raketen, Munition. Der Konvoi wurde von Geheimdienstmitarbeitern in einem Audi begleitet.

Glaubt man dem Protokoll, protestierten die MIT-Agenten lautstark gegen die Durchsuchung. Doch weder Staatsanwalt Takcı noch die Kontrolleure scherten sich darum, sondern beschlagnahmten die drei Lastwagen und ließen sie in eine nahe gelegene Kaserne fahren. Während dort dreizehn Soldaten die Ladung durchsuchten, wurden sie von den Geheimdienstlern beschimpft. Unbeirrt suchten die Soldaten weiter und öffneten sechs Behälter, in denen sie Raketen und Munition fanden. Das Protokoll zählt den Fund genau auf. Die Kisten seien mit kyrillischen Buchstaben beschriftet gewesen, ein Hinweis auf die russische Herkunft der Waffen.

Noch während der Durchsuchung tauchte der Gouverneur von Adana auf, Hüseyin Avni Coş. Er wies die Gendarmerie an, die Fahrzeuge unverzüglich weiterfahren zu lassen. »Die Lastwagen fahren auf Anordnung des Ministerpräsidenten persönlich«, erklärte er und überreichte dem Staatsanwalt ein Schreiben, das von ihm und vom regionalen Geheimdienstchef verfasst worden war. Den Kontrolleuren blieb nichts anderes übrig, als den Konvoi weiterfahren zu lassen. Seither hat die türkische Regierung wiederholt betont, es habe sich bei der Lieferung um Hilfsgüter für Turkmenen gehandelt. Die Frage, warum dann ausgerechnet der Geheimdienst den Versand koordinierte, ließ sie bislang unbeantwortet.

Stattdessen wurden Journalisten bedroht, die über den Vorfall berichteten. Viele Internetseiten, die über die Waffenlieferungen schrieben, wurden von der Regierung blockiert. Als die oppositionelle Zeitung »Cumhuriyet« vier Monate nach dem Vorfall Foto- und Videomaterial von den Lastwagen mit den Waffen veröffentlichte, wurden der Chefredakteur Can Dündar und der Leiter des Hauptstadtbüros in Ankara, Erdem Gül, von Erdoğan angezeigt. Sie hatten geschrieben: »Das sind die Waffen, von denen Erdoğan behauptet, dass es sie nicht gibt!« Die Zeitung zählte den Fund detailliert auf: tausend Mörsergranaten, tausend Artilleriegeschosse, fünfzigtausend Patronen für Sturmgewehre, dreißigtausend für Maschinengewehre. Möglicherweise sei die Lieferung für den IS gedacht, mutmaßte »Cumhuriyet«. Erdoğan drohte den Journalisten daraufhin vor laufender Kamera, sie würden für diese Behauptung einen »hohen Preis« bezahlen. Ihnen wurde wegen »Spionage«, der »Verbreitung von Staatsgeheimnissen« und der »Mitgliedschaft in einer terroristischen Vereinigung« der Prozess gemacht, Erdoğan und der Geheimdienst MIT traten als Nebenkläger auf. Die beiden Journalisten erhielten mehrjährige Haftstrafen, um dem Gefängnis zu entgehen, floh Dündar nach Deutschland.

Auch gegen die Soldaten, die an der Durchsuchung des Waffentransports beteiligt gewesen waren, wurde wegen »Spionage« ermittelt. Sie wurden vom Dienst suspendiert. Und auch Staatsanwalt Takcı musste büßen: Er verlor seinen Job.

Ich bat ihn um ein Treffen, um über den Fall zu sprechen. Als wir uns verabredeten, ließ ich mich auf eine Fahrt ins Ungewisse ein. »Kommen Sie nach Zonguldak«, schrieb er mir am Tag zuvor. Den genauen Treffpunkt nannte er mir erst wenige Minuten vor dem Termin. Er nutzte dafür den Kurznachrichtendienst Twitter, weil er wusste, dass die türkischen Sicherheitsbehörden Tweets nicht so leicht überwachen konnten. Takcı musste es wissen, als Staatsanwalt war er Strafverfolger für Terrorfälle gewesen.

In einem Café in einem Vorort der nordtürkischen Stadt am Schwarzen Meer traf ich auf einen nachdenklichen Mann mit schütterem Haar. Takcı blieb nach der von ihm angeordneten Durchsuchung der Lastwagen noch ein Jahr lang als Staatsanwalt im Dienst. Im Januar 2015 schließlich wurde er suspendiert. Das Bekanntwerden des Waffenfunds hatte die Regierung blamiert, sie machte nun Takcı für den Vorfall verantwortlich.

Tausende Morddrohungen hatte er seither erhalten. In Internetforen und per Twitter wünschten ihm Regierungsanhänger den Tod. Regierungstreue Medien erklärten ihn, den Staatsanwalt, zum Staatsfeind. Manche nannten ihn einen »Verräter.« Takcı lebte inzwischen an einem geheimen Ort. »Ich verlasse mein vertrautes Umfeld nur noch selten«, sagte er.

Takcı war ein loyaler Beamter, der in seinem Berufsleben stets den Kontakt zur Presse gemieden hatte. Aber jetzt fühlte er sich so ungerecht behandelt und so hilflos, dass er reden wollte. Ausführlich schilderte er mir seine Sichtweise.

Begonnen hatte alles am 1. Januar 2014. »An dem Tag erhielt ich von der Gendarmerie den Hinweis auf einen Lastwagen voller Waffen«, erzählt Takcı. Damals war er Antiterrorermittler in Adana. Takcı war alarmiert, er ging von einem geplanten Anschlag in der Türkei aus. »So etwas hat es schon öfter gegeben«, sagte er. Zum Beispiel im Mai 2014 in der Stadt Reyhanlı, nahe der Grenze zu Syrien. Er unterschrieb einen Durchsuchungsbefehl, doch noch bevor die Polizei die Ladung begutachten konnte, waren Geheimdienstleute vor Ort und stoppten die Kontrolle.

Knapp drei Wochen später kam ein weiterer Anruf von der Gendarmerie, erneut seien drei Lastwagen voller Waffen unterwegs. »Wieder hatten die Sicherheitskräfte einen anonymen Hinweis erhalten«, sagte Takcı. »Das muss jemand gewesen sein, der genau Bescheid wusste, denn er verriet detaillierte Informationen und kannte sogar die Nummernschilder.«

Auch dieses Mal gab Takcı den Durchsuchungsbefehl. Zwar wurde der Konvoi wieder von Geheimdienstleuten begleitet, aber da sie kein Schreiben vorweisen konnten, das ihnen freies Geleit zusicherte, öffneten Sicherheitskräfte die Fracht. In dem geheimen Protokoll, das die Hacker veröffentlicht hatten, stand, dass sich in den Lastwagen Waffen und Munition befanden. Videos und Fotos von der Ladung, die die Zeitung »Cumhuriyet« veröffentlicht hatte, belegten das.

Doch ich wollte es von Takcı selbst hören. Was also, Herr Takcı, war in den Lastwagen? Und für wen war die Fracht bestimmt?

Er lächelte. »Gegen mich läuft ein Disziplinarverfahren wegen der Weitergabe von geheimen staatlichen Papieren. Wenn ich Pech habe, wird auch noch ein Strafverfahren eröffnet. Ich möchte daher lieber nichts dazu sagen.«

Stimmte es denn, dass es sich um türkische Waffenhilfe für Extremisten handelte, um damit Assad zu schaden?

»Ich widerspreche dem nicht«, sagte Takcı.

Als ich Takcı traf, verriet er keine Geheimnisse und bewertete auch nicht die türkische Politik, Extremisten zu unterstützen. Doch er war verzweifelt, weil man ihn bestrafte, obwohl er nur seinen Job gemacht hatte. Als Staatsanwalt war er verpflichtet, die Durchsuchung anzuordnen, weil ein Verdacht auf eine illegale Handlung vorlag. »Ich habe nichts Falsches getan«, sagte er. Die Regierung in Ankara hingegen war überzeugt, er habe dem Land geschadet.

Nachdem der Gouverneur die Durchsuchung gestoppt hatte und die Lastwagen weitergefahren waren, war Takcı zunächst nach Trabzon ans Schwarze Meer strafversetzt worden, dann, ein halbes Jahr später, in die Steinkohlestadt Zonguldak. Im Januar 2015 teilte man ihm mit, dass er bis auf Weiteres suspendiert sei. »Anstatt gegen mich zu ermitteln und Beweise zu haben, dass ich etwas falsch gemacht habe, hat man mich erst suspendiert und ermittelt nun«, sagte er. »Man hat die in einem Rechtsstaat übliche Vorgehensweise umgedreht.« Im Mai 2015, nur wenige Wochen nach unserem Treffen, wurde Takcı festgenommen. Nicht die Waffenlieferungen an Extremisten in Syrien sah man als Gefahr, sondern diejenigen, die dieses illegale Handeln stoppen wollten.

Warnungen unter anderem aus den USA und Deutschland, die Terroristen des »Islamischen Staats« könnten sich irgendwann auch gegen die Türkei richten, wollte man in Ankara nicht hören. Man habe alles im Griff, bekamen die internationalen Partner zur Antwort. Als die USA versuchten, die Türkei davon zu überzeugen, sich am Kampf gegen die Terrororganisation IS zu beteiligen, wies Erdoğan das brüsk zurück, als habe Washington etwas Ungehöriges verlangt. »Ich bin gegen diese Unverfrorenheit, Rücksichtslosigkeit und endlosen Forderungen, die aus zwölftausend Kilometern Entfernung kommen!«, sagte er.

Ankara hatte sich standhaft geweigert, militärisch gegen den IS vorzugehen, was Zweifel an der Bündnisfähigkeit des Nato-Partners aufkommen ließ und die Türkei international in die Kritik brachte. Erdoğan befürchtete, wie er in kleinerem Kreis betonte, ein Übergreifen von Gewalt und Terror von Syrien und Irak auf die Türkei, sollte sein Land sich aktiv am Kampf gegen den IS beteiligen. Doch im Ausland und unter seinen Kritikern nährte seine Weigerung den Verdacht, die Türkei hege Sympathien für die Extremisten.

Tatsächlich hatte die Türkei längst die Kontrolle über die Situation verloren. Der IS drohte der Türkei mit Gewalt, sollte Ankara dem Druck des Westens nachgeben und aufhören, die Terrormiliz zu unterstützen. Im August 2015 veröffentlichte der IS ein Video, das der Türkei eine Warnung sein sollte. Ein Dschihadist im Kampfanzug mit grauem Bart und Kalaschnikow zitierte darin zunächst ein paar Koranverse und erklärte anschließend in perfektem Türkisch der »nichtmuslimischen Türkei« den Krieg. Er habe auf Befehl des »Kalifen« Abu Bakr al-Bagdadi, Chef des IS, eine »wichtige Botschaft« zu verkünden, sagte er in dem siebenminütigen Video. »Alle Gläubigen sollen Istanbul erobern, die Stadt, die der verräterische Erdoğan Tag und Nacht den Kreuzfahrern ausliefert.« Eine so deutliche Kampfansage hatte der IS der Türkei bis dahin noch nicht entgegengeschleudert.

Doch nachdem die Türkei im Sommer 2015 den strategisch bedeutsamen Luftwaffenstützpunkt in Incirlik für US-Kampfflugzeuge für Angriffe auf den IS und dessen »Kalifat« geöffnet und sich damit nach langem Zögern der US-geführten Anti-IS-Koalition angeschlossen hatte, erklärte die Terrormiliz ihr jetzt den Krieg. Die Türkei hatte sich aus Sicht des IS endgültig auf die Seite des Westens, der Christen, der »Ungläubigen« gestellt, obwohl die Türkei gegen die Extremisten kaum militärisch vorgegangen war. Vielmehr musste die Türkei von den Nato-Partnern mühsam überzeugt werden, etwas gegen den IS zu unternehmen. Monatelang redeten Politiker aller Welt, vor allem aus den USA, auf die Türken ein, sich an den Kampfaktionen zu beteiligen. Immer wieder hörte man Gegenargumente, so wiesen etwa regierungsnahe Kreise in Ankara gerne darauf hin, dass es sich bei den Dschihadisten ja auch um »Glaubensbrüder« handele, die man doch nicht einfach töten könne. Auch in der Bevölkerung war diese Sichtweise verbreitet.

Mehrere junge IS-Anhänger, die sich nach eigenen Angaben im Südosten der Türkei, in den Städten Gaziantep und Şanlıurfa aufhielten und mit denen ich mehrmals via Skype sprach, erzählten mir, wie sehr der IS sich danach sehnte, irgendwann in die Türkei vorzustoßen. »Wir wissen schon jetzt die Regierung hinter uns. Ich bete dafür, dass wir selbst irgendwann die Regierung sind«, sagte einer. Alle, mit denen ich sprach, waren türkische Staatsbürger. »Wir haben in der Türkei Tausende Brüder, und eines Tages werden wir uns erheben. Dann wird die Türkei zurückkehren in das Kalifat.« Ein anderer berichtete von »Unterricht« in der Türkei, in dem er auf den Einsatz in Syrien vorbereitet worden sei – er sprach davon wie von einem bevorstehenden Abenteuerurlaub.

Wie Ahmet, der Dschihadist im Wartestand in Istanbul, erwähnten nahezu alle IS-Anhänger einen Mann, der sie in Istanbul rekrutiert hatte. Wann immer ich sie nach Glaubensinhalten fragte, danach, worum es ihnen eigentlich wirklich ging und was sie unter Islam verstanden, wichen sie aus und verwiesen auf ihn. Er sei der »Ideologe«, der Mann, der ihre Glaubensfestigkeit überprüft habe und mit dem ich reden solle, derjenige, der mir am besten erklären könne, wofür der IS stehe. Also bat ich sie, mich mit ihm in Verbindung zu bringen. Entgegen meiner Erwartung kam ein Treffen zustande.

Die Bedingungen waren streng: kein Foto, keine Tonaufnahmen, keine Ortsnennung. Seinen richtigen Namen verriet der Mann nicht, ebenso wenig, aus welchem Land er stammte, nur dass er Araber sei. Er nannte sich Abu Sattar, sein Englisch war geschliffen, mit britischem Akzent. Nach einigem Zögern hatte er in ein Treffen eingewilligt. Er vereinbarte einen Termin und versprach, kurzfristig, aber rechtzeitig einen Ort zu nennen. Aber dann ließ er die Verabredung platzen, nur um einen Tag später abermals ein Treffen auszumachen, am Morgen, an einem öffentlichen Platz.

Diesmal tauchte er tatsächlich auf: ein etwa dreißigjähriger Mann mit braunen Augen hinter einer randlosen Brille und einem dichten schwarzen Vollbart, der ihm bis zur Brust reichte. Wie Ahmet hatte er die Oberlippe rasiert, auch sein Kopf war kahl geschoren. Er trug ein schwarzes, bodenlanges Gewand, in einer ledernen schwarzen Aktentasche steckte ein Koran, der sorgfältig in ein grünes Tuch gewickelt war. Abu Sattar wirkte selbstsicher und streitlustig. Gleich zu Beginn unseres Gesprächs bestellte er Tee.

Abu Sattar erklärte mir das Religionsverständnis und das Weltbild des IS. »Wer hat die Welt erobert und versucht, alle fremden Kulturen und Religionen zu unterwerfen? Die Geschichte des Kolonialismus ist lang und blutig. Und sie dauert bis heute an, in Form von Arroganz des Westens gegenüber allen anderen. ›Wir gegen den Rest der Welt‹, das ist die Antriebsformel des Westens. Wir Muslime leisten dagegen endlich erfolgreich Widerstand.«

Er erläuterte, dass der Koran nicht interpretierbar, sondern wörtlich zu nehmen sei. Für Salafisten wie ihn ist der Koran das einzig gültige Gesetz. Doch natürlich interpretieren auch Salafisten den Text, indem sie selektiv jene Quellen heraussuchen, die ihre eigenen Positionen unterstützen. Andere ignorieren sie oder deuten sie in ihrem Sinne um.

In der Türkei begegneten mir, anders als beispielsweise in Afghanistan oder Pakistan, kaum Menschen, die so streng schriftgläubig waren wie er, die es ablehnten, den Koran zu deuten oder gar zu abstrahieren. Abu Sattar und der IS idealisierten die islamische Gesellschaft zu Lebzeiten des Propheten Mohammed. Nach Auffassung der Salafisten wurde ausschließlich damals der Islam in seiner »wahren Form« gelebt, nur deshalb habe das islamische Reich so schnell expandieren können. Der IS wollte diese Zeit in seiner Lesart wiederbeleben und es den früheren Muslimen gleichtun. Deshalb sagte mir Abu Sattar auch: »Demokratie ist etwas für Ungläubige. Ein echter Muslim ist kein Demokrat, weil ihn die Meinung von Mehrheiten oder Minderheiten nicht interessiert. Ihn interessiert, was der Islam zu sagen hat. im Übrigen ist Demokratie ein Herrschaftsinstrument des Westens und das Gegenteil des Islam.« Er musterte mich und fragte mich dann: »Warum tun Sie so, als bräuchte die ganze Welt Demokratie?«

Während unseres Gesprächs hatte Abu Sattar sich mehrmals Tee in kleinen Tulpengläsern nachbestellt und jedes Mal drei Würfelzucker hineingeworfen. Nun trank er den letzten Schluck aus, erhob sich grußlos, blickte mir kurz fest in die Augen, drehte sich um und verschwand. Ich hatte noch eine Menge Fragen, aber offensichtlich hatte er genug von unserem Gespräch.

Ich blieb ratlos zurück. Er hatte aus seiner Sicht durchaus stringent argumentiert, war ein intelligenter junger Mann, wirkte gebildet. Trotzdem hatte er die Brutalität des IS und dessen rückständiges Weltbild verteidigt. Mehr noch schockierte mich, dass dieses Gespräch mitten in der Türkei stattgefunden hatte. Der IS warb in diesem Land mehr oder weniger offen Mitglieder an, und die Regierung schaute weg – auch wenn türkische Regierungspolitiker das immer wieder wütend zurückwiesen.

Abu Sattar hatte mir bestätigt, was ich zuvor auch von anderen IS-Leuten gehört hatte: Unter seiner Aufsicht seien »viele Dutzend« junge Männer in die Reihen des IS aufgenommen worden, in Istanbul, aber auch in anderen türkischen Städten. Die jungen Leute würden strikt nach ihren Herkunftsländern getrennt und würden auch später, während der Ausbildung in Camps auf syrischem Territorium, getrennt bleiben. Damit solle sichergestellt werden, dass die Rekruten in ihrem neuen Leben wenigstens etwas Vertrautes hätten und sich nicht auch noch mit Menschen aus anderen Ländern arrangieren müssten. In der Türkei, betonte Abu Sattar, finde, anders als gelegentlich berichtet worden war, keine Ausbildung statt.

Die einfachen IS-Kämpfer hatten eine zwiegespaltene Haltung zur Türkei. Ein türkisches IS-Mitglied, zu dem ich eine Zeit lang regelmäßig Kontakt via Skype hatte, sagte mir einmal:»Die Türkei war mal Kalifat. Aber Atatürk und die folgenden Regierungen haben den Islam verraten und sich dem Westen angeschlossen. Irgendwann werden wir Türken uns besinnen und dorthin zurückkehren, wohin wir gehören. Im Herzen sind wir islamisch. Ich denke, die meisten Türken sehen das so. Sie sehen uns [*er meinte den IS – Anm.*] als ihre Brüder und Schwestern, und wir stehen an ihrer Seite.« Ein anderer IS-Kämpfer, den ich ebenfalls regelmäßig über Skype sprach, sagte mir über Erdoğan:»Ich glaube, er ist ein guter Muslim, einer, der betet und aus tiefstem Herzen glaubt. Aber die Macht hat ihn korrumpiert, er will immer mehr Macht und Geld. So fromm er sein mag, er ist kein guter islamischer Führer. Ich glaube, wann immer er über Religion redet, tut er das, weil es ihm nützt. Das ist wenig überzeugend.« Wieder ein anderer Dschihadist erklärte mir:»Wenn jemand das Zeug dazu hat, ein Kalif zu werden und die islamische Welt zu einen, dann Erdoğan. Die Türkei ist der Schlüssel zum Erfolg für den Islam. Wir müssen die Türkei für uns gewinnen, dann ist alles andere auch erreichbar. Und wie es aussieht, sind wir auf einem guten Weg.«

In der Tat war der IS nicht nur heimlich in der Türkei aktiv, die Terrormiliz stand mit ihrem »Kalifat« eine Zeit lang buchstäblich vor der Tür: Seit Ende 2013 versuchte der IS, die syrische Grenzstadt Kobane, arabisch: Ain al-Arab, einzunehmen, stieß aber auf erbitterten Widerstand. Der Ort war von großer strategischer Bedeutung, hier sammelten sich Flüchtlinge aus ganz Syrien, von hier erhielten kurdische Kämpfer ihren Nachschub im Kampf gegen den IS. Mitte September 2014 starteten die Dschihadisten eine Großoffensive zur Eroberung der Stadt, bis Ende des Monats waren sie bis zum Stadtkern vorgedrungen. Die kurdischen Verteidiger, darunter auch viele Frauen, lieferten sich schwere Gefechte mit dem IS. Von Hügeln auf der türkischen Seite konnte man das

Kampfgeschehen auf der anderen Seite der Grenze beobachten. Auch ich reiste dorthin, um mir die Schlacht anzuschauen.

Als wieder das Grollen eines Kampfjets zu hören war, starrten alle in den Himmel. Ein paar Wolken schwebten am blauen Himmel, die Maschine war nirgendwo zu sehen. Das Donnern des Triebwerks wurde immer lauter, plötzlich explodierte etwas in Kobane. Eine dicke schwarze Rauchwolke stieg auf.

»Endlich«, sagte Abdul.

Das Flugzeug war so klein und so schnell, dass niemand es entdeckte. Trotzdem brandete Applaus auf, ein paar dutzend Männer jubelten, reckten beide Arme in die Höhe, die Finger zum Victoryzeichen geformt. Dann hockten sie sich wieder hin und hielten sich zum Schutz vor der gleißenden Sonne die Hände über die Augen. Manche hatten Ferngläser dabei. Sie alle beobachteten, was in ihrer syrischen Heimat Kobane geschah, ein paar hundert Meter vor ihren Augen und doch in einer anderen Welt.

Abdul, zwanzig Jahre alt, arbeitete bis vor kurzem als Uhrmacher in Kobane. Als vor einigen Wochen Gerüchte die Runde machten, IS-Kämpfer würden anrücken, flohen seine Eltern nach Şanlıurfa, eine türkische Stadt ein paar Kilometer nördlich. Abdul blieb – und kämpfte.

»Wir hatten nur alte Gewehre, während der IS über moderne Waffen verfügte. Aber wir verteidigten jedes Haus, jede Straße, bis wir keine Munition mehr hatten. Manchmal schafften wir es sogar, Gebiete zurückzuerobern«, erzählte Abdul. Aber dann schickte ihn ein Kommandeur der kurdischen Volksverteidigungseinheit (YPG), dem bewaffneten Arm der Partei der Demokratischen Union (PYD), die als syrischer Ableger der PKK gilt, vor einigen Tagen weg aus Kobane. »Er sagte zu mir: ›Du bist zu jung zum Sterben. Geh zu deinen Eltern in die Türkei!‹ Also ging ich.«

Jetzt stand er auf einem der Hügel in der türkischen Grenzstadt Suruç und war nur noch Beobachter. Selbst das war gefährlich: In den zurückliegenden Tagen hatte sich immer mal wieder ein Geschoss hierher verirrt und Menschen verletzt. Außerdem feuerte die türkische Polizei gelegentlich Tränengas in die Menge, wenn ihr die Menschenansammlung zu groß wurde. »Ich sehne mich danach, zurück nach Kobane zu gehen und zu kämpfen«, sagte Abdul. Niemand sonst würde den Kurden in der Stadt helfen, die USA flögen ihre Luftangriffe »halbherzig und viel zu selten«.

Genauso sah es Erkan, ein kurdischer IT-Student aus der türkischen Stadt Batman. Er war noch nie in Kobane gewesen, aber er hatte die Nachrichten verfolgt und wollte nun seinen »Brüdern«, wie er sie nannte, zu Hilfe eilen. Er hatte seinen Rucksack gepackt, ein paar Ersatzklamotten, ein Buch, ein paar Schokoriegel, das war alles. »Aber jetzt lassen uns die türkischen Soldaten nicht die Grenze nach Syrien überqueren«, schimpfte er. »Die stecken doch mit dem IS unter einer Decke!«

Leute wie Abdul und Erkan verbrachten Stunden oder gar Tage auf den Hügeln und beobachteten die katastrophale Lage. Auf den Anhebungen westlich und östlich von Kobane, auf syrischem Boden, wehten schon die schwarzen Flaggen des »Islamischen Staats«. »Auf den Gebäuden in der Innenstadt kommen täglich neue hinzu«, sagte Mehmet, ein Rentner aus Kobane, der seit Wochen in der Türkei lebte. Er hatte nicht die Absicht, zum Kämpfen zurückzukehren. »Zu alt«, urteilte er über sich selbst. Stattdessen hielt er in seinem Blog fest, wann wo eine neue IS-Flagge auftauchte und welches Gebäude neue Schäden aufwies. Immer wieder blickte er durch sein Fernglas.

Kobane wirkte verlassen, wie eine Geisterstadt. Man sah kaum Menschen, nur ein paar vereinzelte Kämpfer, die auf den Dächern lagen oder hinter Hauswänden kauerten. Für mich war durch das Fernglas schwer zu erkennen, wer auf Seiten der YPG und wer für den IS kämpfte, aber die heimischen Zuschauer schienen es genau zu wissen. Als ein Mann vom Dach geschossen wurde, jubelten sie. Wenn aus YPG-dominierten Stadtteilen Schüsse zu hören waren und Rauchwolken aufstiegen, schnalzten sie missbilligend mit den

Zungen. Flüchtlinge aus Kobane erzählten, es sei »so gut wie kein einziger Zivilist« mehr in der Stadt und in den umliegenden Dörfern.

Es war ein grausames Schauspiel: Ständig hörte man Feuergefechte, Maschinengewehrsalven, Bombenexplosionen. »Das Schlimme ist, dass wir wissen: Jetzt stirbt wieder jemand, jetzt wird wieder jemand verletzt. Und wir können nichts tun«, sagte ein junger Mann, der Khalid hieß. »Wir sind Zuschauer des Todes.«

Mir kam die ganze Situation unwirklich vor: als Beobachter von Explosionen und Luftangriffen, von Schusswechseln und Gefechten. Und das alles aus halbwegs sicherer Entfernung. Manche Journalistenkollegen trugen Helme und schusssichere Westen, vor allem die Fernsehleute, denn damit zeigten sie ihren Zuschauern, dass sie aus einem Kriegsgebiet berichteten. Ich fand es ein wenig albern, zumal kein einziger der Einheimischen irgendwelche Schutzkleidung trug, auch wenn sich schon einige Male Geschosse bis zu den türkischen Hügeln verirrt hatten. Aber das passierte eher selten. Verletzt wurde, soweit ich es mitbekam, glücklicherweise niemand. Trotzdem erzählte ich Janna, mit der ich telefonierte, nachdem ich mich in ein nahe gelegenes Teehaus zum Schreiben zurückgezogen hatte, nichts davon. Ich war nur ein paar Tage vor Ort, als Beobachter, der bald wieder an seinen sicheren Wohnort zurückkreisen würde. Wie erging es nur all den Menschen, die dabei zuschauten, wie ihre Heimat zerstört, wie ihre Angehörigen und Freunde getötet wurden? Alle, die ich fragte, zuckten nur mit den Schultern. »Was bleibt uns anderes übrig, als unser Schicksal zu akzeptieren?«, sagte Khalid.

Die Nachricht von einem Selbstmordattentäter des IS machte die Runde: Er habe versucht, in eine Polizeistation in Kobane einzudringen, sei aber rechtzeitig von YPG-Kämpfern gestoppt und getötet worden. Dabei sei sein Auto voller Sprengstoff explodiert. Die Dschihadisten dagegen teilten mit, dem Mann sei das Attentat gelungen. Unabhängig überprüfen ließ sich das nicht, wie die meisten Nachrichten aus dem »Kalifat«.

Noch am selben Abend, als der Mond längst über Kobane stand, wurden Verletzte und Tote aus dem Gefechtsgebiet nach Suruç gefahren. Die Verletzten wurden in einem Lazarett behandelt, die Toten zunächst in eine Leichenhalle gebracht und später in Särgen ihren Angehörigen übergeben. Allein an jenem Tag kamen mindestens zwanzig Leichen aus Kobane. »Da sind noch viel mehr, aber man kann sich kaum bewegen, geschweige denn Verletzte und Tote rausbringen«, sagte mir ein Kämpfer. »Es ist die Hölle, man kann sich das nicht vorstellen.«

Mit Hilfe von Luftbombardements der Anti-IS-Koalition gelang es den YPG-Kämpfern, den Peschmerga genannten Streitkräften der nordirakischen Autonomen Region Kurdistans, sowie anderen Gruppen, den IS im Januar 2015 aus Kobane zu vertreiben. Die Stadt war fast völlig zerstört, kaum ein Stein stand mehr auf dem anderen.

Der anschließende Wiederaufbau stockte, denn die Türkei griff erst jetzt militärisch in den Konflikt ein. Nachdem sie dem Zerstörungswerk der Islamisten tatenlos zugesehen hatte, begann sie nun, kurdische Stellungen zu bekämpfen. Um jeden Preis wollte sie das Erstarken der Kurden und die Bildung eines kurdisch kontrollierten Korridors in Syrien an der Grenze zur Türkei verhindern. Im August 2016 startete Ankara sogar eine Bodenoffensive, um die YPG entlang der Grenze zu stoppen. »Schutzschild Euphrat« hieß die Militäroperation. »Ziel der Militäroffensive ist es, die türkische Grenzregion von Terrorgruppen zu säubern, die Sicherheit entlang der Grenze zu verbessern und Syriens territoriale Integrität zu sichern«, teilte die Regierung mit. Der IS diente dabei nur als Vorwand, als wahren Gegner betrachtete Ankara die YPG.

Der IS wurde derweil von einer internationalen Koalition bekämpft, das »Kalifat« dezimiert. Doch in der Türkei machte die Terrororganisation ihre Drohung wahr: Ab Mitte 2015 erschütterte eine Reihe von Anschlägen das Land. Die Befürchtung der Türkei, die Extremisten könnten zurückschlagen, wenn die Türkei sich in irgendeiner Weise am Kampf gegen den IS beteiligen würde, hatte sich bewahrheitet. Der Angriff auf den Club »Reina« war der letzte große Schlag, der weltweit Aufmerksamkeit fand. Der IS führt Krieg gegen die Türkei. Das Monster beißt die Hand, die es einst gefüttert hat.

Offensichtlich hat die türkische Regierung realisiert, dass die Politik des Stillhaltens und heimlichen Unterstützens sie nicht länger vor Anschlägen schützt. Die Läden mit IS-Devotionalien verschwanden ab 2015, mit Beginn der Anschläge kam es gelegentlich zu Razzien, bei denen Festnahmen von IS-Anhängern gemeldet wurden. Und die Türkei begann, eine Mauer entlang der Grenze zu Syrien zu bauen. Doch das war eher ein Schritt, um den Zustrom von Flüchtlingen zu stoppen, als eine Maßnahme gegen den IS.

Alte Konflikte: Türken und Kurden

Über den Zustand und die Moral eines Landes kann man viel erfahren, indem man beobachtet, wie es seine Minderheiten behandelt. Die größte Minderheit in der Türkei stellen die Kurden, ein Volk ohne Staat. Sie leben in Syrien, im Irak, in Iran und, vor allem, im Südosten der Türkei. Viele Kurden haben in den vergangenen Jahrzehnten ihre Heimatregion verlassen und sind nach Europa und Amerika ausgewandert. Schätzungen gehen davon aus, dass es etwa fünfundzwanzig bis dreißig Millionen Kurden gibt. Zehn bis zwölfeinhalb Millionen leben in der Türkei, womit sie etwa ein Sechstel der Gesamtbevölkerung ausmachen.

Ich lernte sehr schnell, dass es in der Türkei heikel ist, über Kurden zu schreiben, vor allem wenn man sie zu Wort kommen und ihre Sicht auf die Türkei schildern lässt. Schrieb ich über die Kämpfe kurdischer Einheiten – YPG, PKK, Peschmerga – gegen den IS in Syrien und im Irak, bekam ich sofort Zuschriften von erbosten Türken, ich würde die Kurden »glorifizieren«, sie »nicht das nennen, was sie sind, nämlich Terroristen«, ich würde »Partei für Verbrecher ergreifen« und »Terrorpropaganda verbreiten«. Und das waren noch die freundlicheren Formulierungen.

Traf ich mich mit kurdischen Politikern und schrieb darüber, waren mir Hunderte E-Mails mit Beschimpfungen, oft Drohungen sicher. Reiste ich in den Südosten der Türkei, in die überwiegend von Kurden bewohnten Gebiete, um über die Lage der Menschen zu berichten, wurde mir gelegentlich der Weg von türkischen Militärs versperrt. Dann wurde ich nach meinen Papieren gefragt und nach dem Grund meiner Recherchen. Die Regierung sieht nicht gern, dass man über den Krieg berichtet, der im Südosten des Landes geführt wird. Offiziell ist es ja nur eine »Antiterrormaßnahme« gegen die PKK, tatsächlich aber ist es ein Krieg gegen die Zivilbevölkerung. Doch das hatte man gefälligst nicht zu schreiben. Tat man es doch, wurde einem »Sympathie mit Terroristen« oder gar »Terrorunterstützung« vorgeworfen.

Umgekehrt erreichten mich aber auch Beschimpfungen von Kurden, wenn ich das Handeln der PKK beschrieb und es als das bezeichnete, was es oft war: Terror. Dann wurde mir vorgeworfen, ich habe »den Konflikt nicht verstanden« oder sei »in Wahrheit von der türkischen Regierung gesteuert«. Kollegen erzählten mir, dass es ihnen ähnlich erging.

Der Versuch, Einfluss auf die Berichterstattung zu nehmen, sie in eine bestimmte Richtung zu lenken oder ganz zu unterbinden, ist Teil des Krieges. Umso wichtiger war es für mich, gut zu beobachten, möglichst viele Stimmen zu hören und präzise zu beschreiben. Das war nicht immer möglich. Ich verbrachte zum Beispiel Zeit mit PKK-Kämpfern und wollte, um ausgewogen berichten zu können, auch türkische Soldaten begleiten, die gegen die PKK im Einsatz waren. Natürlich wollte ich auch ihre Sicht auf den Konflikt verstehen. Deshalb fragte ich mehrmals beim türkischen Verteidigungsministerium an und bat um eine entsprechende Genehmigung. Doch ich bekam nie eine Antwort. Offensichtlich erwarten die Regierenden von uns Journalisten, dass wir einfach nur wiedergeben, was sie verlautbaren – nicht hinterfragen, nicht bewerten und schon gar nicht kritisieren. Doch solch eine Sprachrohrtätigkeit ist kein Journalismus.

Es stand nicht immer schlecht um die Beziehungen zwischen Türken und Kurden. Das Osmanische Reich war ein Vielvölkerstaat, die Kurden waren ein Teil davon, und so lebte man mehr oder weniger friedlich zusammen. Kurdischer Nationalismus war nur wenig ausgeprägt, es gab den Wunsch nach mehr Autonomie, weniger nach einem eigenen kurdischen Staat.

Nach dem Ende des Ersten Weltkriegs und dem Zerfall des Osmanischen Reiches versprach Atatürk den Kurden größere

Unabhängigkeit, wenn sie ihn bei seinen Plänen zur Gründung der türkischen Republik unterstützten. Doch nachdem er sein Ziel erreicht hatte, waren alle Versprechungen vergessen. Für die Kurden begannen schlechte Zeiten: Ihr Volk war nicht nur über mehrere Länder verteilt, die nach dem Krieg neu gegründet worden waren, in der Türkei waren sie plötzlich Fremde im eigenen Land. Sie bekamen nicht nur keine Autonomie, sondern sie wurden in diesem neuen Staat massiv in ihren Rechten beschnitten. Sie wurden regelrecht dazu gezwungen, sich zu türkisieren: Sie sollten ihre kurdische Identität ablegen, sich zum Türkentum bekennen, Türkisch sprechen (und ja nicht einen der kurdischen Dialekte, schon gar nicht in der Öffentlichkeit), ihren Kindern keine kurdischen, sondern türkische Namen geben. Religiös durften sie, die überwiegend Konservativen, auch nicht mehr sein, in der Türkei Atatürks wollte man nun ja modern, säkular, westlich sein. Und die Kurden hießen nun auch nicht mehr Kurden, sondern »Bergtürken«. Alles Kurdische sollte getilgt werden. Das rief natürlich Widerstand hervor. Der neue türkische Nationalismus entfesselte als Gegenreaktion einen kurdischen Nationalismus.

Für diesen kurdischen Widerstand in der Türkei steht die Partiya Karkeren Kurdistan, die Arbeiterpartei Kurdistans, bekannt unter ihrem Akronym PKK, auch wenn die Partei längst nicht für alle Kurden steht. Ich lernte Kurden kennen, die die PKK für ihren gewaltsamen Weg verachteten, andere, die Erdoğan und die AKP verehrten; von *den* Kurden kann man ohnehin nicht sprechen, die meisten sind sunnitisch-islamisch, andere Aleviten, manche religiös, die anderen weniger, sie sprechen Türkisch, Persisch, manche Arabisch, andere die kurdischen Hauptdialekte Zaza und Kermanshi oder einen der Nebendialekte.

Gegründet wurde die PKK von Abdullah Öcalan, der 1949 in Şanlıurfa, nahe der Grenze zu Syrien im Südosten der Türkei, geboren wurde. Öcalan wuchs als Sohn einer Türkin und eines Kurden in ärmlichen Verhältnissen auf. Als junger Mann zog er nach

Ankara, studierte Politikwissenschaft, freundete sich mit kommunistischen Studenten an und engagierte sich mit ihnen gegen die türkische Unterdrückung der Kurden. Er selbst sah sich als Beispiel dafür: Obwohl er in einer überwiegend von Kurden bevölkerten Region aufgewachsen war, sprach er nur schlecht Kurdisch. In den Schulen waren alle Kinder gezwungen, Türkisch zu sprechen, selbst auf dem Pausenhof. Wer beim Kurdischsprechen erwischt wurde, musste mit Bestrafung rechnen. Viele kurdische Familien passten sich an und gaben ihre Muttersprache auf, um ihren Kindern eine bessere Zukunft zu ermöglichen.

Die PKK, 1978 entstanden, entsprach Öcalans politischer Sozialisation: Ihr Ziel war die kommunistische Revolution und die Gründung eines unabhängigen kurdischen Staates, und zwar mit Gewalt. Weil Öcalan und seine Getreuen wussten, dass das türkische Militär ihnen überlegen war, wählte man für den Kampf die Guerillataktik, den Einsatz mobiler, flexibler Einheiten an unterschiedlichen Orten gegen staatliche Einsatzkräfte, die sich rasch in die Berge und Dörfer zurückziehen konnten, wo sie sich besser auskannten als die staatlichen Truppen. Der Plan war, die türkischen Streitkräfte durch einen Partisanenkrieg zu zermürben.

Im Jahr 1983 wurde auf Druck des Militärs, das drei Jahre zuvor geputscht hatte und nun die Politik bestimmte, eine Verfassung beschlossen, die die Diskriminierung von Minderheiten in der Türkei verschärfte. Alle Bürger der Republik hatten sich nun auf die »historischen und geistigen Werte des Türkentums« zu verpflichten, »Unterschiede in Sprache, Rasse, Religion oder Konfession« waren verboten, der Gebrauch der kurdischen Sprache mit all ihren Dialekten in der Öffentlichkeit und in den Medien wurde untersagt. Kurdische Fernsehprogramme waren damit illegal. Zudem wurde das Wahlrecht reformiert und eine Zehnprozenthürde eingeführt, bei der es vor allem darum ging, kurdischen Parteien den Einzug ins Parlament unmöglich zu machen.

Der PKK, die ihre Aufgabe ohnehin im Kampf, also außerhalb des Parlaments sah, kam die Zuspitzung des Konflikts gerade recht. Aus Protest gegen die Repressionen der türkischen Militärregierung schlossen sich viele Kurden der PKK an und übernahmen ihre Forderung eines eigenen Staats, der Gründung Kurdistans mit einer »klassenlosen Gesellschaft«. Um Öcalan entstand ein Führerkult, der bis heute anhält, und innerhalb der PKK gab es drakonische Strafen bis hin zu Hinrichtungen, wenn Mitglieder es an Loyalität zu Partei und Führung mangeln ließen oder gar der PKK den Rücken kehrten. Die Organisation wurde mit harter Hand geführt und war so für ihre Größe erstaunlich schlagkräftig.

Die Folge war ein langer, blutiger Krieg zwischen PKK-Mitgliedern und türkischem Staat, der 1984 begann. Die Regierung sprach von einem »Kurdenproblem« und von Terror, die PKK vom Befreiungskampf eines unterdrückten Volkes. Zwei Jahrzehnte lang erschütterte der Konflikt das Land. Die PKK verübte Bombenanschläge auf Kasernen und Polizeistationen, griff Militärkonvois an, lieferte sich in den Bergen Gefechte mit den Soldaten und nahm dabei auch zivile Opfer in Kauf. Die Anschläge und Attacken nannte die PKK einen »legitimen bewaffneten Widerstand« und einen »Kampf gegen das Böse«. Für türkische Sicherheitskräfte sollte es unmöglich werden, sich auf türkischem Territorium mit kurdischer Bevölkerung frei zu bewegen. Das staatliche Gewaltmonopol existierte in manchen Gebieten nicht mehr. Deshalb war, trotz aller Diskriminierung und Unterdrückung der Kurden, durchaus nachvollziehbar, dass die Regierung von Terror sprach. Gleichwohl reagierte sie unverhältnismäßig: Tausende Dörfer im Südosten des Landes wurden angegriffen und zerstört, es kam zu Zwangsumsiedlungen und Vertreibungen – und auch der Staat nahm keine Rücksicht auf die Zivilbevölkerung. Gerechtfertigt wurde das brutale Vorgehen damit, es handele sich ja um »Sympathisanten« der PKK, sie verdienten also diese harschen Maßnahmen. Schätzungen gehen von insgesamt mehr als fünfundvierzigtausend Toten aus.

Zehn Jahre nach Ausbruch der Gewalt spitzte der Konflikt sich zu: Etwa zweieinhalbtausend Dörfer wurden von der Armee zwangsgeräumt, beschossen und niedergebrannt. Schätzungsweise drei Millionen Menschen verloren ihre Heimat und flüchteten in die Großstädte, vor allem nach Istanbul, Ankara und Izmir. Die PKK reagierte mit Anschlägen im ganzen Land. Auf Gewalt folgte Gegengewalt, die Fronten waren verhärtet, und beide Seiten standen sich in ihrer Grausamkeit in nichts nach. Aus Angst vor Stimmenverlust wagte kein türkischer Politiker, auch nur einen kleinen Schritt in Richtung Deeskalation oder gar Versöhnung zu gehen. Und auf Seiten der PKK wollte niemand eine Existenz unter einer erdrückenden türkischen Herrschaft akzeptieren.

Dem Militär gelang es zwar, die PKK zu schwächen, aber nicht, sie zu besiegen. 1998 ebbten die Kämpfe nach jahrelanger zermürbender Auseinandersetzung ab. Öcalan hatte sich aus Angst vor einer Festnahme ins Ausland abgesetzt. Im Februar 1999 gelang der Türkei dann ein wichtiger Schlag gegen die PKK: Öcalan wurde mit Hilfe des israelischen Geheimdienstes in Kenia aufgespürt, gefasst und in die Türkei gebracht. Dort wurde er zum Tode verurteilt. Die Strafe wurde später, im Zuge der Reformen in der Türkei für eine EU-Mitgliedschaft, aber auch aus Sorge vor neuen Gewaltausbrüchen in den überwiegend kurdisch besiedelten Landesteilen, in eine lebenslange Freiheitsstrafe umgewandelt. Aus seiner Gefängniszelle heraus rief Öcalan seine Anhänger, von denen er immer bedingungslosen Gehorsam verlangt hatte und die um ihn einen merkwürdigen Personenkult betrieben, zur Niederlegung der Waffen auf. Damit machte er den Weg frei für eine Annäherung zwischen PKK und türkischem Staat.

Öcalan sitzt auf der Gefängnisinsel Imralı im Marmarameer in Haft. Gelegentlich erhält er Besuch oder sendet Botschaften an seine Anhänger. Manche sagen, sein Einfluss auf die PKK sei nach wie vor groß, sein Wort maßgeblich. Andere behaupten, er sei längst nicht mehr die unumstrittene Führerfigur, die er einmal war.

Tatsächlich führte die Festnahme Öcalans und sein Aufruf zu Gewaltverzicht zu einer Wende. Noch im selben Jahr wurde ein »Reuegesetz« erlassen, wonach PKK-Mitgliedern Straffreiheit zugesichert wurde, wenn sie nicht an Gewalttaten beteiligt gewesen waren. Allerdings profitierten nur wenige von diesem Gesetz, denn schon die geringste Verbindung zu der Organisation, etwa der Besitz einer PKK-Broschüre, genügte, dies als Beteiligung an einer terroristischen Tat zu werten. Wer wegen solch einer Lappalie verhaftet worden war, dem wurden mildere Strafen in Aussicht gestellt, wenn er mit dem Staatsapparat kooperierte und Strukturen und Arbeitsmethoden der PKK verriet.

Zu dieser Zeit befanden sich im Südosten der Türkei noch schätzungsweise zehntausend PKK-Kämpfer, mehrere tausend weitere hatten sich in die Berge im Nordirak und vermutlich auch in den Iran zurückgezogen. In der Türkei verbreitete das Militär per Flugzeug und Hubschrauber Tausende von Flugblättern in den Gebieten, in denen die PKK-Anhänger vermutet wurden – Zettel mit Öcalans Aufruf zum Gewaltverzicht. Außerdem wurde ein Film gezeigt, in dem Öcalan die PKK-Mitglieder aufforderte, den Krieg gegen die Türkei zu beenden.

Auch wenn manche PKK-Kämpfer diesem neuen Kurs nur widerwillig folgten, verbesserte sich die Lage für die Kurden in den folgenden Jahren spürbar. Es waren Erdoğan und die AKP, die dazu beitrugen. Erdoğan wollte das »Kurdenproblem« lösen, und bis heute wird in der Türkei darüber gestritten, ob er sich aus echter Überzeugung um Frieden bemühte oder ob er es nur auf Druck der EU tat, die von der Türkei verlangte, den Minderheiten im Land mehr Rechte einzuräumen. Tatsache ist, dass den Kemalisten – Militärs wie auch Politikern der Partei CHP – dieser kurdenfreundliche Kurs nicht passte. Sie warfen Erdoğan und der AKP vor, türkische Werte zu verraten.

Erdoğan ließ sich davon nicht beirren und arbeitete auf eine Annäherung mit den Kurden in der Türkei hin. Es waren kleine

Schritte, die aber große Symbolwirkung hatten. Unter der AKP wurden gesetzliche Regelungen für den Schulunterricht in kurdischen Dialekten geschaffen. Ab dem 7. Juli 2004 durfte der staatliche Sender TRT ein Programm auf Zaza und Kermanshi senden, für insgesamt eine Stunde pro Woche: eine Sendung mit dem Namen »Unsere kulturellen Reichtümer«, in der es um »Dialekte und Sprachen, die sich vom Türkischen unterscheiden«, ging. TRT 3 sendete im werktäglichen Wechsel eine halbe Stunde lang auf Arabisch, Bosnisch – und eben auch Zaza und Kermanshi.

Das Interesse in der kurdischen Bevölkerung war anfangs groß, nahm aber rasch ab, da nicht über Themen berichtet wurde, die das Publikum interessierten, sondern es sich um eine eher lieblos zusammengestellte Sendung mit belanglosen, oft veralteten Nachrichten handelte. Mal ging es zum Beispiel um einen Sturm in Australien mit Hagelkörnern so groß wie Orangen, mal um die Restauration von alten Häusern in Istanbul oder um Leseunterricht für Fünfundsiebzigjährige. Immerhin: Diese bahnbrechenden Neuigkeiten gab es auf Kurdisch! Zwei Jahre später, 2006, durften auch zwei private lokale Fernseh- und ein Radiosender in der Stadt Diyarbakır Programm auf Kurdisch machen – die Fernsehsender maximal fünfundvierzig Minuten pro Werktag, der Radiokanal etwas mehr. Hinter den Einschränkungen steckte die Furcht, die PKK oder auch türkische Nationalisten könnten die Zugeständnisse der Regierung als Zeichen der Schwäche auslegen.

Viele Kurden erzählten mir, dass sie unter Erdoğan erstmals Hoffnung schöpften auf eine Verbesserung ihrer Lage. Kurdisches Fernsehen hatten sie zwar schon vorher empfangen können, nämlich Roj TV, das aus Dänemark sendete und der Regierung in Ankara als Sprachrohr der PKK galt, sowie kurdische Sendungen aus dem Nordirak, aber nun gab es eben auch Programme aus der Türkei auf Kurdisch. Für viele war das ein erster Schritt in Richtung mehr kultureller Autonomie. Die Idee eines freien Kurdistans war für die meisten ohnehin nicht mehr von Bedeutung –

sie wollten ein unbeschwertes Leben in der Türkei, ohne ihre Identität leugnen zu müssen. Sie wollten ihre Sprache sprechen, ihre Musik hören, ihre Kultur pflegen, ihre Kinder so nennen, wie sie wollten, ohne dafür bestraft zu werden. Unter Erdoğan schien das plötzlich möglich.

Die Gewalt nahm ab, Anschläge der PKK wurden seltener, es gab nur noch hin und wieder Gefechte zwischen den Streitkräften und PKK-Anhängern. Ab 2012 wurden sogar geheime Friedensgespräche zwischen dem türkischen Staat und der PKK geführt. Ziel war ein Abkommen über einen Waffenstillstand, im Gegenzug sollten die kurdisch besiedelten Gebiete mehr Autonomie erhalten und die Kurden mehr kulturelle Rechte. Regierungsvertreter trafen sich mit Öcalan im Gefängnis und mit anderen Anführern der PKK. Von wem die Initiative zu diesen Gesprächen ausging, ist allerdings umstritten. Die PKK erklärte später, der Friedensprozess sei »einseitig«, Öcalan habe einen Verhandlungsentwurf vorgelegt. Die Regierung akzeptiere ihn aber nicht, jedenfalls lasse sie mit einer Erklärung warten. Erdoğan wiederum beanspruchte für sich, die Friedensverhandlungen eingeleitet zu haben und damit derjenige zu sein, der zuerst die Hand ausgestreckt habe. Er erklärte pathetisch, er werde bis zu seinem letzten Atemzug für ein Friedensabkommen eintreten. Für kurdische Rebellen und Aktivisten deutete er eine Generalamnestie an, er sprach von der »Sonne des Friedens«, davon, dass die Region eine »neue Ära, ein neues Klima, eine neue Frühlingsatmosphäre« erlebe.

Doch neben diesen Beschwörungen des Friedens sendeten die türkische Regierung und die PKK auch immer wieder andere, bedrohlichere Signale an die Gegenseite. Wiederholt setzte etwa Erdoğan in seinen Reden die PKK mit dem »Islamischen Staat« gleich und erklärte, beides seien Terrororganisationen. Die PKK lieferte ihm für solche Vergleiche oft genug einen Grund: Weiterhin verübte sie Anschläge auf Polizei und Militär. Wenn es einen ernsthaften Friedensprozess je gab, so stand er ständig auf der Kippe. Eine echte Annäherung war jedenfalls nicht festzustellen. Auf beiden Seiten blieb ein tiefes Misstrauen – auch wenn es öffentlich gelegentlich anders dargestellt wurde.

Verschärft wurde dieses Misstrauen auf türkischer Seite dadurch, dass die Kurden – auch PKK-Mitglieder – ab 2014 mit Erfolg gegen den IS kämpften und sich damit für den Westen unentbehrlich machten. Sie eroberten viele Orte entlang der türkisch-syrischen Grenze von den Dschihadisten zurück. An manchen befreiten Dörfern, so erzählten mir mehrere PKK-Leute, verzichteten sie aber darauf, Fahnen zu hissen, um die Türken jenseits der Grenze nicht zu provozieren. Doch den Unwillen der Türkei, gegen den IS vorzugehen, und später die militärischen Angriffe auf kurdische Stellungen in Syrien und im Irak verstand die PKK als Kriegserklärung.

Der IS bedrohte nicht nur den Nahen und Mittleren Osten, sondern den Westen, ja die ganze Welt. Die Milizen des IS hatten weite Teile des Irak und Syriens erobert und trieben ihren Plan, ein »Kalifat« zu schaffen, mit Waffengewalt voran. In Washington und Berlin, London und Paris glaubte man, dass die Kurden die Einzigen seien, die diesen Vormarsch stoppen und Stabilität in der Region schaffen könnten. In dieser Zeit, ab Sommer 2014, wurden die Kurden vom Westen so umworben wie noch nie. Zum Missfallen Ankaras rüsteten zuerst die USA, später auch andere Länder kurdische Einheiten mit Waffen aus.

Diese unverhoffte Beliebtheit eröffnete den Kurden eine Jahrhundertchance: Sie erkannten eine Gelegenheit, größere Autonomie für ihre Siedlungsgebiete oder gar einen eigenen Staat zu erlangen. Plötzlich stand dieser Begriff wieder im Raum: Kurdistan. Jetzt sei der Moment gekommen, diesen Traum zu verwirklichen, sagten kurdische Politiker in unterschiedlichen Ländern – auch wenn ihnen aus mehreren westlichen Ländern signalisiert wurde, dass sie für solch ein Vorhaben keine Unterstützung erwarten dürften.

Doch sosehr die Kurden der Traum eines gemeinsamen Staates eint, so zersplittert sind sie in unterschiedliche Gruppierungen. Vom Westen umworben wurde damals ausschließlich die kurdische Autonomieregierung im Nordirak unter Präsident Massud Barsani. Die Rüstungshilfe kam deren Peschmerga-Armee zugute. Rund siebentausend Peschmerga-Kämpfer waren Anfang August 2014 vor den anrückenden IS-Dschihadisten aus mehreren Orten im Sindschar-Gebirge im Nordirak geflüchtet. Sie hatten behauptet, einen Befehl zum Rückzug erhalten zu haben. Dabei war es wohl eher die pure Angst, die sie forttrieb. Erst einer anderen kurdischen Einheit gelang es, die IS-Milizen zurückzudrängen, nämlich ausgerechnet einem syrischen Ableger der PKK. Weil diese jedoch in der Türkei, aber auch in der EU und in den USA als Terrororganisation eingestuft war, gab es keine Möglichkeit, sie für diesen Verdienst zu loben oder gar für künftige Einsätze mit Waffen auszustatten.

In der PKK war man verärgert über den westlichen Kurs, ausschließlich die Peschmerga, mit denen die PKK zerstritten ist, mit Waffen zu unterstützen. »Die Peschmerga-Kämpfer sind alt, ängstlich und übergewichtig!«, schimpfte ein hochrangiges PKK-Mitglied, das namentlich nicht genannt werden wollte, bei einem Treffen im Südosten der Türkei. »Sie haben seit dem Sturz des Saddam-Regimes [*im Jahr 2003 – Anm.*] nicht mehr gekämpft. Warum unterstützt der Westen eine Truppe, die den heutigen Herausforderungen überhaupt nicht gewachsen ist?« Jüngste Erfolge der Peschmerga seien »nur auf die Unterstützung durch US-Luftschläge« zurückzuführen. »Wirksam gegen den IS wäre es, uns, die PKK, zu unterstützen«, sagte er.

Auch die türkische Regierung tobte, weil sie davon ausging, dass die PKK trotz ihrer Einstufung als Terrororganisation heimlich aufgerüstet wurde – oder dass Waffen, die an die Peschmerga geliefert wurden, über Umwege in die Hände der PKK gelangten. Außerdem befürchtete Ankara, dass die PKK und die ihr nahestehenden Milizen in Syrien und im Irak ein großes, zusammenhängendes

Gebiet entlang der Grenze zur Türkei unter ihre Kontrolle bringen könnten. Das wollte die Türkei unbedingt verhindern. Rufe aus dem In- und Ausland, das PKK-Verbot aufzuheben und die Organisation offiziell zum Partner im Kampf gegen den IS zu machen – es gab solche Forderungen zum Beispiel, nachdem die PKK Dutzende IS-Anhänger in der Türkei auf dem Weg nach Syrien auf eigene Faust festgenommen hatte –, sorgten in der türkischen Regierung zusätzlich für Irritationen.

Auch die Peschmerga reagierten erbost. »Ich verstehe nicht, warum die PKK sich jetzt einmischt und sich gegen Hilfe für die Peschmerga ausspricht«, sagte mir Dilshad Barsani, der Bruder des kurdischen Regionalpräsidenten und Vertreter der Autonomieregierung in Berlin. Jetzt sei nicht die Zeit, gegeneinander zu agieren, sondern vereint gegen die Islamisten vorzugehen. »Der IS ist eine Armee mit mittelalterlichen Vorstellungen, aber hochmodernen Waffen.« Man müsse die Peschmerga deshalb entsprechend aufrüsten. »Die PKK hat mit dem Nordirak und den Kurden dort nichts zu tun!«

Angesichts dieser Zerstrittenheit erscheint es fast wie ein Wunder, dass Peschmerga und PKK-Gruppierungen sich zusammenrauften und am Ende teils gemeinsam, teils an verschiedenen Fronten gegen den IS kämpften. Den kurdischen Einheiten gelang es immer wieder, der Terrormiliz empfindliche Rückschläge zu verpassen.

Auch politisch waren die Kurden in der Türkei im Aufwind. Im Juni 2015 standen Wahlen an, für ein neues Parlament und damit auch eine neue Regierung. Umfragen prophezeiten, dass Erdoğan und die AKP wieder als Wahlsieger hervorgehen würden. Fraglich war nur, ob die AKP weiter alleine regieren oder ob sie auf einen Koalitionspartner angewiesen sein würde. Der Einzige, der Erdoğan gefährlich werden konnte, war ausgerechnet ein kurdischer Politiker: Selahattin Demirtaş, ein Mann, von dem sich viele Menschen erhofften, dass er die Türkei vor Erdoğan retten würde.

Studentinnen und Studenten, Männer mit grauen Bärten und ältere Frauen mit Kopftüchern strömten eine Woche vor dieser wichtigen Wahl in den Hörsaal der Bosporus-Universität in Istanbul, alle Stühle waren belegt, die Leute setzten sich auf den Boden, drückten sich an die Wände. Dann betrat Demirtaş die Bühne, und weil er sah, dass sich die Menschen am Eingang drängten, forderte er sie auf:»Kommt doch auf die Bühne!«

Die Zuschauer jubelten, einige Übermütige stürzten auf Demirtaş zu, er posierte geduldig für Selfies. Ein junger Mann drückte ihm sein Baby in den Arm und machte ein Foto. Die Bodyguards sahen verzweifelt zu, doch Demirtaş lächelte. Auf der Leinwand hinter ihm stand: *Büyük Insanlık*, große Menschlichkeit. Es war der Slogan der Demokratischen Partei der Völker, kurz HDP, ein Bündnis der Kurdenpartei BDP und türkischer linker Gruppen, deren Kovorsitzender Demirtaş war. Ein Kurde, damals zweiundvierzig Jahre alt, Menschenrechtsanwalt aus Diyarbakır, der Erdoğan herausforderte und der antrat, um die Allmacht der AKP zu brechen.

Erdoğan war ein Jahr zuvor, im August 2014, von knapp zweiundfünfzig Prozent der Wähler zum Präsidenten der Türkei gewählt worden. In Deutschland stimmten sogar 68,6 Prozent der türkischen Wahlberechtigten für ihn. Zum ersten Mal hatten die Türken ihr Staatsoberhaupt direkt wählen können. Erdoğan hatte gemäß AKP-Satzung nicht noch einmal als Regierungschef antreten dürfen, daher wechselte er in das Präsidentenamt und beanspruchte, nicht zuletzt auch wegen der Direktwahl, mehr Macht für sich. Nun wollte er eine neue Verfassung, die den Weg zu einem Präsidialsystem ebnete. Damit wäre er noch mächtiger und könnte ein weiteres Jahrzehnt – zwei Amtsperioden – regieren. Doch für solch eine tiefgreifende Verfassungsänderung benötigte er für die AKP am besten eine Zweidrittelmehrheit im Parlament, zumindest aber eine absolute Mehrheit. Demirtaş konnte diese Plänen durchkreuzen. Von seinem Erfolg hing ab, ob die Türkei endgültig zum Erdoğan-Staat wurde oder ob die Demokratie im Land eine Chance hatte.

Demirtaş stand für eine liberale, proeuropäische Politik, er war der Gegenentwurf zum polternden, provozierenden Autokraten Erdoğan, aber auch zum Langweiler Kemal Kılıçdaroğlu, dem Chef der säkularen Oppositionspartei CHP. Seine Gegner hingegen warfen Demirtaş vor, er sei ein Terrorist und einer, der der Türkei schaden wolle.

Das waren die zwei Pole, zwischen denen Demirtaş sich bewegte. Und die er zusammenführen musste, um eine Chance zu haben bei der Wahl am 7. Juni 2015. Denn die mehr als drei Jahrzehnte zuvor eingeführte Zehnprozenthürde galt immer noch. Umfragen sahen die HDP zwischen neun und elf Prozent. Auch bei der Präsidentenwahl im Jahr zuvor hatte Demirtaş es gewagt, gegen Erdoğan anzutreten. Damals holte er 9,8 Prozent der Stimmen – weit abgeschlagen vom Ergebnis der AKP zwar, aber doch ein Achtungserfolg.

Für Erdoğan stand nun viel auf dem Spiel: Die HDP könnte seinen Traum zunichtemachen, per Verfassungsänderung dem Ministerpräsidenten die Regierungsgeschäfte zu entziehen und ein Präsidialsystem in der Verfassung zu verankern. Übersprangen Demirtaş und seine Parteifreunde die Zehnprozenthürde, dann würden sie mit mindestens fünfzig Abgeordneten ins Parlament einziehen. Die seit 2002 allein regierende AKP hätte dann keine regierungsfähige Mehrheit mehr. Es wäre eine Zäsur: Die islamisch-konservative Partei hatte bisher bei jeder Parlamentswahl ihr Ergebnis verbessert. Diesmal lag sie in Umfragen bei vierzig Prozent, deutlich unter früheren Erfolgen.

Die Zuschauer im Hörsaal applaudierten, einige riefen: »Ministerpräsident Demirtaş!« Sie würden die HDP wählen, sagten hier die meisten. »Noch ist nichts entschieden, Freunde«, rief Demirtaş warnend.

Nach seinem Auftritt war er bereit, mit mir zu sprechen, aber nicht in der Universität, auch nicht in der Parteizentrale in Istanbul, sondern in einem unscheinbaren Büro mitten in der Stadt. Es gehörte einem Freund, hier konnte er Gesprächspartner treffen, ohne gleich umringt zu sein von Schaulustigen und Fans. Er ließ sich in einen Ledersessel fallen und atmete tief durch. Er wirkte angespannt, die Angriffe seiner Gegner setzten ihm zu. »Die AKP hat uns zu ihrem Hauptgegner auserkoren«, sagte Demirtaş, jedes seiner Worte abwägend. Gerade hatten regierungsnahe Blätter einen Artikel aus der »Frankfurter Allgemeinen Zeitung« ausgegraben, in dem stand, er habe sich am Büfett eines Kölner Hotels »drei Scheiben Schweinespeck auf den Teller« gelegt. Jetzt, Monate später, wurde daraus die Bezichtigung der »Gottlosigkeit«. Unbekannte verübten Dutzende Attacken auf Autos und Infostände der HDP, in mehreren Städten wurden Büros der Partei mit Sprengsätzen angegriffen. Aber am meisten schadete Demirtaş der Vorwurf, er sei ein Handlanger der PKK.

In seiner Jugend hatte Demirtaş erlebt, so erzählte er mir, wie Soldaten willkürlich Kurden verprügelten. Wie sein Bruder zu mehreren Jahren Haft verurteilt wurde, wegen angeblicher Mitgliedschaft in der PKK, dabei hatte er nur an einer Demonstration teilgenommen. Der Vater arbeitete als Installateur, das Geld war knapp, die Familie konnte sich keinen Rechtsbeistand leisten. Auch deshalb entschied Demirtaş, Jura zu studieren. Danach arbeitete er als Anwalt für eine Menschenrechtsorganisation in Diyarbakır und prangerte die Folter der Sicherheitskräfte an, vielfach wurde er von der Polizei vorgeladen und verhört. Erst wenige Jahre zuvor, Ende 2009, war seine damalige Partei, die kurdische DTP, verboten worden. Er selbst wurde wenig später zu zehn Monaten Haft verurteilt, wegen angeblicher PKK-Propaganda.

Das war seine Geschichte, eine starke Geschichte, die zeigt, wie mühsam der Weg war, aus dem tiefen Ostanatolien ins Herz der modernen Türkei. Doch er, der auf der Wahlkampfbühne so witzig, charismatisch und schlagfertig war, rasselte jetzt seine Biografie einsilbig herunter, ohne Emotionen zu zeigen. Demirtaş wollte nicht, dass seine Herkunft im Mittelpunkt des Wahlkampfs stand, denn der Kurdenkonflikt polarisierte noch immer.

Erdoğan beschimpfte ihn als den, »der hinter der Terrororganisation steht«, eine Marionette Öcalans. Mit anderen Worten: unwählbar für Türken. Aber genau diese Türken brauchte Demirtaş, um ins Parlament einzuziehen. Denn er wusste, dass es für einen Sieg nicht genügen würde, nur kurdische Wähler zu mobilisieren. Und er ahnte, dass manch ein Türke sich in der Wahlkabine doch gegen ihn entscheiden könnte. Seit Monaten bemühte er sich daher, das Image des Kurdenpolitikers loszuwerden und sich als Anti-Erdoğan zu positionieren.

Tatsächlich hatte Demirtaş den PKK-Führer auf der Gefängnisinsel Imralı besucht. Er erwähnte dessen Ansichten in seinen Reden, verbreitete sie per Twitter. »Natürlich spreche ich mit ihm«, gab Demirtaş zu. »Aber Erdoğan wollte den Friedensprozess doch auch. Er hat ihn selbst vorangetrieben.« Die HDP sei bislang als Vermittler sehr geschätzt worden, ein Sprachrohr Öcalans sei er deshalb noch lange nicht.

»Seit Erdoğan auf der politischen Bühne steht, hat sich unser Land verändert«, sagte Demirtaş anerkennend, nur um gleich darauf kritisch festzustellen: Erdoğan sei immer autoritärer geworden. Demirtaş befand sich in einem Zwiespalt: Niemand hatte so viel für die Kurden getan wie Erdoğan. Und gleichzeitig war der Präsident jetzt sein größter Gegner.

Erdoğan hatte nicht nur Fernsehprogramme und Schulunterricht in kurdischer Sprache erlaubt – unter der AKP wurde auch der Ausnahmezustand im Osten des Landes aufgehoben. Niemand wurde mehr ins Gefängnis geworfen, nur weil er kurdische Lieder hörte. Es sei »der Anfang vom Ende des Krieges« gewesen, sagte Demirtaş. Dass die Regierung offiziell Gespräche mit der PKK aufnahm, zum ersten Mal in dem seit damals drei Jahrzehnte währenden Konflikt, und dass die PKK im Gegenzug ihre

Forderung nach einem autonomen Kurdistan aufgab, waren Signale, die hoffnungsvoll stimmten.

Aber jetzt war Wahlkampf, und Erdoğan nutzte die Kurdenfrage, um die Ängste vieler Türken zu schüren und so ihre Stimmen für die AKP zu sichern. Obwohl er als Präsident zur Neutralität verpflichtet war, trat er wochenlang als Wahlkämpfer auf und forderte »am besten vierhundert Sitze« für die AKP. Dreihundertsiebenundsechzig der fünfhundertfünfzig Mandate waren mindestens nötig für Verfassungsänderungen. Mehrmals hatte die HDP gegen Erdoğans Auftritte Beschwerde bei der Wahlkommission eingelegt, jedes Mal wurde sie abgelehnt mit der Begründung, es stehe der Kommission nicht zu, das Staatsoberhaupt zu kontrollieren.

Aber auch Demirtaş setzte bei der Wahl alles auf eine Karte: Anders als früher hatte die HDP keine unabhängigen Kandidaten ins Rennen geschickt, die nicht an die Zehnprozenthürde gebunden waren. Verfehlte die Partei also die zehn Prozent, wäre sie im Parlament nicht vertreten. In diesem Fall hätte die AKP die Mehrheit sicher gehabt, denn in jedem Wahlkreis, in dem die HDP gewonnen hätte, wäre der Zweiplatzierte zum Zuge gekommen – meist wäre das der AKP-Kandidat gewesen.

»Wer einen Machtzuwachs von Erdoğan verhindern will, muss die HDP wählen.« Keinen Satz wiederholte Demirtaş so oft in jenen Tagen. Er warb um die Stimmen all jener, die sich von der AKP nicht repräsentiert fühlten oder genug von ihr hatten: Aleviten und Säkulare, Frauen, Arbeiter und junge Türken. Seine Partei hatte Frauenrechte und sexuelle Selbstbestimmung zum Wahlkampfthema gemacht, hatte Angehörige religiöser Minderheiten und einen Homosexuellen als Kandidaten aufgestellt.

»Erdoğan ist nicht an Demokratie interessiert. Er will eine Türkei für die Sunniten, er nutzt die Frömmigkeit der Menschen aus, um sich zu bereichern und seine Macht zu vergrößern«, sagte Demirtaş. Er wollte dem einen »neuen Politikstil« entgegensetzen, mit den Prinzipien Laizismus und »Gleichberechtigung für alle Religionen und Ansichten in der Türkei«.

Das waren ungewöhnliche Worte in einem Land, das so gespalten war in links und rechts, liberal und religiös. Demirtaş hoffte, dass er mit seinem Wahlprogramm mehr linke Türken überzeugen konnte, als er konservative Kurden verschreckte. Letztere wählten ohnehin eher die AKP, deren religiöse Agenda ihnen näher war.

Aber auch manche Linke zögerten, die HDP zu wählen. Sie befürchteten, die Partei könnte mit der AKP in Koalitionsverhandlungen treten und Erdoğan, im Gegenzug für eine begrenzte kurdische Selbstverwaltung, den Weg zu seiner Präsidialverfassung frei machen. Sie glaubten das auch, weil Demirtaş sich zu den Gezi-Protesten 2013 kaum geäußert hatte, um die Friedensgespräche der PKK mit der Regierung nicht zu gefährden. War nicht denkbar, dass Demirtaş in Zukunft Kompromisse mit Erdoğan eingehen würde, die jetzt noch gar nicht abzusehen waren?

Demirtaş kannte diese Befürchtungen. Deshalb betonte er nun bei seinen Wahlkampfauftritten: »Wir werden nicht diejenigen sein, die Erdoğan zu seiner Präsidialverfassung verhelfen.« Die HDP wolle vielmehr Erdoğans Machtzuwachs stoppen – vorausgesetzt, sie schaffte es ins Parlament.

Und dann wurde am 7. Juni 2015 gewählt. Das Ergebnis war eine kurdische Sensation.

Die HDP fuhr mit 13,1 Prozent ein historisches Resultat ein. Ihr gelang das Kunststück, als erste prokurdische Partei in der Geschichte der Türkei die Zehnprozenthürde zu nehmen – und das, obwohl die AKP mit ihrer Dauerpräsenz im staatlichen Fernsehen den Wahlkampf dominiert hatte. Der HDP war es gelungen, nicht nur Kurden zu überzeugen, sondern auch Türken, die genug hatten von Erdoğans Verhalten und Agenda.

Erdoğan hatte zwar in den zurückliegenden Jahren Demokratiereformen durchgesetzt, die Türkei wirtschaftlich vorangebracht und eine Annäherung zwischen Kurden und Türken möglich gemacht. Aber die Menschen waren seine Wankelmütigkeit leid, oft genug hatten sie erleben müssen, dass er plötzlich das Gegenteil von dem vertrat, wofür er kurz zuvor noch gestanden hatte, nur weil er sich davon größere Macht versprach. Sie hatten genug von seiner Überheblichkeit, die sich in den zurückliegenden Jahren herausgebildet hatte. Macht und Erfolg schienen Erdoğan zu Kopf gestiegen zu sein. Kurz vor der Wahl, beim Jahrestag der Eroberung Konstantinopels durch die Osmanen, hatte er noch erklärt: »Eroberung heißt, in Jerusalem wieder die Fahne des Islam wehen zu lassen.« Und auch der Wahltag selbst werde, »Inschallah«, eine »Eroberung« sein. Doch etliche Wähler entschieden, dass er zu oft seinen wahren Charakter gezeigt hatte: kompromisslos, aufbrausend, selbstherrlich. Sie stimmten für eine andere Partei und für eine andere Politik.

Die Organisation für Sicherheit und Zusammenarbeit in Europa, kurz: OSZE, die die Wahlen in der Türkei beobachtet hatte, lobte die »hohe Bürgerbeteiligung« und die Tatsache, dass die Wahlberechtigten »aus einer Vielzahl von politischen Parteien« ihren Favoriten hätten bestimmen können. Allerdings habe die Zehnprozenthürde den Pluralismus beschränkt, sie müsse »erheblich gesenkt« werden. Vor allem aber kritisierten die Wahlbeobachter der OSZE Erdoğan. »Der Präsident spielte eine aktive Rolle im Wahlkampf, obwohl ihn die Verfassung verpflichtet, unparteiisch zu sein und sein Amt unvoreingenommen auszuüben«, hieß es in einem Bericht, den die OSZE unmittelbar nach der Wahl veröffentlichte. Stattdessen habe Erdoğan in seiner Rolle als Staatschef an einer »außerordentlichen Zahl von öffentlichen Ereignissen« teilgenommen und diese Gelegenheiten genutzt, Werbung für die regierende Partei zu machen und Oppositionspolitiker zu kritisieren. Es habe deswegen »eine Vielzahl von Beschwerden« gegen den Präsidenten gegeben. Die Wahlbeobachter nannten mehrere solcher »unangemessenen Auftritte«: Erdoğans Rede zum Jahrestag der Eroberung Konstantinopels zählte ebenso dazu wie ein

Auftritt bei der Eröffnung eines Flughafens zwischen den Städten Ordu und Giresun am Schwarzen Meer – der Termin habe ausgerechnet wenige Tage vor der Wahl gelegen, obwohl der Airport noch nicht ganz fertiggestellt war.

Die OSZE kritisierte auch die eingeschränkte Pressefreiheit in der Türkei. Die Medienlandschaft sei zwar »lebendig«, mit einer großen Bandbreite an Sendern, Zeitungen und Zeitschriften. Medien, die der AKP kritisch gegenüberstehen, seien im Wahlkampf aber zunehmend unter Druck gesetzt und von »öffentlichen Personen und politischen Akteuren« eingeschüchtert worden. Eine Analyse der Fernsehsender – einschließlich der staatlichen – habe ergeben, dass sie insgesamt eindeutig zugunsten der AKP berichtet hätten. Vor allem der Präsident habe von »extensiver Berichterstattung« über ihn profitiert. Vor diesem Hintergrund sei bemerkenswert, dass die Wähler sich trotzdem für Pluralismus entschieden hätten, sagte Michael Georg Link, Direktor der OSZE-Behörde für Wahlbeobachtung.

Mit dem Erfolg der HDP hatte die AKP ihre Regierungsmehrheit verloren. Erdoğan musste nun beweisen, ob er verstanden hatte, wie Demokratie funktioniert. Erstmals in ihrer über ein Jahrzehnt währenden Herrschaft war die AKP gezwungen, einen Koalitionspartner zu finden. Die Wähler hatten den Politikern einen klaren Auftrag erteilt: Redet miteinander, setzt euch an einen Tisch, kooperiert, anstatt euch gegenseitig zu beschimpfen, bildet ein Regierungsbündnis. Das allerdings bedeutete: Kompromisse, Ausgleich, Berücksichtigung von Minderheitenansichten. Und das Projekt Präsidialdemokratie war damit vorerst vom Tisch.

Bislang hatte Erdoğan unter Demokratie verstanden, dass alle vier Jahre Wahlen abgehalten werden, bei denen er als Sieger hervorging. Ansonsten hatte das Volk nicht viel zu melden. Jede Kritik wurde abgebügelt, jeder Widerspruch als Feindschaft ausgelegt. Kritische Journalisten verloren ihren Job, Ermittler, die

Korruptionsvorwürfen gegen Erdoğan nachgingen, wurden entlassen oder versetzt, Demonstranten wurden mit Tränengas fortgejagt, selbst wenn sie friedlich protestierten.

Erdoğan hatte die Tatsache, dass die Mehrheit der Türken hinter ihm stand, immer als Freifahrtschein interpretiert zu tun und zu lassen, was er wollte. Der viel kritisierte Tausendzimmerpalast, in dem Erdoğan als Präsident residiert, steht architektonisch für diese Haltung: Erdoğan sieht darin einen würdigen Amtssitz, repräsentativ und modern. Seine Kritiker halten den Bau für protzig, teuer und peinlich. Und auch dass der Palast über Gesetze und Gerichtsurteile hinweg in einem Naturschutzgebiet gebaut worden ist, interessierte Erdoğan nicht, spricht aber aus Sicht der Kritiker Bände über das Amtsverständnis des Präsidenten.

Doch jetzt hatten die Wähler entschieden: Sie waren, einerseits, mehrheitlich zufrieden mit der Arbeit der Regierung, denn mit großem Abstand wurde die AKP mit 40,9 Prozent stärkste Kraft. Die größte Oppositionspartei, die CHP, lag mit 25 Prozent abgeschlagen auf dem zweiten Platz. Die rechtsextremistisch-nationalistische MHP kam mit 16,3 Prozent auf den dritten Platz und schließlich die HDP mit 13,1 Prozent auf Platz vier. Nach Bekanntwerden dieses Ergebnisses hörte man aus schlecht gelaunten AKP-Kreisen schon bald, Koalitionen hätten in der Türkei noch nie funktioniert. Sie seien der Demokratie abträglich. Noch am Wahlabend fiel das Wort »Neuwahlen«. Ein AKP-Abgeordneter sagte mir, man müsse »klare Verhältnisse schaffen«. Das also war das Verständnis der AKP von Demokratie – man ließ so lange wählen, bis einem das Ergebnis passte. Aber noch gab es Hoffnung, dass die AKP das Ergebnis akzeptieren und eine Koalition schmieden würde, auch um die Spaltung der Gesellschaft, die immer deutlich geworden war, zu überwinden.

Selahattin Demirtaş war am Tag nach der Wahl nicht zum Feiern zumute. Man freue sich über das Wahlergebnis, aber man trage nun auch eine große Verantwortung, sagte er vor Anhängern in

Istanbul. »Wir sind angetreten, um die Interessen aller Minderheiten zu vertreten, nicht nur die der Kurden.« Daran müsse man sich jetzt halten: Politik gestalten für alle Minderheiten und Benachteiligten, für all jene also, die bisher nicht gut weggekommen waren in der türkischen Politik. Demirtaş wurde von seinen Fans gefeiert wie ein Popstar. Seine Rechnung war aufgegangen, alle Versuche der AKP – und allen voran Erdoğans –, ihn als »Terroristenvertreter« oder »unislamisch« zu diffamieren, hatten nicht gefruchtet. Demirtaş hatte die Allmacht der AKP, die zu diesem Zeitpunkt dreizehn Jahren allein regiert hatte, gebrochen. Jetzt blieben der AKP fünfundvierzig Tage Zeit, eine Koalition zu bilden. Andernfalls müssten Neuwahlen anberaumt werden. Der Erfolg der HDP war eine Zäsur in der türkischen Politik.

Die Verantwortung, von der Demirtaş sprach, lastete schwer auf seinen Schultern. Auch wenn er nun wiederholte, was er auch im Wahlkampf immer wieder betont hatte, dass er nicht nur die Interessen der Kurden vertrete, so musste es jetzt doch auch darum gehen, einen dauerhaften Frieden zwischen Kurden und Türken zu sichern. Es lag auch an ihm, diesen Krieg endgültig zu beenden.

Schon in den zurückliegenden Monaten hatte Erdoğan einen neuen Kurs in der Kurdenpolitik eingeschlagen, hatte mit Blick auf die HDP vor »Terroristen« gewarnt und so getan, als habe es die von ihm angestoßenen Friedensverhandlungen nie gegeben. Aber was in den Wochen und Monaten nach der Wahl in der Türkei geschah, übertraf die schlimmsten Befürchtungen. Erdoğan und die AKP steuerten das Land gezielt ins Chaos. Der zynische Plan war, den Menschen das Gefühl von Unsicherheit und von allgegenwärtiger Aggression zu vermitteln, um sich selbst als Garant für Sicherheit und Stabilität präsentieren zu können.

Noch im Februar 2015 hatte Öcalan seine Anhänger aus seiner Gefängniszelle heraus aufgefordert, der Gewalt abzuschwören. Dies sei eine »historische Entscheidung«. Doch jetzt, nach diesem Wahlergebnis, wollte die AKP nichts mehr von Frieden wissen.

Erdoğan brach den Friedensprozess mit der PKK ab und warf ihr vor, sie habe den erneuten Ausbruch der Gewalt zu verantworten. »Die PKK hat den Friedensprozess missbraucht, um heimlich ihre Waffenlager zu füllen und Minen zu legen«, behauptete ein AKP-Abgeordneter. Fest steht: Erdoğan brauchte die Eskalation, um die absolute Mehrheit zurückzuerobern – und die HDP, die er für den Stimmenverlust seiner Partei verantwortlich machte, wieder aus dem Parlament zu drängen.

Die Gewalt begann knapp sechs Wochen nach der Wahl, am 20. Juli 2015. An diesem Tag tötete ein mutmaßlich dem IS nahestehender Selbstmordattentäter in Suruç mehr als dreißig Menschen, überwiegend junge kurdische Aktivisten, die beim Wiederaufbau der zerstörten syrischen Stadt Kobane helfen wollten. Zwei Tage später töteten PKK-Leute zwei Polizisten in ihrer Wohnung in Ceylanpınar, etwa zweihundert Kilometer östlich vom Anschlagsort. Die PKK verbreitete im Internet, die Tat sei ein Racheakt für den Terror von Suruç, da die getöteten Beamten den IS unterstützt hätten. Weitere zwei Tage später begann die Regierung mit dem Bombardement von PKK-Stellungen.

Am 18. August 2015, nicht einmal einen Monat nach Ausbruch der Gewalt, gab Ministerpräsident Davutoğlu den Auftrag zur Bildung einer Regierung an Präsident Erdoğan zurück. Eine Koalition war nicht zustande gekommen. Die HDP hatte von vornherein angekündigt, sie werde die AKP nicht unterstützen. Auch mit der CHP führten AKP-Politiker Gespräche, aber es war absehbar, dass die größte Oppositionspartei, die mit ihrem Kemalismus ein Gegenentwurf zur AKP war, nicht als Partner in Frage kam. Die nationalistische MHP schien einem Bündnis mit der AKP nicht abgeneigt zu sein, aber am Ende scheiterten auch diese Verhandlungen. MHP und AKP wiesen sich gegenseitig die Schuld zu, aber das war letztlich nebensächlich. Erdoğan hatte sich deutlich genug gegen jegliche Koalition ausgesprochen, und entsprechend handelte Regierungschef Davutoğlu nun. Damit war klar: Es würde

Neuwahlen geben. Die staatliche Wahlkommission nannte den 1. November 2015 als Termin.

In dieser angespannten Lage reiste ich im August in die Stadt Cizre, in der Provinz Şırnak, ganz in der Nähe zu Syrien und zum Irak. Von dort waren Meldungen gekommen, dass die türkische Armee die Stadt belagere, auf Wohnhäuser schieße und besonders brutal auch gegen die Zivilbevölkerung vorgehe. Die Regierung widersprach den Berichten öffentlich und nannte all das »Propaganda der PKK«.

Ich wollte mir selbst ein Bild machen. Am liebsten hätte ich einige Tage mit türkischen Sicherheitskräften und anschließend mit PKK-Anhängern verbracht, um die Geschichte aus beiden Perspektiven zu erkunden. Aber die Regierung ignorierte meine Anfragen. Einige junge PKK-Leute hingegen, deren Kontakte ich durch türkische Kollegen bekommen hatte, luden mich sofort ein, sie zu besuchen. Sie, aber auch die Einheimischen, sprachen sehr bereitwillig mit mir. Man spürte, dass sie dankbar waren für die Gelegenheit, von ihrem Leid zu berichten, jemandem davon erzählen zu können, wie ungerecht behandelt sie sich fühlten. Türkische Medien schrieben schon lange nicht mehr über die Situation der Menschen in den Kurdengebieten, sei es, weil sie die Regierungssicht vertraten, sei es, weil sie Angst hatten, etwas zu publizieren, was die Mächtigen verärgern könnte.

Nun war ich also mitten im Kriegsgebiet. Als der gepanzerte Polizeiwagen um die Ecke bog, zog sich der junge Kommandeur der kurdischen Miliz die Maske ins Gesicht. »Feuerzeug!«, befahl er einem noch jüngeren Kerl, der neben ihm stand. Der Maskierte nahm eine Feuerwerksrakete und schoss sie in den nächtlichen Himmel. Seine Mitstreiter wussten nun: Die Polizei ist da, der Kampf kann beginnen.

Kurdische Jugendliche gegen die türkische Staatsmacht, so verlief die Front in Cizre. Wer befürchtete, die Türkei könnte in den Bürgerkrieg der Achtziger- und Neunzigerjahre zurückfallen, musste nur hierherkommen, in den äußersten Südosten des Landes. Hier hatte der Krieg längst wieder begonnen.

Cizre ist eine Stadt mit etwa hunderttausend Einwohnern. Die Grenze zu Syrien ist nur zwei Kilometer entfernt, bis in den Nordirak fährt man etwa dreißig Kilometer. Die meisten Einwohner der Stadt sind Kurden, die Polizisten und Soldaten aber allesamt Türken. Die jugendlichen Kämpfer, die ich traf, gehörten der YDG-H an, einer Jugendorganisation der PKK. Unterstützt wurden sie vom syrischen PKK-Ableger YPG, weshalb an den Häuserwänden mal die YDG-H, mal die YPG mit Graffiti gefeiert wurde. Seit die Türkei damit begonnen hatte, nicht nur gegen den IS, sondern vor allem gegen kurdische Kämpfer in Syrien, im Irak und sogar im eigenen Land Luftschläge zu fliegen, lieferte sich die YDG-H in dieser Stadt eine blutige Schlacht mit der Polizei.

»In Deckung!«, schrie der Kommandeur, der für die PKK-Jugend kämpfte. Aus Richtung des Polizeiwagens wurde geschossen. Es war scharfe Munition, die Geschosse schlugen in eine Wand ein, Steinsplitter regneten herab.

»Hurensöhne!«, murmelte einer der kurdischen Kämpfer. Er stopfte Lunten in mit Benzin gefüllte Bierflaschen. Als das Polizeifahrzeug sich langsam weiterbewegte, zündete er den Molotowcocktail an und warf ihn in Richtung der Sicherheitskräfte. Die Flasche zerplatzte auf der Straße, eine Stichflamme schoss in die Höhe.

Weitere Kämpfer mit Pistolen und Kalaschnikows tauchten auf. Sie sahen, dass ich sie anstarrte. »Wir schießen damit nicht auf die Polizei«, sagte einer.

Aber wozu dann diese tödlichen Waffen?

»Damit unsere Feinde uns ernst nehmen.« Als der gepanzerte Wagen einen Moment stehen blieb, stellte sich der Kämpfer für ein paar Sekunden mit seiner Maschinenpistole demonstrativ in die Mitte der Gasse. Auf Provokation folgte Gegenprovokation, auf Gewalt Gegengewalt. Der Irrsinn des Krieges wurde in den Straßen von Cizre deutlich.

Während manch einer in der Türkei die Hoffnung gehegt haben mag, mit dem Einzug der HDP würde der drei Jahre zuvor begonnene Friedensprozess fortgesetzt und die Türkei ein friedliches, pluralistisches Land werden, wuchsen in Cizre die Spannungen. Die Menschen hier verheimlichten nicht, dass sie Sympathien für die PKK hegten. Die Kämpfer der Milizen wurden als Beschützer empfunden, vor Kriminellen, aber auch vor staatlicher Gewalt.

»Seit die jungen Leute hier für Ordnung sorgen, gibt es kaum noch Verbrechen, keine Drogen und keine Prostitution«, sagte ein Händler. So oder ähnlich äußerten sich viele. An Hauswände und Mauern in der ganzen Stadt war das Konterfei von Öcalan gesprüht, unverkennbar mit dem buschigen Oberlippenbart.

»Erdoğan hat mit den Luftangriffen gegen die PKK angefangen«, sagte der Kommandeur mit der Maske. Das Bombardement auf Stellungen kurdischer Milizen sei »eine Kriegserklärung an alle Kurden«. Er verschwieg, dass die PKK noch vor Beginn der Operation der türkischen Luftwaffe damit begonnen hatte, Polizisten und Soldaten zu erschießen und sie mit Bomben in die Luft zu sprengen. Er nannte das, was die PKK machte, nicht beim Namen: Terror. Ich bezeichnete es ihm gegenüber so.

»Wer terrorisiert wen?«, fragte der Kommandeur nun aufgebracht. »Töten wir schuldlose Teenager? Treten wir wie Besatzer auf und unterdrücken alle, die nicht so sind wie wir? Nein, die türkische Polizei macht das!« Den Sicherheitskräften gehe es nicht darum, die PKK zu bekämpfen, schon gar nicht, den IS zu besiegen. Sondern nur darum, Chaos zu verbreiten und den Kurden eine Lektion zu erteilen. »Erdoğan und seine Leute wollen Neuwahlen und sich selbst als die Guten und Starken präsentieren. Die HDP soll aus dem Parlament gedrängt werden.«

In den Monaten vor meinem Besuch in Cizre waren in der Stadt acht Jugendliche von Sicherheitskräften getötet worden, unter anderem bei Solidaritätskundgebungen für die syrische Grenzstadt Kobane. Die Polizei behauptete stets, bei den Getöteten habe sich um Terroristen gehandelt, um Mitglieder von YDG-H oder YPG.

Wie im Fall von Hasan Nerse, einem siebzehnjährigen Schüler.

Er war eine Woche zuvor zu später Stunde mit drei Freunden im Auto unterwegs, als Polizisten sie in der Stadt stoppten und zum Aussteigen aufforderten. Die Freunde liefen weg, da sie Schläge oder Schlimmeres befürchteten. Hasan blieb stehen. Trotzdem eröffneten die Polizisten das Feuer und trafen ihn in beide Knie. Hasan fiel zu Boden, schrie vor Schmerzen. Die Polizisten legten ihm Handschellen an und fesselten seine Füße.

»Bist du Kurde oder Türke?«, brüllte ihn ein Polizist an.

»Kurde«, antwortete Hasan.

Der Polizist zückte seine Pistole und drückte ab.

Eine Kugel traf Hasan in die Brust. Er verblutete.

Der Gewaltakt lässt sich überprüfen. Mehrere Augenzeugen haben die Schüsse gefilmt und fotografiert. Die Bilder belegen, dass die Polizei einen in diesem Moment wehrlosen Jungen erschossen hat.

Hasans Vater Haci Nerse, ein Lastwagenfahrer, saß in seinem Garten, als er mir Fotos seines Sohnes zeigte. »Mein Junge«, sagte er und schaue sich die Bilder auf seinem Smartphone an. »Er war niemals ein Kämpfer«, sagte er. »Heute genügt es wieder, ein Kurde zu sein, um dafür umgebracht zu werden.«

In jener Nacht, als ich in Cizre war, dauerte das Gefecht an. Die kurdischen Milizen hatten Barrikaden aus Autoreifen errichtet, Straßen mit Steinen abgesperrt und Gräben ausgehoben, damit die Sicherheitskräfte nicht zu ihnen vordringen konnten. Im Gegenzug hatte die Polizei mit Bulldozern und gepanzerten Wagen willkürlich Gartenmauern zerstört und fuhr nun über private Grundstücke, um die Hindernisse zu umgehen.

Aus mehreren Stadtteilen stiegen Feuerwerksraketen in die Luft. Schüsse hallten durch die Viertel. Die Berge rings um die Stadt brannten. Auf mehr als tausend Metern Höhe loderten die

Flammen in den Himmel, im Mondschein sah man den Qualm aufsteigen. Der Geruch von Feuer mischte sich mit dem von Tränengas. Die Armee hatte die Wälder angezündet, weil sie glaubte, dass sich dort PKK-Mitglieder versteckten. Am nächsten Morgen zeugten Einschusslöcher in den Wänden und zerstörte Mauern von den Kämpfen.

Und auch bei Tageslicht hörte die Gewalt nicht auf. Ein Mann ging eine Straße entlang. Plötzlich sackte er zusammen. Aus seiner Brust quoll Blut. Eine Kugel hatte ihn in den Rücken getroffen und seinen Körper durchdrungen. Ein paar Männer, die herbeieilten, vermuteten, dass die Polizei auf ihn geschossen habe. Sie brachten den Schwerverletzten in ein Krankenhaus. Die Ärzte schickten ihn ins nächstgrößere Hospital, nach Diyarbakır, drei Autostunden von Cizre entfernt. Er wird überleben, sagten sie.

Dort, wo der Mann zusammengebrochen war, standen eine Stunde später einige Nachbarn. Plötzlich tauchten Polizisten in einem gepanzerten Wagen auf und beschossen sie mit Tränengas. Dreimal feuerte sie. Vielleicht um zu demonstrieren, dass sie die Macht hatten in dieser Straße. Und dass sie noch eine Menge Kartuschen übrig hatten vom nächtlichen Kampf.

Die türkischen Medien schrieben nichts über den Schuss auf den Mann, so wie sie auch über den toten Hasan Nerse kaum ein Wort verloren. Dafür berichteten sie über den Tod von zwei Soldaten, die in der Nacht bei einem Bombenattentat der PKK in der dreißig Kilometer entfernten Provinzhauptstadt Şırnak ums Leben gekommen waren. Es war ein Terrorakt, den die Regierung wieder dazu nutzen würde, ihrerseits Gegenmaßnahmen zu rechtfertigen. Die Öffentlichkeit erfuhr nur von der Gewalt der einen Seite. Doch wer für das Wiederaufflammen der Gewalt verantwortlich war, spielte ohnehin fast keine Rolle mehr.

In den folgenden Wochen und Monaten wurden Tausende Menschen bei Bombardements aus der Luft, Artilleriebeschüssen, Anschlägen und Häuserkämpfen getötet, PKK-Mitglieder, kurdische Zivilisten, türkische Sicherheitskräfte. Ich reiste mehrmals nach Diyarbakır, eine Stadt, die als Hauptstadt der Kurden in der Türkei gilt. Auch hier lieferten sich staatliche Sicherheitskräfte und junge kurdische Milizen Kämpfe, die Auseinandersetzungen fanden vor allem in der Altstadt statt.

Ich besuchte die Kobürgermeisterin Gültan Kışanak. Als ich in ihrem Büro saß, vibrierten dort die Fensterscheiben. Alle paar Minuten donnerten Kampfflugzeuge über das Rathaus von Diyarbakır, sie flogen Richtung Kandil-Berge im Nordirak. Dort, in der Autonomen Region Kurdistan, bombardierte die türkische Luftwaffe seit dem 24. Juli 2015 Stellungen der PKK. Jedes Mal, wenn ein Flugzeug sich näherte, unterbrach Kışanak das Gespräch und schloss die Augen.

Kışanak, Mitte fünfzig, eine kräftige Frau mit schulterlangen grauen Haaren, saß mir in ihrem rosafarbenen Blazer gegenüber und machte nicht den Eindruck, als würde sie das Dröhnen der Flugzeuge einschüchtern. Sie war seit dem Frühjahr 2014 Kobürgermeisterin von Diyarbakır, die erste Frau in diesem Amt. Die HDP, die hier bei der Parlamentswahl im Juni 2015 über achtzig Prozent der Stimmen bekommen hatte, schrieb vor, dass alle wichtigen Posten doppelt besetzt werden müssen, mit einem Mann und einer Frau. Obwohl sie kaum Kurdisch sprach, hatte Kışanak schon lange für die kurdische Sache gekämpft, aber nie mit Gewalt, wie sie sagte. Sie, die Kurdin, die sich unwohl fühlte, wenn sie Kurdisch sprach, war ein Beispiel für die Politik der Repression, für den Versuch, alles Kurdische auszulöschen, Sprache, Traditionen, Identität.

Als am Wahlabend klar wurde, dass die HDP den Sprung ins Parlament geschafft hatte, wurde nirgendwo mehr gefeiert als in Diyarbakır. Die Menschen tanzten in den Straßen, hupende Autos fuhren durch die Stadt, es gab ein Feuerwerk. All das war gerade einmal drei Monate her, doch jetzt war die Stimmung düster. Mit Einbruch der Dunkelheit wurde es still in der Stadt, die Läden schlossen früh, die Menschen blieben aus Angst zu Hause. Wie in vielen kurdischen Städten kam es in Diyarbakır fast täglich zu Kämpfen.

Mehrere kurdische Städte wurden mit Ausgangssperren belegt, teilweise wochenlang. Telefon und Internet funktionierten nur selten, die Leitungen wurden gekappt, damit PKK-Kämpfer sich nicht absprechen und die Menschen nichts in den sozialen Medien posten konnten. Manchmal gelang es doch, Fotos hochzuladen, von einer Frau mit Baby im Arm, die verblutete, während ihr Kind schwer verletzt überlebte, oder von einer alten Frau, die auf dem Gehsteig lag. Wer sich auf die Straße wagte, galt als Terrorist und war zum Abschuss freigegeben. Auf den Dächern positionierten sich Scharfschützen, die gnadenlos auf jeden feuerten, der die Ausgangssperre missachtete. Freunde zu besuchen oder auch nur Lebensmittel oder Trinkwasser zu besorgen wurde zu einer lebensgefährlichen Unternehmung.

Das bekam auch die Familie Çağırga in Cizre zu spüren. Cemile, die zwölfjährige Tochter, wollte nur kurz frische Luft schnappen an einem milden Freitagabend im September 2015 und das Gefühl der Enge loswerden, das die Ausgangssperre mit sich brachte. Es war zwanzig Uhr, die Dunkelheit war über die Stadt hereingebrochen, und in der Ferne sah Cemile das Feuer in den Bergen. »Aber nicht auf die Straße!«, hatte Ramazan, ihr Vater, ihr noch zugerufen.

Draußen waren, wie so oft in diesen Tagen, Schüsse zu hören. Plötzlich krachte es ganz in der Nähe. Cemile, langes Haar, braune Augen, Perlenstecker im Ohr, brach auf der Stelle zusammen. Ein Geschoss hatte das Holztor zum Garten durchschlagen und das Mädchen tödlich getroffen. Augenzeugen berichteten, dass es aus einem gepanzerten Fahrzeug abgefeuert worden war.

»Wir haben gehofft, dass Cemile lebt«, sagte ihr Vater, als er mir die Ereignisse schilderte. »Wir trugen sie ins Haus, aber es war nichts zu machen.« Der Vater versuchte, einen Krankenwagen zu organisieren, der den Leichnam hätte abholen können. Aber niemand kam, wegen der Schießereien und der Ausgangssperre. Tagsüber stiegen die Temperaturen immer noch auf über vierzig Grad, und so räumten sie die Kühltruhe aus, viele Vorräte hatte die Familie ohnehin nicht mehr, wickelten den Leichnam in Plastikfolie und froren ihn ein. Drei Tage lang lag die tote Tochter in der Truhe, bis endlich ein Wagen kam und sie in die Pathologie eines Krankenhauses in Şırnak brachte. Einen Tag später wurde sie beerdigt.

Die Familie hatte schon einmal Angehörige durch einen Angriff türkischer Sicherheitskräfte verloren. 1992 starben ein Großvater, eine Schwester, mehrere Tanten und Onkel von Ramazan Çağırga, insgesamt sieben Menschen. Damals wurde dasselbe Haus beschossen, vor dem jetzt Cemile starb.

Und so, wie es wieder Tote im Haus der Çağırgas gab, schien sich jetzt auch die Eskalation der Gewalt zu wiederholen, die man schon überwunden geglaubt hatte. Der blutige Bürgerkrieg nahm wieder seinen Lauf.

Präsident Erdoğan erklärte allen Ernstes, »all das« wäre nicht passiert, würde eine Partei – er meinte die AKP, ohne sie beim Namen zu nennen – vierhundert Abgeordnete im Parlament stellen, hätte also eine Partei eine Zweidrittelmehrheit, um die Verfassung zu ändern, ein Präsidialsystem einzuführen und ihn noch mächtiger zu machen. Die Zeitung »Hürriyet« kritisierte Erdoğans Aussage, und prompt marschierten an zwei aufeinanderfolgenden Tagen AKP-Anhänger mit Stöcken und Steinen zum Redaktionsgebäude in Istanbul. Die aufgebrachte Menge drohte den Journalisten und konnte nur mit Gewalt daran gehindert werden, in das Gebäude einzudringen. Einmal wurden die Randalierer sogar vom AKP-Abgeordneten Abdurrahim Boynukalın angeführt. Der warf der Zeitung vor, sie sei »dasselbe wie die PKK«, und tönte, »nach dem 1. November werden wir sie alle rausschmeißen«. Später tauchte ein Video auf, in dem zu sehen und zu hören war, wie Boynukalın unter Gelächter seiner Fans sagte, diese Journalisten hätten noch nie eine ordentliche Tracht Prügel bezogen. Nach der Wahl, mit einer allein regierenden AKP, sollte ein neuer Wind wehen. Boynukalıns Worte waren als Drohung an alle politischen Gegner zu verstehen.

Bei Bekanntwerden des Videos bemühte sich Premierminister Davutoğlu abzuwiegeln: Da habe doch bloß einer etwas dahergeredet. Doch bezeichnender war, dass die Istanbuler Staatsanwaltschaft ein Verfahren eröffnete – weder gegen Boynukalın noch gegen einen der Randalierer, sondern gegen »Hürriyet«, wegen »Propaganda für eine terroristische Organisation«. Auch Journalisten anderer Medien beklagten ein Klima der Angst. Es gebe eine regelrechte Hetzjagd gegen Regierungskritiker.

Erneut traf ich Selahattin Demirtaş, den Kochef der HDP. Er wirkte niedergeschlagen, aber auch wütend. »Die AKP hat die Koalitionsverhandlungen absichtlich scheitern lassen und will uns, die HDP, kriminalisieren, indem sie uns als Terroristen bezeichnet, gegen Einzelne von uns Prozesse anstrebt und uns in die Nähe der PKK rückt«, sagte er. »Die AKP provoziert einen Bürgerkrieg, um sich für einen Verlust ihrer Mehrheit zu rächen.«

Ein paar Tage nach diesem Gespräch stürmten AKP-Anhänger, Islamisten und Nationalisten Büros der HDP im ganzen Land und zündeten die Gebäude an. Aus Ankara twitterte ein HDP-Mitarbeiter: »Unsere Zentrale wird angegriffen. Die Polizei kommt ihrer Aufgabe nicht nach.« In Istanbul marschierten kurdenfeindliche Jugendliche mit Fackeln durch die Straßen und riefen: »Wir wollen keine Militäroperation, wir wollen ein Massaker!« In Hunderten Orten fuhren am Tag nach diesen Attacken hupende Autos mit wehenden türkischen Flaggen durch die Straßen und feierten die Gewaltorgie. Kurden ließen Geschäfte vielerorts lieber geschlossen. Es waren Szenen, die an die Pogromnacht vom September 1955 erinnerten, als in Istanbul die griechische Minderheit vertrieben wurde.

Demirtaş, sonst stets darauf bedacht, besonnen zu klingen, ließ sich nach dieser Gewaltorgie gegen seine Partei zu einem emotionalen Appell hinreißen. »Wenn sie kommen, um euer Haus, euren Arbeitsplatz, eure Partei oder euer Parteigebäude anzugreifen, euch zu lynchen und zu töten, dann habt ihr das Recht, dafür zu sorgen, dass sie es bereuen, überhaupt geboren worden zu sein. Selbstverteidigung ist das Recht eines jeden Lebewesens. Jeder sollte, ohne unschuldige Menschen anzugreifen und im angemessenen Rahmen und den Gesetzen entsprechend, sich selbst und unsere Parteigebäude verteidigen.«

PKK-Gründungsmitglied Cemil Bayık, der alle Aufrufe der HDP zur Waffenruhe ignoriert hatte, drohte seinen Gegnern, sie würden »ab jetzt leiden«. »Ihre Mütter werden es bereuen, sie geboren zu haben«, sagte er und kündigte an, den Kampf, der sich bisher auf den Südosten der Türkei konzentrierte, auf den Westen des Landes auszuweiten und in die Städte zu tragen.

Es waren Worte, die viele Türken in ihrer Meinung bestärkten: Sie sahen die PKK als treibende Kraft hinter der Destabilisierung der Türkei. Regierungsnahe Medien erinnerten in diesen Tagen besonders häufig daran, dass die PKK nicht nur in der Türkei, sondern auch in Europa und Amerika als Terrororganisation eingestuft wurde. Gleichwohl würden westliche Politiker und Journalisten die PKK neuerdings »romantisieren«, weil die Kurden den IS bekämpften.

Es war keineswegs sicher, ob das Kalkül Erdoğans, mit der erneuten Eskalation des Kurdenkonflikts mehr Stimmen für die AKP zu gewinnen, aufgehen würde. Umfragen zeigten, dass viele Anhänger der HDP der Partei wegen der Gewalt der PKK den Rücken kehrten, sie gleichzeitig aber neue Wähler gewann, weil immer mehr Türken den Kurs des Präsidenten kritisch sahen. Mit jedem toten Soldaten oder Polizisten wuchs die Wut, nicht nur auf die PKK, sondern auch auf Erdoğan, dem inzwischen selbst Islamisten vorwarfen, den Wahlerfolg der AKP über Menschenleben zu stellen.

Zum ersten Mal seit meiner Ankunft in der Türkei im Sommer 2013 spürte ich, wie die Stimmung in der Bevölkerung zu kippen drohte. Manche türkischen Freunde sagten, sie überlegten, ihrem Land den Rücken zu kehren und anderswo ein neues Leben zu beginnen. Deutsche Freunde in Istanbul erwogen, ihre Zelte dort vorzeitig abzubrechen und nach Deutschland zurückzukehren.

Aber noch war die Bedrohung weit weg. Das Töten fand vor allem im von Kurden bewohnten Südosten der Türkei statt, in Cizre, Diyarbakır, Nusaybin, Silopi und anderen Städten. Als mehrere Kommunen die Selbstverwaltung ausriefen und sich damit von der Türkei lossagten, steigerte sich die Gewalt noch einmal. In vielen Orten hatten nun junge Kurden mit Kalaschnikows, Molotowcocktails und Steinen das Sagen.

Von Ankara, Istanbul oder Izmir aus wirkte das wie Nachrichten aus einer fernen Welt. Und dann rückte die Gefahr plötzlich näher.

Für den 10. Oktober 2015, drei Wochen vor der geplanten Neuwahl, hatten mehrere Parteien, Organisationen und Aktivisten zu einem Friedensmarsch nach Ankara eingeladen. Tausende Menschen fanden sich vor dem Hauptbahnhof ein. Sie sangen, riefen Sprechchöre, als plötzlich zwei Explosionen jeden Rest an Hoffnung auf Frieden zerstörten: Zwei Selbstmordattentäter sprengten sich in die Luft, mehr als hundert Menschen starben, über fünfhundert wurden verletzt. Das ganze Land stand unter Schock.

Zwar machten die Sicherheitsbehörden wieder den IS als Drahtzieher der Anschläge aus, aber diesmal prägte der Regierungschef Davutoğlu den Begriff »Cocktailterrorismus«: Die Tat sei eine Gemeinschaftsaktion von PKK, IS und linksextremistischen Gruppen, um der Türkei und der AKP-Regierung zu schaden. Es klang wenig plausibel, dass ausgerechnet PKK und IS, die sich als Erzfeinde gegenüberstanden und sich in Syrien bis aufs Blut bekämpften, hier Partner im Kampf gegen die Türkei sein sollten. Doch Davutoğlu störte das bei seiner Analyse nicht. Hauptsache, es verfestigte sich das Bild, dass dunkle, mächtige Kräfte sich gegen die Türkei verbündet hatten.

Drei Wochen vor dem Wahltermin war die Stimmung so aufgeheizt, dass viele AKP-Anhänger gewillt schienen, Davutoğlu zu glauben. Der Ministerpräsident müsse doch wissen, wovon er spreche, schließlich verfüge er über Geheimdiensterkenntnisse, und wer weiß, vielleicht hatten sich die Gegner der Türkei tatsächlich im Kampf vereint. Der AKP gelang es, die Neuwahl zu einer Frage von Krieg und Frieden zu machen. Nur unter der Herrschaft der AKP, betonten Politiker dieser Partei, könne es stabile Verhältnisse geben. Erdoğan selbst hatte die Neuwahl zu einer »Wir gegen den Rest der Welt«-Entscheidung stilisiert.

Bis zum Wahltag am 1. November 2015 glaubte ich, dass die Menschen in der Türkei dieses üble Spiel doch durchschauen müssten. Dass sie sehen müssten, dass die AKP sich zwar an geltendes türkisches Recht hielt, aber ihrem Vorgehen etwas Undemokratisches anhaftete. Es schien mir so offensichtlich, dass die AKP den Wählerwillen, der seinen Ausdruck im Ergebnis vom Juni gefunden hatte, nicht akzeptierte, dass Erdoğan auf ungeheuerliche Weise Ängste schürte und Stimmung machte.

Die Wahl zeigte mir, dass ich falschgelegen hatte.

Die AKP erhielt diesmal 49,5 Prozent der Stimmen. Knapp neunzig Prozent aller Wahlberechtigten hatten ihre Stimmen abgegeben, es war eine bemerkenswert hohe Wahlbeteiligung – und ein eindeutiger Regierungsauftrag an die AKP. Erdoğan verstand das Ergebnis auch als Zustimmung zu seinem Kurs, das Land zu einem Präsidialsystem umzuformen, sich künftig also per Verfassung noch mehr Macht einzuräumen und sich zum Alleinherrscher zu machen. Die HDP verlor viele Wähler, aber mit 10,8 Prozent gelang ihr immerhin erneut der Einzug ins Parlament.

Erdoğan ließ sich Zeit, das Wahlergebnis zu kommentieren. Wie schon im August 2014, als er zum Staatspräsidenten gewählt worden war, besuchte er am Tag nach der Abstimmung um fünf Uhr morgens zunächst die Istanbuler Eyüp-Moschee. Das erste Gotteshaus an dieser Stelle hatte Sultan Mehmed II. nach der Eroberung Konstantinopels 1453 erbauen lassen. Dort sprach Erdoğan ein Dankesgebet.

Danach trat er, umringt von Bodyguards, Fans und Journalisten, vor die Mikrofone. Das türkische Volk, sagte er vor der Moschee, habe »die großen Intrigen« durchschaut. Und dann richtete er seine Worte an ausländische Korrespondenten. »Warum respektieren die internationalen Medien nicht unseren nationalen Willen?« Von sich selbst in der dritten Person sprechend, erklärte er: »Sie zeigen uns seit jenem Tag, an dem das türkische Volk Erdoğan mit zweiundfünfzig Prozent zum Präsidenten wählte, keinen Respekt. Bis heute nicht. Man muss sie fragen: Ist das euer Verständnis von Demokratie?«

Erdoğans Plan war aufgegangen. Die AKP hatte die Neuwahl gewonnen und konnte alleine regieren, auch wenn ihr die verfassungsändernde Zweidrittelmehrheit fehlte, um ein Präsidialsystem einzuführen. Aber dafür, hieß es aus der AKP, werde man schon eine Lösung finden.

Menschen wie Selahattin Demirtaş und Gültan Kışanak haben indes keine Gestaltungsmacht mehr. Sie sitzen wegen des Vorwurfs der Terrorunterstützung im Gefängnis.

Freund und Feind: Die ganze Welt gegen uns

Ich war erst ein halbes Jahr in der Türkei, da erlebte ich Folgendes: Ich saß im Taxi in Istanbul, der Fahrer fragte mich in holprigem Englisch aus, woher ich komme, wie mir die Stadt gefällt, was ich so mache. Ich antwortete, so gut ich konnte, auf Türkisch. Ich hatte gerade einen Anfängerkurs hinter mir.

Als ich ihm auf die Frage, weshalb ich in Istanbul lebte, antwortete, dass ich Korrespondent für ein deutsches Medium sei, bremste er plötzlich, mitten auf einer vierspurigen Straße. Hinter uns hupten Autos, er ignorierte es, fuhr rechts ran, drehte sich zu mir nach hinten – alles Freundliche war aus seinem Gesicht gewichen – und fuchtelte mit dem Zeigefinger herum. Den Motor ließ er laufen.

»Sie!«, sagte er mit bebender Stimme. »Sie und Ihre Kollegen sind verantwortlich für die ganzen Unruhen in meinem Land! Sie stiften diese Leute doch an und streuen Gerüchte über Korruption!« Dann zeigte er auf die Tür. »Verlassen Sie mein Taxi!« Ich merkte, dass es nichts bringen würde, mit ihm zu diskutieren. Sollte er doch glauben, was er wollte. Ich stieg aus und fuhr mit der Straßenbahn weiter.

Und doch war ich verwundert über dieses Erlebnis. Warum reagierte jemand so irrational und emotional? Wieso machte er mich für etwas verantwortlich, von dem er doch gar nicht wusste, ob und inwieweit ich damit etwas zu tun hatte? Und sah er die Probleme nicht, die die Türkei hatte? Glaubte er wirklich, die Gezi-Proteste, die erst ein paar Monate zurücklagen, hätten keinen innenpolitischen Anlass gehabt, sondern wären von außen angezettelt worden, um der Türkei zu schaden?

Fortan antwortete ich Fremden, die mich fragten, was ich

beruflich machte, ausweichend. Notfalls erzählte ich ihnen, ich sei Deutschlehrer.

Ich stellte fest, dass viele Menschen in der Türkei von frühester Kindheit an lernen, unangenehmen Wahrheiten nicht ins Auge zu sehen, sondern bessere Wahrheiten zu erfinden. Diese erfundenen Wahrheiten werden zum Mainstream, und wer es wagt, eine andere Position zu vertreten, also eine abweichende Haltung zu haben, begeht etwas Ungeheuerliches, weil er etwas viel Größeres in Frage stellt. Er stellt sich ins Abseits und muss schwere Folgen in Kauf nehmen, von einfachen Diffamierungen bis hin zu Morddrohungen. So wie geistliche Autoritäten in unterschiedlichen Religionen sich für unfehlbar erklären, indem sie für sich beanspruchen, unangreifbare Wahrheiten zu verkünden, und jeden der Häresie bezichtigen, der es wagt, sie und ihre Wahrheiten in Frage zu stellen, funktioniert in der Türkei auch die Politik.

Weite Teile der türkischen Gesellschaft beziehen ihre Identität aus ihrer Liebe zur Nation, und zwar über alle sozialen Schichten und politischen Lager hinweg. An diese Identität klammern sie sich und erkennen in jeder noch so leisen Kritik am Staat, an der Politik, an der Kultur, an der Religion einen feindseligen Akt. Ein kleines bisschen kann ich diese Haltung sogar nachvollziehen, denn sie speist sich aus vielen Erfahrungen in der türkischen Geschichte. Nach dem Ersten Weltkrieg wollten die Siegermächte das Osmanische Reich zerschlagen und unter sich aufteilen – die Erfahrung, dass das Fremde feindselig ist, hat tiefe Spuren hinterlassen. In den Jahrzehnten der Republik machten viele Türken die Erfahrung, dass sie von ihren eigenen Landsleuten verachtet werden für das, was sie sind, nämlich einfache, gläubige Menschen. Es verwundert nicht, dass sie Erdoğan, der ihnen ihr Selbstvertrauen wiedergab, feiern und ihre Identität mit neuem Stolz verteidigen – auch wenn sie dabei mitunter über das Ziel hinausschießen.

Und Erdoğan und seine AKP machten ebenfalls die Erfahrung, dass ihnen selbst dann Feindseligkeit entgegenschlug, wenn sie sich um mehr Demokratie bemühten. Auf außenpolitischer Bühne zeigte ihnen die EU die kalte Schulter, und in der Innenpolitik verweigerte ihnen die Opposition jede Unterstützung bei echten Reformen. 2007 legte die AKP einen Verfassungsentwurf vor, der so liberal war wie keiner zuvor in der Geschichte der Türkei und der ein parlamentarisches, kein präsidiales System vorgesehen hätte. Die Opposition lehnte den Entwurf ab und beschloss stattdessen, die AKP zu verbieten. Die AKP, die immerhin die Regierungsmehrheit hatte, wehrte sich. Ab 2008 begann Erdoğan, Gegner verhaften und für lange Zeit ins Gefängnis werfen zu lassen, und griff damit zu Methoden, die man eigentlich überwunden glaubte. Erdoğan gewann den Machtkampf gegen die Opposition und wusste, dass er seine Position künftig nur sichern konnte, wenn er auf Rechtsstaatlichkeit und demokratische Prinzipien keine allzu große Rücksicht nahm.

Durch diese historischen Erfahrungen ist in der Türkei, und in der türkischen Politik im Besonderen, ein bemerkenswertes Erklärungsmuster entstanden, das keine Selbstkritik kennt: An allen schlechten Dingen seien nie die Türken, die türkische Regierung oder die Türkei schuld, sondern stets eine fremde Macht im Ausland oder im Inland, ein bösartiger Geheimdienst, ein starker Feind, eine fehlgeleitete Opposition, die allerdings auch vom Ausland gesteuert werde, denn ein echter Türke würde nicht von sich aus so denken und handeln. Dieses Erklärungsmuster macht es offensichtlich einfacher, Missstände und Unzufriedenheit auszuhalten, aber eine ehrliche Selbstbetrachtung und eine kritische Auseinandersetzung mit den tatsächlichen Ursachen der Probleme im Land sind dadurch nahezu unmöglich.

Türken lieben Verschwörungstheorien, wie so viele Menschen auf der Welt. Aber so ausgeprägt und allumfassend wie in der Türkei habe ich diese Vorliebe selten erlebt. Die weitverbreitete Haltung ist: alle gegen uns und wir gegen alle.

Nach Ansicht der türkischen Regierung gibt es eine »ausländische Verschwörung« gegen ihr Land: Die Türkei sei in den vergangenen Jahren wirtschaftlich aufgestiegen, was im Ausland zu Neid und Missgunst geführt habe. Nun versuche das Ausland, die Türkei wo immer möglich wieder zu schwächen und klein zu halten. Davon sind die Verschwörungstheoretiker fest überzeugt, und diese Erklärung stößt auch in der türkischen Bevölkerung auf erstaunlich offene Ohren.

Einer dieser Verschwörungstheoretiker, die regelmäßig zur Höchstform auflaufen, ist Yiğit Bulut, Journalist, Kolumnist der regierungsnahen Zeitung »Star« und einer der wichtigsten Berater Erdoğans. Bei den Gezi-Protesten vermutete er, die Lufthansa habe die Demonstranten bezahlt, um Unruhe zu stiften und um Istanbul zu diskreditieren. Sie habe auf diese Weise den Bau des dritten Flughafens von Istanbul verhindern wollen, damit der neue Airport, einer der größten der Welt, nicht zum Drehkreuz für Millionen von Passagieren aus Deutschland werden könne, denn das würde ihr eigenes Drehkreuz in Frankfurt am Main gefährden. Dazu habe die deutsche Fluggesellschaft sich des britischen Senders BBC, der »jüdischen Zinslobby« und des US-Geheimdienstes CIA bedient. So abstrus das klang, fiel diese Theorie dennoch auf fruchtbaren Boden: Viele Menschen in der Türkei glaubten tatsächlich, die Lufthansa habe die Gezi-Proteste angefacht, und langfristig blieb bei ihnen hängen: Deutschland will der Türkei schaden.

Ein anderes Mal behauptete Bulut, die »internationale Zinslobby« wolle die Türkei wirtschaftlich in die Knie zwingen. Das sei nur deshalb nicht bekannt, weil Deutschland zwei Drittel der türkischen Medien kontrolliere, fabulierte er. Dann wieder behauptete Bulut, ausländische Geheimdienste hätten es auf Erdoğan abgesehen und versuchten, ihn mit Hilfe von Telekinese, also von okkulten Kräften, zu töten, weil er aus der Türkei ein »Modell für die Welt« geformt habe und nun zu mächtig geworden sei. Auch diese Äußerungen fanden rasche Verbreitung in der Türkei, und erstaunlich viele Menschen nahmen sie für bare Münze. Immerhin stammten sie von einem Berater Erdoğans, und der musste ja die Wahrheit sagen.

Ein weiterer Meister der Verschwörungstheorie ist, neben Bulut, Ibrahim Melih Gökçek, seit 1994 Oberbürgermeister von Ankara. Gökçek war Mitglied verschiedener Parteien und zählt jetzt zu den radikaleren Kräften in der AKP. Täglich attackiert er über Twitter Oppositionelle, Journalisten, eigentlich die ganze Welt. Einmal behauptete er, der damals amtierende US-Präsident Barack Obama habe den IS erschaffen. Ein anderes Mal schrieb er, ausländische Mächte würden künstliche Erdbeben in der Türkei verursachen. Europa sieht er immer wieder als Feind der Türkei, der die türkische Regierung im Kampf gegen den Terror im Stich lasse. Ausländische Medien seien reine »Propagandainstrumente«, deren einziges Ziel es sei, Erdoğan und die Türkei zu beleidigen. Gökçek schreckt auch nicht davor zurück, Journalisten per Twitter an den Pranger zu stellen und sie namentlich als »Spione« zu diffamieren. Bei bald vier Millionen Menschen, die Gökçek auf Twitter folgen, hat das für den Betroffenen meist eine Flut von Drohungen zur Folge. Und da Gökçek immerhin Oberbürgermeister der türkischen Hauptstadt ist und stets in Anzug und Krawatte auftritt, glauben ihm viele Menschen alles, was er von sich gibt.

Nationalismus und Islamismus verstärken die Tendenz der Menschen, in der Türkei und im Islam das einzig Gute und Wahre zu sehen, ihre eigenen guten Eigenschaften zu verklären und die schlechten zu ignorieren. Und vor allem: Sie schauen nicht allzu genau auf das, was die politisch Verantwortlichen tun. Deren Macht bleibt auf diese Weise ungefährdet.

Kein Wunder also, dass Erdoğan Leuten wie Bulut und Gökçek keinen Einhalt gebietet, sondern solche Unwahrheiten sogar selbst verbreitet. Bis heute bin ich mir nicht sicher, ob er dem Unsinn wirklich Glauben schenkt oder ob er die Verschwörungstheorien nur nutzt, um seine Macht zu festigen und seine Gegner zu diskreditieren. Jedenfalls hatte ich den Eindruck, dass Lügen und Verschwörungstheorien sich problemlos in das Weltbild vieler Erdoğan-Anhänger integrieren ließen, denn sie hatten bei all ihrer Begeisterung für ihren großen Führer möglicherweise den klaren Blick auf die Realität verloren.

Ich lebte noch nicht einmal ein Jahr in Istanbul, als ich die Wucht dieser Emotionen – blinde Verehrung für Erdoğan und überschäumenden Hass für jeden, der es wagt, ihn zu kritisieren – selbst zu spüren bekam. Sie überrollte mich völlig unerwartet. Ich war unterwegs in Soma, jener Stadt in der westtürkischen Provinz Manisa, in der es zum schwersten Bergwerksunglück in der Geschichte des Landes gekommen war.

Ich hörte zuerst in Istanbul von dem Unglück, als man noch von einem einzigen Toten sprach. Der Energieminister nannte später zwanzig Todesopfer, widerrief seine Aussage jedoch. Am nächsten Morgen hieß es dann, es seien zweihundert Menschen gestorben. Ich entschied, so schnell wie möglich nach Soma fahren, um vor Ort recherchieren und berichten zu können. Zusammen mit einem Kollegen machte ich mich auf den Weg. Wir fuhren mit einer Fähre von Istanbul über das Marmarameer nach Bursa und mieteten dort ein Auto. Als wir vier Stunden später, am Nachmittag, in Soma ankamen, waren die Rettungskräfte immer noch dabei, Überlebende und Tote zu bergen. Helfer verteilten Trinkwasserflaschen. Einige Verletzte wurden von Sanitätern versorgt, andere liefen verwirrt umher. Als man Listen aufhängte mit den Namen der Überlebenden und in welche Krankenhäuser sie gebracht worden waren, drängten sich an den Tafeln Hunderte von Menschen. Jeder suchte verzweifelt nach seinem Angehörigen. Über all dem lag der Geruch von Feuer. Am Ende stand fest: Mehr als dreihundert Menschen waren in Folge einer unterirdischen Explosion und fehlender Sicherheitsvorkehrungen ums Leben gekommen.

Premierminister Erdoğan hielt am Tag nach der Katastrophe eine Rede in Soma, direkt am Schacht, vor Überlebenden und bangenden Angehörigen. Ich kannte ihn von Wahlkampfauftritten als begnadeten Populisten, als guten Redner, der die Sprache seiner Zuhörer spricht und sie abzuholen weiß, wo sie gerade stehen. Aber sein Auftritt in Soma war bizarr. Die Menschen waren ihm gegenüber feindselig gesinnt, etwas, das Erdoğan bei öffentlichen Auftritten nicht gewohnt war. Sie erwarteten Antworten von ihm, sofort. Vielleicht erwarteten sie auch nur Trost und ein Zeichen, dass er zu ihnen stand.

Aber Erdoğan zeigte nichts davon. Statt den Menschen sein Mitgefühl auszusprechen, belehrte er sie über die Geschichte von Bergwerksunglücken. Die, sagte er, gehörten nun einmal zum Bergbau dazu. In England, erklärte er den Zuhörern, denen man ansah, dass sie ihren Ohren nicht trauten, seien in den Jahren 1862, 1866 und 1894 mehr als zweihundert, dreihundertsechzig und zweihundertneunzig Bergarbeiter bei Unglücken ums Leben gekommen. In Frankreich seien 1906 sogar mehr als tausend Menschen gestorben, in Japan 1914 fast siebenhundert. Er zählte noch weitere Unglücke auf, und mit jedem weiteren Wort wuchs die Wut seiner Zuhörer, die das Gefühl hatten, in ihrem Unglück allein gelassen zu werden – in einer Situation, wo sehr wohl darüber zu diskutieren war, inwiefern der Staat mit fehlenden Regeln zum Schutz der Bergarbeiter oder laschen Kontrollen eine Mitverantwortung an der Katastrophe trug.

Ein aufgebrachter Bergarbeiter, noch schwarz von Ruß im Gesicht, der die ganze Nacht geholfen hatte, seine Kollegen zu bergen, erzählte mir später: »Ich hätte so etwas bis jetzt nicht geäußert, aber nun möchte ich Erdoğan nur sagen: Scher dich zum Teufel!«

Ich zitierte den Mann in einem meiner Artikel zu dem Unglück, weil seine Worte die Gefühle der Menschen in Soma gut zusammenfassten. Zwar wählten sie auch hier mehrheitlich die AKP und waren treue Erdoğan-Anhänger, aber nach dem Unglück war die Stimmung eindeutig gekippt. Wütende Bürgerinnen und Bürger der Stadt gingen auf die Straße und demonstrierten gegen die Regierung. »Mörder! Mörder!«, riefen sie und hielten Bilder von Erdoğan hoch. Von angereisten AKP-Politikern wurden sie beschimpft. In Soma und den umliegenden Dörfern tauchten Polizeieinheiten mit Wasserwerfern und Tränengas auf, um Demonstrationen gewaltsam aufzulösen. Sogar am Unglücksort erschienen Polizisten mit Schutzschilden.

Ich wurde Augenzeuge von Auseinandersetzungen zwischen Polizei und AKP-Leuten auf der einen und Bergarbeitern und deren Angehörigen auf der anderen Seite. Ein Berater Erdoğans trat einen jungen Demonstranten und wurde dabei fotografiert. Erdoğan selbst geriet mit einem jungen Mann aneinander, der Vorfall wurde gefilmt. Auf dem Video ist zu sehen, wie Erdoğan den Demonstranten maßregelt. »Benimm dich!«, schleudert er ihm entgegen. »Es passiert, was passiert. Das ist Gottes Vorsehung. Wenn du den Premierminister dieses Landes ausbuhst, wirst du geohrfeigt!« Nicht ganz verständlich ist, ob er dem Mann auch »Brut Israels!« an den Kopf wirft, es klingt jedenfalls so. Denkbar wäre es, Erdoğan hat sich häufiger in diesem Stil geäußert. Ein danebenstehender Mann antwortet daraufhin: »Selbstverständlich werden wir geohrfeigt, Herr Premierminister. Wir lieben Sie so sehr, aber wir leiden.« Das Bild vom tretenden Berater und das Video vom wütenden Regierungschef gingen um die Welt und zeigten, mit welcher Herablassung die Mächtigen den Menschen von Soma begegneten.

Das Zitat des aufgebrachten Bergarbeiters, den ich in Soma interviewt hatte, machte SPIEGEL ONLINE zur Überschrift meines Artikels: »Scher dich zum Teufel, Erdoğan!«

Eine Kollegin aus der Redaktion in Hamburg hatte mich kurz vorher angerufen, als ich wieder am Schacht stand, wo Familien bange darauf warteten, ob ihr Vater, Bruder, Ehemann oder Sohn doch noch lebend gerettet werden könnte, und wo Menschen sich auf die geborgenen Toten stürzten und sie beweinten. In dem Moment, als ich telefonierte, zerrte eine Frau jedem Toten, der aus dem Schacht getragen wurde, die Decke vom Gesicht, um nachzusehen, ob es sich um ihren Mann handelte. Jedes Mal schrie sie auf, und ich war mir nicht sicher, ob vor Erleichterung darüber, dass es sich nicht um ihren Mann handelte, oder aus Schmerz, weil das Schicksal ihres Mannes weiter ungewiss blieb. Ich fragte mich noch: Warum kümmert sich niemand um diese Frau? Warum bringt sie niemand weg?

»Ist die Zeile so in Ordnung?«, kam die Stimme aus dem Telefon.

Ich dachte kurz nach. Ein Zitat ist selten eine perfekte Lösung, aber hier traf es die beschriebene Stimmung gut.

»Passt«, sagte ich knapp.

Damit war das Telefonat beendet.

Ich fuhr in das Krankenhaus von Soma, um mit Überlebenden zu sprechen, später in die Leichenhalle im benachbarten Dorf Kırkağaç, wohin alle Toten aus dem Bergwerk gebracht wurden und wo Familien ihre toten Angehörigen identifizieren mussten. Später fuhr ich zur ersten von einer ganzen Reihe von Massenbestattungen, sah, wie Männer Dutzende Gräber aushoben, wie Tausende Menschen ihre Angehörigen beerdigten, wie sich lautes Wehklagen über diesen viel zu kleinen Friedhof in Soma legte. Allein bei dieser einen Beerdigungszeremonie wurden mehr als fünfzig Menschen gleichzeitig zu Grabe getragen. Immer wenn mehrere Reporter einen weinenden Mann oder eine um Fassung ringende Frau bedrängten, erwartete ich, dass diese Menschen sagen würden: Genug, es reicht! Aber stattdessen fingen sie an, von ihrem Unglück zu erzählen und Fragen nach den Ursachen zu stellen.

Die Menschen waren wütend. Sie wollten wissen, wie solch eine Katastrophe passieren konnte, warum lange geforderte Schutzmaßnahmen nicht getroffen, warum Sicherheitsstandards nicht eingehalten wurden. Doch auf Fragen nach ihrer Verantwortung blieben die Regierenden die Antworten schuldig. Weder gaben sie

Auskunft, was sie bisher getan hatten, um Unglücke wie dieses zu verhindern, noch äußerten sie sich dazu, was sie zu tun gedachten, damit sich so etwas nicht wiederholen kann. Stattdessen hielt Erdoğan seine als herzlos empfundene Rede.

Auch die Soma Holding, die private Betreiberin der Mine, äußerte sich nicht gegenüber den Medien und verbot es den Bergarbeitern und den Bergungstrupps, mit Journalisten zu reden – doch daran hielten sich viele nicht. Firmenchef Alp Gürkan heizte die Stimmung noch an, indem er erklärte, es gebe keinerlei gesetzliche Verpflichtungen, Rettungskammern in Bergwerken zu bauen. Das Fehlen einer solchen Kammer war den Männern nach der Explosion zum Verhängnis geworden – viele von ihnen waren erstickt. Doch Gürkan sagte nur: »Auf unserer Seite gab es kein schuldhaftes Verhalten.« Zwei Jahre zuvor hatte er in einem Interview mit der Zeitung »Hürriyet« damit geprahlt, die Kosten für den Kohleabbau von einhundertdreißig auf knapp vierundzwanzig Dollar pro Tonne gesenkt zu haben. Eine Antwort auf die Frage, inwieweit das zu Lasten der Sicherheit der Arbeiter ging, war er schuldig geblieben.

»Scher dich zum Teufel, Erdoğan!«, stand jetzt also bei SPIEGEL ONLINE über meinem Artikel aus Soma. Diese Überschrift löste einen gewaltigen Sturm der Entrüstung aus, und ich war mittendrin. Nur bekam ich in Soma nichts davon mit. Ich sah einige Beschimpfungen in sozialen Medien und erhielt einige per E-Mail, aber das war ich seit Jahren gewöhnt. Erst als ich wieder in Istanbul im Büro war, als ich bei Facebook und Twitter vorbeischaute, wurde mir klar, was los war.

Für viele Anhänger Erdoğans war die Überschrift zu viel. Es ließ sich nicht mehr rekonstruieren, wer damit angefangen hatte, aber auf einmal wurde das Zitat mir zugeschrieben. Nun war ich derjenige, der Erdoğan beschimpft hatte. Unter dem Hashtag #ScherDichZumTeufelDerSpiegel startete eine Kampagne in den sozialen Medien, auf Deutsch, Türkisch und Englisch. Mehrere tausend Beschimpfungen und Drohungen erreichten mich auf diesen Plattformen und per E-Mail.

»Du musst ein Jude sein!«, schrieb mir jemand auf Twitter. Einer, der mich für einen Hindu hielt, dem die Kuh heilig ist, teilte mir mit: »Ich esse Rind!« Ein anderer, der meine pakistanische Herkunft entdeckt hatte, ließ mich enttäuscht wissen: »Und ich dachte, Pakis sind Muslime und wären Freunde der Türken?! Verräter!« Dann wiederum war ich »BND-Spion«, ein »Scheiß Nazi« oder auch einfach nur »typisch deutsch«.

Bilder von Bundeskanzlerin Angela Merkel in Nazi-Uniform und mit Davidstern auf einem vermeintlichen SPIEGEL-Cover tauchten auf. Jetzt gab es kein Halten mehr. Bei der Verteidigung ihres Idols war den Erdoğan-Fans jedes Mittel recht. Jetzt musste die deutsche Nazi-Vergangenheit für Beleidigungen ebenso herhalten wie die NSU-Morde. Den Hetzern im Netz diente der Verweis darauf, dass Deutschland selbst »genug Dreck am Stecken« habe, als unschlagbares Argument, weshalb deutsche Journalisten gefälligst nicht kritisch über die Türkei zu berichten hätten. Da wurden Dinge gegeneinander aufgerechnet, die nichts miteinander zu tun hatten.

Manche ließen sich originelle Beschimpfungen wie »Du lügst schneller, als ein Pferd scheißen kann« einfallen. Doch die meisten Beleidigungen und Hassmails waren nicht sonderlich kreativ. »Hurensohn« und »Ich fick' deine Mutter« wurde mir hundertfach mitgeteilt. Dass sich Formulierungen inklusive Rechtschreibfehlern wiederholten und manche Twitter-Nutzer einzig mir folgten, deutete darauf hin, dass es ein systematisches Vorgehen gab. Obwohl ich das Land und seine Bevölkerung mag, war ich im Internet plötzlich Türkeis Staatsfeind Nummer eins.

Janna schaute sich den Hass, der mir online entgegenschlug, gar nicht erst an. Ich überflog das meiste nur. Wir beschlossen, den Sturm vorbeiziehen zu lassen. Aber dann posteten die Aufgebrachten Fotos von mir, versehen mit dem Kommentar: »Das ist der jüdische Feind unseres geliebten Premierministers!«Dazu tauchten Sätze auf wie:»Wenn ich dir auf der Straße begegne, schneide ich dir die Kehle durch.«Eine Mitarbeiterin der AKP sagte mir, ich hätte mit dieser Reaktion rechnen müssen, wenn ich so eine kritische Überschrift wähle –»selbst wenn das nur ein Zitat ist«. Andere Regierungspolitiker, mit denen ich telefonierte, rieten mir, ich solle die Angelegenheit nicht zu ernst nehmen.»Wir Türken sind hitzköpfig, aber wir vergessen auch schnell«, sagte mir einer. Immerhin löschte Twitter die meisten Morddrohungen.

Türkische Nachrichtensender griffen das Thema auf, zeigten Fotos von mir, die sie im Internet gefunden hatten, und beschuldigten mich, Erdoğan beleidigt zu haben und»Desinformation« zu betreiben. Erdoğan selbst erklärte auf einer Parteiveranstaltung, ausländische Medien würden»falsche und manipulierte« Nachrichten über das Grubenunglück verbreiten. Ich hatte verstanden, dass er tatsächlich glaubte, Kritiker durch ein einziges Wort oder durch einen einzigen Blick zum Schweigen bringen zu können. Und er ließ Meinungsverschiedenheiten in einer völlig unangemessenen Art und Weise eskalieren, die eine Lösung oder wenigstens ein friedliches Miteinander trotz unterschiedlicher Auffassungen nahezu unmöglich machte. Der größte Teil der türkischen Presse war von Erdoğan und der AKP entweder schon auf Linie gebracht oder eingeschüchtert worden. Jetzt richtete sich der gebündelte Zorn der Medien immer häufiger gegen uns ausländische Journalisten.

Dieses Mal traf es mich.

Die Drohungen nahmen zu und wurden immer aggressiver. Um dem zu entgegnen, schrieb ich einen Artikel, in dem ich erklärte, wie es zu der Überschrift gekommen war und dass es sich dabei um ein Zitat handelte, nicht um meine persönliche Meinung. Dieser Text wurde auch auf Türkisch veröffentlicht, um die Gemüter zu beruhigen.

Aber es nützte nichts, im Gegenteil: Nun griffen auch regierungskritische Zeitungen das Thema auf und machten mich zu ihrem Kronzeugen, der endlich einmal Erdoğan die Meinung geigt. Für sie war ich ein Held, ein mutiger Journalist, der ausspricht, was viele sich nicht zu sagen trauen. Politiker von Oppositionsparteien bedankten sich bei mir für die »mutigen Worte«.

Mir wurde klar: Die Wahrheit interessierte niemanden mehr, hier wollte jeder nur vom Aufruhr profitieren. Ich konnte noch so oft sagen, dass ich keineswegs meine Meinung kundgetan hatte, sondern dass es sich um ein Zitat handelte – meine Worte stießen auf taube Ohren. Hass von der einen, Lob von der anderen Seite, der Graben durch die türkische Gesellschaft verlief plötzlich durch mein E-Mail-Postfach, ich wurde als Freund und Feind zugleich instrumentalisiert.

Janna und ich begannen, darüber nachzudenken, vielleicht doch für ein paar Tage nach Deutschland zu gehen und zu warten, bis sich die Lage beruhigt hatte. Aber wir verwarfen diesen Gedanken sofort wieder. Er kam uns absurd vor: Da waren wir von Islamabad nach Istanbul gezogen, weil die Sicherheitslage in Pakistan sich verschlechterte – und nun das! In Pakistan verlieren die Menschen die Beherrschung, wenn sie den Islam oder den Propheten Mohammed beleidigt sehen. In der Türkei, einem laizistischen Staat, galt es anscheinend schon als Blasphemie, wenn ein Arbeiter nach einem Grubenunglück den Regierungschef beschimpfte. Dabei wollte die türkische Republik doch modern sein, westlich, mit vielspurigen Autobahnen und Shoppingmalls, jedenfalls dachte ich das.

Doch viele Türken empfinden Kritik an ihrer Regierung als Angriff auf ihren Nationalstolz und akzeptieren erstaunlich unaufgeregt, dass im Zweifelsfall die bedingungslose Loyalität zu Staat und Regierung wichtiger ist als Demokratie, Presse- und Meinungsfreiheit. So war das auch bei den Gezi-Protesten im Jahr zuvor gewesen: Als die Demonstrationen brutal niedergeschlagen wurden, nahm das eine Mehrheit der Türken zu meinem Verwundern einfach so hin. Offensichtlich empfanden viele die Proteste als antitürkisch.

Je länger ich darüber nachdachte, desto klarer wurde mir, dass sich in der Türkei im Zweifel niemand mit mir und alle mit Erdoğan solidarisieren würden. Immerhin schrieben mir viele Menschen – Türken, Deutsche, Fremde und Freunde – lange E-Mails, sprachen mir Mut zu, boten mir ihre Wohnung als Fluchtort an. Sogar die AKP rief mich an: Man könne mir selbstverständlich Bodyguards zur Verfügung stellen. Aber da saß ich schon am Gate und wartete auf das Flugzeug nach Hamburg.

An einem Morgen mitten in diesem Sturm telefonierte ich mit meiner Redaktion in Hamburg.

»Alles klar bei euch?«, fragte mich ein Kollege.

Ich bejahte. Es war ja nur ein virtueller Sturm. »Ich denke, wir ignorieren das einfach und warten ab«, sagte ich.

Zur Mittagszeit rief meine Chefredaktion an.

»Wir haben uns die Sachen im Netz noch einmal angeschaut«, sagte der Kollege. »Wir haben zusammengesessen und darüber gesprochen, und wir sind der Meinung, dass es besser wäre, wenn ihr die Türkei vorerst verlasst. Es genügt, wenn es ein Verrückter ernst meint. Ihr solltet ausreisen.«

»Wann?«, fragte ich.

»So bald wie möglich. Am besten mit dem nächsten Flug.«

Mir leuchtete die Argumentation ein. Warum ein Risiko eingehen?

Der nächste Flug ging schon in drei Stunden, wir mussten aber noch unseren Sohn aus dem Kindergarten holen, unsere Sachen packen und es zum Flughafen schaffen. Das war zu knapp. Ich buchte also den Abendflug, in sechs Stunden.

Als ich Janna erzählte, dass wir auf Bitten der Redaktion sofort abreisen mussten, war sie erstaunlich gelassen. Sie schien damit gerechnet zu haben.

»Wie viele Koffer wollen wir packen?«, fragte sie.

Ich hatte keine Ahnung. Gingen wir für ein paar Tage? Für ein paar Wochen oder Monate? Oder sogar für immer? Wann würden wir in unsere Wohnung zurückkehren? Würden wir überhaupt wiederkommen? Wir hofften es sehr, denn wir wollten Istanbul nicht verlassen. Ich wollte nicht abgezogen werden, nur wegen dieser Geschichte, nach nicht einmal einem Jahr in der Türkei.

Ich rief noch einmal in Hamburg an und fragte nach.

»Kommt erst mal her, bis die Lage sich beruhigt hat, und dann sehen wir weiter.«

»Gut, aber ich werde sicherlich gefragt werden, ob ihr mich dauerhaft abzieht. Das möchte ich gerne verneinen können«, sagte ich.

»Klar. Wir reden hier nicht über deinen Abzug, es sei denn, ihr wollt nicht wieder zurück. Das könnte jeder nachvollziehen, und dann würden wir eine andere Lösung finden.«

Wir packten also drei große Koffer, so viel Zeug wie möglich, da wir davon ausgingen, dass bis zu unserer Rückkehr ein paar Wochen vergehen könnten. Janna holte unseren Sohn aus dem Kindergarten ab, und dann saßen wir auch schon im Taxi Richtung Flughafen, um für unbestimmte Zeit die Türkei zu verlassen.

Es war ein Zufall, dass Erdoğan in jenen Tagen im Mai 2014 einen Besuch in Deutschland plante. Er wollte in Köln vor seinen Anhängern in Deutschland auftreten und für seine Wahl zum Präsidenten werben. Natürlich wollte ich hinfahren und zuhören, was er zu sagen hatte. Also rief ich beim Veranstalter an, der Union Europäisch-Türkischer Demokraten (UETD), einer Lobbyorganisation der AKP im Ausland, und bat um Akkreditierung.

»Aber gerne!«, hörte ich einen Mann am Telefon sagen. »Es wäre gut, wenn Sie einen Personenschützer haben«, fuhr er fort.

»Wirklich? Wozu?«

»Sicher ist sicher«, antwortete er.

»Ich habe keinen Bodyguard und werde mir auch keinen besorgen.«

»Lassen Sie das unsere Sorge sein. Kommen Sie gerne, und wir stellen Ihnen zwei Sicherheitsleute an die Seite.«

Wozu brauchte ich Sicherheitsleute? Die Antwort bekam ich, als ich am Veranstaltungsort eintraf. Tausende Menschen standen dort vor den Eingängen, viele hatten keines der kostenlosen Eintrittstickets ergattert. Manche hielten Zettel in die Höhe: »Brauche zwei Tickets, bitte!« Es war, als erwarteten sie einen Popstar. Viele der Wartenden erkannten mich.

»Ey, bist du nicht dieser Journalist?«

»Scher dich zum Teufel!«

»Sie sind doch … oder?«

»Ich kenn dich doch!«

Ich war froh, als mich am verabredeten Ort zwei Bodyguards empfingen. Sie führten mich in die Halle. Angesichts des Andrangs herrschte Chaos, und es war unklar, wo die Journalisten sitzen sollten und wo die Kopfhörer für die Übersetzung waren. Während ich also wartete, sprachen mich immer wieder Leute an. »Das ist der von CNN!«, schrie einer. »Nein, von ARD, Mann!«, widersprach ihm ein anderer. Und immer wieder Leute, die meinten, mir sagen zu müssen: »Scher dich zum Teufel.« Zwei Reporter der regierungsnahen Zeitung »Sabah« kamen auf mich zu und riefen: »Interview! Interview!« Meine beiden Aufpasser machten grimmige Gesichter, schoben Leute, die mir zu nahe kamen, beiseite, und während der eine ständig in ein Funkgerät sprach, zischte der andere den Leuten, die mich bedrängten oder beschimpften, ein »Verpiss dich, Arschloch!« zu.

Schließlich wurde mir ein Platz zugewiesen, zusammen mit ein paar anderen Journalisten: unten in der Arena, ein paar Reihen hinter dem Stuhl, auf dem Erdoğan nach seiner Rede Platz nehmen sollte. Links, rechts und hinter mir: fünfzehn- bis sechzehntausend Menschen, junge und alte, Männer in Straßenkleidung und in Anzügen, Frauen in Kostüm und in langen Mänteln, viele mit Kopftuch. Ich merkte, wie einige auf mich zeigten. Es sprach sich herum, dass ich da war. Einige zeigten mir den Mittelfinger. Ich ignorierte sie.

Ohrenbetäubende Musik sollte die Menschen auf den Auftritt ihres großen Helden einstimmen. Mehrere Redner kündigten ihn an. Und dann kam er auf die Bühne, unter tosendem Applaus und Gejubel: Recep Tayyip Erdoğan, Ministerpräsident der Republik Türkei, Kandidat zur Präsidentschaftswahl im August 2014. Ich sah mehrere Frauen um mich herum, die weinten. Ein paar Männer fielen auf die Knie. Eine Gruppe hielt ein Banner in die Luft: »Wir sind bereit, für dich zu sterben«, war darauf zu lesen.

Achtzig Minuten lang redete Erdoğan. Zweimal erwähnte er »diesen Journalisten, der mich zum Teufel wünscht«. »Er schreibt, der Premierminister soll sich zum Teufel scheren! Kennt er etwa den Weg dorthin?«, sagte er einmal. Beide Male wurde ich von Tausenden von Menschen ausgebuht. Ich überlegte, ob ich aufstehen und das Victoryzeichen machen sollte, verwarf den Gedanken aber sofort wieder, weil ich gerne heil aus der Halle herauskommen wollte. Den Leuten um mich herum war alles zuzutrauen, und meine Bodyguards standen am Rand der Sitzreihen, also zu weit weg, um schnell genug eingreifen zu können. Ich tat so, als würde ich etwas in meinen Notizblock schreiben. Eine Kollegin, die vor mir saß, drehte sich um und flüsterte mir zu: »Geht's dir gut?« Ich nickte. Das Ganze kam mir unwirklich vor.

Während Erdoğan redete und über die deutsche Presse schimpfte, sah ich, wie eine Mappe durch die Zuschauerreihen gereicht wurde. Darin waren Artikel aus deutschen Medien, die belegen sollten, wie feindselig wir über Erdoğan und die Türkei berichteten. Ganz oben: mehrere meiner Texte aus der Türkei. Jemand hatte sich die Mühe gemacht, den Artikeln eine kurze Vita von mir hinzuzufügen. Unterstrichen war der Satz: »Er war Marineoffizier bei der Bundewehr.« Offensichtlich sollte diese Anmerkung belegen, dass ich schon von meinem Lebenslauf her aggressiv sein musste. Als mir der Ordner gereicht wurde, blätterte ich ihn interessiert durch und ließ mir nichts anmerken.

Aber die Fragen, die in meinem Kopf kreisten, wurden immer

lauter und lauter: Wo, um Himmels willen, war ich hier gelandet? Tränen für den Führer? Kniefall? Bereitschaft, für ihn zu sterben? Und Erdoğan, der auf der Bühne steht und mich beschuldigt, ich würde ihn zum Teufel wünschen, anstatt die ganze Sache richtigzustellen und seinen Fans zu erklären, dass es sich um das Zitat eines aufgebrachten Bergarbeiters handelt? Waren plötzlich alle verrückt geworden?

Kaum war die Rede vorbei, gaben mir meine Aufpasser ein Zeichen. Ich sollte zu ihnen kommen. Sie sagten mir, ich solle die Veranstaltung sofort verlassen, obwohl noch weitere Reden auf dem Programm standen. Offensichtlich hatten sie Sorge, einer der Tausenden Fans könne sich durch Erdoğans Rede ermutigt fühlen, mir etwas anzutun. Ich folgte ihrer Aufforderung widerspruchslos. Sie begleiteten mich zum Ausgang, setzten mich in ein Taxi und blieben stehen, bis ich weggefahren war.

Ich dachte über die zurückliegenden Tage nach, darüber, wie es in der Türkei Erdoğans läuft: Dort ist die Welt eingeteilt in wir und die anderen. Die anderen sind gegen uns, sie wollen uns, also der türkischen Nation, schaden, sie wollen sie unterdrücken, klein halten, spalten, besiegen. Und deshalb ist jede Geschichte, jede noch so an den Haaren herbeigezogene Behauptung recht, solange sie die vermeintlichen Feinde entlarvt und in einem schlechten Licht dastehen lässt.

Es war also sinnlos, die Anhänger Erdoğans davon überzeugen zu wollen, wie es wirklich war – sie wollten lieber jene Version glauben, die in ihr Weltbild passte. Erst mit der Wahl des US-Präsidenten Donald Trump sollte der Begriff der »alternativen Fakten« Einzug in den Sprachgebrauch halten. Doch unter Erdoğan waren in der Türkei »alternative Fakten« längst alltäglich. Und dort galt ich als Korrespondent eines deutschen Mediums eben als Feind, ob ich wollte oder nicht. Verschwörungstheorien waren der Kitt, der die türkische Gesellschaft zusammenhielt. Politikern waren diese abstrusen Geschichten nicht unangenehm oder peinlich, im Gegenteil, sie benutzten sie selbst, um Menschen hinter sich zu scharen.

Als mich meine Beschützer in Köln zum Taxi brachten, rief mir ein Zuschauer noch hinterher: »Machen Sie sich nichts draus. Wir sind wie Hunde, wir bellen laut, aber wir beißen nicht.« Auch ich war mir sicher, dass sich die Lage in ein paar Tagen beruhigen würde, dass die Geschichte in Vergessenheit geraten würde und wir in die Türkei zurückkehren könnten. Aber mir wurde auch klar, dass Politik in der Türkei auf diese Weise funktioniert und dass sich die Lage für andere Menschen, die im Kreuzfeuer standen, nicht so schnell bessern würde: Menschen, die als Terroristen gebrandmarkt und zum Abschuss freigegeben sind, weil sie als Feind identifiziert werden. Dazu zählen vor allem Menschen, die es wagen, Erdoğan zu kritisieren. Der Tod von Zivilisten wird in Kauf genommen mit der Argumentation, sie seien ja Sympathisanten von Terroristen.

Man muss nur lange genug Verschwörungstheorien und Lügen als Nachrichten und Wahrheiten verkaufen, und irgendwann werden sie zur Normalität, die niemand mehr hinterfragt. Genauso, wie man Wahrheiten nur lange genug unterdrücken und abstreiten muss, und irgendwann werden sie nicht mehr als Wahrheit anerkannt – wie der Völkermord an den Armeniern, einer der ersten systematischen Genozide des zwanzigsten Jahrhunderts. Während des Ersten Weltkriegs, in den letzten Jahren des Osmanischen Reichs, starben bei Todesmärschen und Massakern Schätzungen zufolge mehr als eineinhalb Million Menschen. Die Türkei – die Regierung ebenso wie große Teile der Opposition, also Islamisten, Nationalisten und Kemalisten – verbittet sich den Begriff Völkermord und hat erreicht, dass das Thema in der Türkei ein Tabu ist. Eine echte Aufarbeitung des Verbrechens findet nicht statt. Und jeder, der es wagt, das zu kritisieren oder gar von Völkermord zu sprechen, gilt als Feind der Türkei.

Es verwundert wenig, dass in einer solchen Gesellschaft viele fest davon überzeugt sind, dass es einen »Tiefen Staat« gibt, ein angeblicher Staat im Staate, ein Geheimbund aus Leuten in Politik, Militär, Geheimdienst, Justiz und Verwaltung, eine Organisation, die den Staat unterwandert, ihn mit kriminellen Aktivitäten aushöhlt, Menschen verschwinden lässt und umbringt und die treibende Kraft hinter Putschen ist. Ich will nicht bezweifeln, dass es Versuche gab und gibt, den Staat von innen heraus zu schwächen. Aber jahrzehntelang wurde immer wieder vor einem solchen Feind gewarnt, zuletzt ab dem Jahr 2003, als der »Tiefe Staat« versucht haben soll, die Regierung Erdoğans zu stürzen. Der »Tiefe Staat« wurde als eine böse, dunkle Macht dargestellt, gegen die es zu kämpfen gelte. Und es verwundert ebenso wenig, dass im April 2016 ein Gericht nach einem sechseinhalb Jahre dauernden Mammutprozess Schuldsprüche gegen Mitglieder der zum »Tiefen Staat« gehörenden nationalistischen Untergrundgruppe Ergenekon aufhob – und zwar wegen mangelhafter, rechtswidriger, teils fabrizierter Beweise. Für die Existenz einer solchen Organisation, urteilten die Richter, gebe es keinen Beleg. Drei Jahre zuvor waren noch Militärs, Politiker, Geschäftsleute, Journalisten und Juristen als Mitglieder von Ergenekon zu langjährigen Haftstrafen verurteilt worden. Zu Unrecht, wie sich nun herausstellte. Wer aber wirklich hinter vielen schweren Verbrechen – Morden, Entführungen, Terroranschlägen – steckte, die über Jahrzehnte verübt worden waren, blieb unaufgeklärt.

Es ist auch der türkischen Vorliebe für Verschwörungstheorien geschuldet, dass nach dem gescheiterten Putschversuch vom 15. und 16. Juli 2016 sofort ein Schuldiger ausgemacht war: die Gülen-Bewegung, eine islamische Sekte, die sich um den einflussreichen Prediger Fethullah Gülen gebildet hatte, die vor allem in der Türkei, inzwischen aber auch weltweit aktiv ist und Kindergärten, Schulen und Universitäten betreibt und deren Praktiken und Finanzierung undurchsichtig sind. Erdoğan und Gülen waren einst enge Freunde. Gülen stand jahrelang treu an der Seite Erdoğans und der AKP und hat maßgeblich zu deren Aufstieg beigetragen. Die Gülenisten, wie sie genannt werden, sind gläubige Muslime, die sich aber prowestlich, liberal und weltoffen geben und Wert auf Bildung legen. Gülen trug dazu bei, den Diskurs unter den Islamisten zu verändern, weg von Erbakans Autokratie, hin zu Toleranz gegenüber Andersdenkenden und Andersgläubigen, hin zu mehr Demokratie – dieses Bild zumindest versuchte die Organisation, von sich zu vermitteln. Gleichzeitig verfolgte sie aber politische Gegner, bedrohte Journalisten und schüchterte Kritiker ein, Seite an Seite mit Erdoğan. Anhänger, die sich von der Organisation lossagten, wurden unter Druck gesetzt. Wer sich ihr aber anschloss und Treue zeigte, den förderte sie, schickte ihn auf ihre eigenen, stark religiös ausgerichteten Schulen und finanzierte den guten Schülern eine universitäre Ausbildung.

Für Menschen aus ärmeren Familien war die Gülen-Bewegung daher oft eine Chance, gesellschaftlich aufzusteigen. Viele der jungen Menschen, für deren Ausbildung die Organisation gesorgt hatte, brachte sie schließlich im Staatsapparat unter, bei der Polizei, in der Justiz und im Militär. Das tat sie mit Wissen und Unterstützung von Erdoğan, der diese Praxis allerdings später, als das Bündnis zwischen ihm und Gülen im Sommer 2013 bei den Gezi-Protesten endgültig zerbrach und der Prediger zu seinem Erzfeind wurde, als ein »Unterwandern des Staates« verurteilen sollte, das zum Ziel habe, ihn, Erdoğan, zu stürzen.

Nach der Niederschlagung des Putsches etablierte sich in der Türkei für die Gülen-Bewegung die Bezeichnung »Gülen-Terrororganisation«, kurz: »Fetö«. Erdoğan behauptete, er habe Beweise dafür, dass Gülen hinter dem blutigen Umsturzversuch stecke, bei dem fast dreihundert Menschen starben. Rund achthundert Seiten Dokumente habe er an die US-Regierung geschickt, um eine Auslieferung Fethullah Gülens zu erwirken, der seit März 1999 in Saylorsburg, Pennsylvania, im selbst gewählten Exil lebt. Gülen war damals geflüchtet, weil eine heimlich gefilmte Rede von ihm ausgestrahlt werden sollte, in der er einer Unterwanderung des Staates durch Islamisten das Wort redete, was zu dieser Zeit zwar im Sinne Erdoğans war, jedoch als Angriff auf die republikanische Idee der Türkei gedeutet werden konnte. Ihm standen also eine Festnahme und ein Verfahren wegen Republikverrats bevor, dem er sich durch seine Ausreise nach Amerika entzog. Von dort aus soll er nach Ansicht Erdoğans dessen Sturz betrieben und im Sommer 2015 den Putschversuch organisiert haben.

Allerdings erklärten mir Quellen in Washington, dass sie bislang keinen einzigen stichfesten Beweis für diese Beschuldigung gesehen hätten. Es mag wahrscheinlich sein, dass viele Gülen-Anhänger Sympathien für die Idee eines Putsches gegen Erdoğan hegten, aber ich kenne keinen Beleg dafür, dass die Organisation hinter dem Umsturzversuch stand. Seltsam mutet vielmehr an, dass die türkische Regierung gleich in den Tagen nach dem Putschversuch Namenslisten mit angeblichen Gülen-Anhängern zur Hand hatte, mehr als hunderttausend Menschen aus dem Staatsdienst entließ und viele tausend ins Gefängnis werfen ließ – wegen Mitgliedschaft oder Unterstützung einer »Terrororganisation«, nämlich der Gülen-Bewegung.

Erdoğan hatte schon in jungen Jahren verinnerlicht, dass in der Politik starke Feindbilder helfen können, die eigene Anhängerschaft zusammenzuschweißen und die eigene Macht zu stärken, dass also das Prinzip »Alle gegen uns und wir gegen alle« zur Mobilisierung der Wähler gut funktioniert, vor allem in einer politisch weitgehend uninformierten Gesellschaft. Und dass es durchaus nützlich sein kann, Feinde größer zu zeichnen, als sie sind – oder auch welche zu erfinden.

Für uns Journalisten bedeutet das, immer besonders genau hinzuschauen, wenn Erdoğan wieder jemanden irgendeiner Tat bezichtigt oder jemanden als »Verräter«, »Spion« oder »Terroristen« bezeichnet. Es gibt eine Karikatur, die auf den Punkt bringt, was ein Populist ist. Ein Kind liegt im Bett, und es träumt, dass sich in seinem Zimmer ein Monster aufhält. Der Vater kommt ins Zimmer. Ein normaler Vater würde sagen: Da ist nichts, das hast du nur geträumt, schlaf weiter! Aber der Populist sagt: Ja, da ist ein Monster, und es ist noch viel größer und gefährlicher, als du denkst. Und nur ich kann dich beschützen! Genauso argumentiert Erdoğan. Er ist das Musterbeispiel eines Populisten. Verschwörungstheorien und Schwarzweißdenken gehören zu seinem politischen Repertoire, das ihm seit Jahren hilft, seine Macht zu auszubauen.

Und mit jeder Wahl, die er gewinnt, sieht sich Erdoğan darin bestätigt, richtig zu handeln, wächst sein Selbstbewusstsein und fühlt er sich unangreifbarer. Er ist überzeugt, dass er, weil er die Mehrheit des Volkes hinter sich hat, machen kann, was er will. Kritik an sich nimmt er natürlich persönlich – aber er versteht sie zugleich auch immer als Angriff auf die Türkei.

Schwierige Partner: Türken und Deutsche

Bei meinen Reisen durch die Türkei kam das Gespräch oft auf Deutschland. Fast jeder, den ich traf, hatte Verwandte dort. »Deutschland ist so schön!«, sagten viele. Manche schwärmten für Berlin, andere für Hamburg, München, Köln oder Stuttgart, besonders häufig fielen Städtenamen aus dem Ruhrgebiet. Die Menschen erzählten mir Geschichten von Angehörigen, die vor Jahrzehnten ausgewandert waren, als »Gastarbeiter«, und wie sie und ihre Nachfahren in der Fremde geblieben und heimisch geworden waren. Meist lautete das Fazit, sie hätten dort heute ein recht gutes Leben.

Gelegentlich ging man weiter in der Geschichte zurück und erinnerte daran, dass Deutsche und Türken Waffenbrüder gewesen seien im Ersten Weltkrieg. Man habe gemeinsame Schlachten geschlagen und oft auch gewonnen. Deutsches Reich und Osmanisches Reich, das waren doch Freunde!, sagten meine Gesprächspartner so, als müssten die Beziehungen beider Nachfolgestaaten deswegen auch heute eine besondere Bedeutung haben.

Liest man in Geschichtsbüchern, stellt man fest: Die deutsch-türkischen Beziehungen reichen nicht nur hundert Jahre bis zum Ersten Weltkrieg, sondern ein Jahrtausend zurück. Anfang des elften Jahrhunderts wurden erste Kontakte zwischen dem Heiligen Römischen Reich deutscher Nation und dem Sultanat der Rum-Seldschuken geknüpft. Die militärischen Beziehungen zwischen Deutschem Reich und Osmanischem Reich blicken auf eine nicht ganz so alte, aber doch lange Tradition zurück und reichen bis in die Mitte des achtzehnten Jahrhunderts, als Friedrich II. von Preußen der Türkei ein Verteidigungsbündnis vorschlug und anbot, »einen recht tüchtigen und vernünftigen Offizier in das türkische

Hauptquartier hinzuschicken«. Sultane bauten ihre Heere später nach deutschem Vorbild auf und wurden von deutschen Offizieren beraten.

Die Schlacht von Gallipoli im Jahr 1915, bei der es um die Vorherrschaft über die Meerenge zwischen dem Schwarzen Meer und dem Ägäischen Meer ging, steht in der Militärgeschichte bis heute sinnbildlich für das deutsch-türkische Bündnis (allerdings auch für eine Schlacht, die, ähnlich wie die von Verdun, einen unfassbar hohen Blutzoll forderte). Das Osmanische Reich, das Deutsche Reich und Österreich-Ungarn kämpften gegen das Britische Reich mit seinen Verbündeten, darunter Australien, Neuseeland und Britisch-Indien, und gegen Frankreich. Schätzungsweise hunderttausend Soldaten kamen dabei ums Leben. In Deutschland ist diese Schlacht nahezu in Vergessenheit geraten, kaum jemand hat von ihr gehört. In der Türkei hingegen gehört sie zum Gründungsmythos der Republik.

Eine Vorstellung von dem damaligen deutsch-türkischen Bündnis bekommt man bei einem Spaziergang über den Soldatenfriedhof im Istanbuler Stadtteil Tarabya, direkt am Bosporus gelegen. Dort sind insgesamt sechshundertsiebenundsiebzig deutsche Soldaten begraben. Die meisten davon ließen bei der Schlacht an den Dardanellen ihr Leben. Andere starben, als der Kleine Kreuzer »SMS Breslau«, den die osmanische Marine 1914 vom Deutschen Reich übernommen hatte, 1918 nach Minentreffern vor der Ägäisinsel Imbros sank. Heute heißt die Insel Gökçeada, auf ihr erinnert eine Steintafel an das Unglück: »Zum Gedenken an die Besatzung des deutschen U-Bootes UB 46, gefallen im Schwarzen Meer am 7.12.1916«. Das U-Boot war auf eine Mine gestoßen und bei der Explosion in zwei Teile gerissen worden. Es sank sofort, alle Besatzungsmitglieder starben. Ein angespültes Teil des Wracks wurde erst 1993 von türkischen Bergleuten entdeckt und später von der türkischen Marine geborgen.

Der Soldatenfriedhof liegt innerhalb eines Parks, der selbst ein

Zeichen für die deutsch-türkische Freundschaft setzt: Dort befindet sich die Sommerresidenz des deutschen Botschafters, eine herrschaftliche, weiße, etwas dem Zerfall preisgegebene Holzvilla, und einige weitere Einrichtungen in weißen Holzhäusern. Das ausgedehnte Gelände hatte Sultan Abdülhamid II. dem Deutschen Reich als Zeichen seiner Verbundenheit geschenkt. Heute ist der Park in Istanbul, wo der Bau von mehrspurigen Straßen, Hochhäusern und Shoppingmalls als modern und fortschrittlich gilt, eine der wenigen grünen Oasen in der Stadt, mit vielen alten, hohen Bäumen und einer einladenden grünen Wiese.

Beim Anblick dieser Gartenidylle beginnt man unweigerlich, darüber nachzudenken, ob die Türkei das Areal heute wohl lieber wieder zurücknehmen würde, sind die deutsch-türkischen Beziehungen inzwischen ja längst nicht mehr so gut, dass man dem Partner wertvolle Grundstücke überlassen möchte. Und tatsächlich vernimmt man in der Türkei immer häufiger Töne, in denen Kränkung mitschwingt. Die Türken in Deutschland würden doch wie Menschen zweiter Klasse behandelt, heißt es etwa. Man begegne ihnen nicht auf Augenhöhe. Sie hätten keine Aufstiegschancen, weil sie im Alltag diskriminiert würden und weil es in der deutschen Gesellschaft eine gläserne Decke gebe, an die sie unweigerlich stießen.

Diese – gefühlte oder reale – Diskriminierung führt mitunter dazu, dass die gut ausgebildeten, erfolgreichen Deutschtürken lieber in die Türkei zurückkehren. So erzählte mir etwa ein Zahnarzt in Istanbul, der in Deutschland aufgewachsen war, in Deutschland studiert hatte und in einer deutschen Großstadt eine gut gehende Praxis unterhalten hatte, er sei, als er mit seiner Familie eine größere Wohnung suchte, wegen seines türkischen Namens auf Schwierigkeiten gestoßen. »Ein Wohnungseigentümer sagte mir offen ins Gesicht: ›Tut mir leid, aber an Ausländer vermiete ich nicht.‹« Das sei für ihn der Auslöser gewesen, seine Praxis zu verkaufen und Deutschland zu verlassen.

Manche Türken sehen die Ursache für die anhaltende Diskriminierung bei den Deutschtürken selbst. Die Türken in Deutschland seien doch nur die Ungebildeten, die Nachfahren derer, die es in der Türkei zu nichts gebracht hätten. »Leider haben unsere Landsleute die Chancen, die ihnen ein Leben in Deutschland bietet, nicht ergriffen«, sagte mir etwa eine Geschäftsfrau im zentralanatolischen Konya. »Ich reise alle paar Wochen nach Deutschland, und ich sehe, dass die meisten Deutschtürken mental dort stehengeblieben sind, wo wir in der Türkei in den Sechzigerjahren waren. Sie sind durchschnittlich konservativer, religiöser und ungebildeter als die Menschen in der Türkei und gehören meist zu den unteren Schichten.« Als ich entgegenhielt, das sei doch sehr ungerecht gegenüber sehr vielen gebildeten, erfolgreichen Menschen, schüttelte sie den Kopf. »Die Gebildeten und Erfolgreichen sind die Ausnahme.« Trotz ihrer nicht sehr hohen Meinung von den in Deutschland lebenden Menschen mit Wurzeln in der Türkei machte meine Gesprächspartnerin aber Geschäfte mit ihnen. Am Ende schienen die gemeinsamen Wurzeln doch das größere Gewicht zu haben.

In Deutschland wiederum hörte ich in Teilen der Bevölkerung und bei rechten Politikern immer wieder eine gewisse Verachtung für alles, was mit der Türkei zu tun hat. Zuletzt verstärkte sich der Eindruck, dass man mit Erdoğan und seiner autoritären Politik endlich einen Grund gefunden habe, seiner Abneigung gegen Türken freien Lauf lassen zu können. Anstatt gezielt zu kritisieren, was zu kritisieren ist, schien es nun plötzlich einen Freifahrtschein dafür zu geben, gleich alle Türken für das verantwortlich zu machen, was Erdoğan anrichtet. Die Argumentation, man dürfe ihn und seine Politik nicht mit der Türkei als Ganzes gleichsetzen, wurde nicht von allen geteilt – war nicht auch in Deutschland eine große Mehrheit der Türken für Erdoğan?

Die Türkei war lange Zeit eines der beliebtesten Reiseziele der Deutschen, auch wenn die Zahl der Touristen wegen der politischen Entwicklungen in den letzten Jahren spürbar abgenommen hat. Etwa drei Millionen Menschen mit türkischen Wurzeln leben in Deutschland, die größte Minderheit des Landes. Und doch wissen die Deutschen erschreckend wenig über die Türkei. Ich meine das durchaus selbstkritisch, ich selbst habe mich lange Zeit nicht sonderlich für das Land, seine Bevölkerung und seine Geschichte interessiert. Türkisch ist eine der meistgesprochenen Sprachen in Deutschland, aber außer den Deutschtürken versteht kaum jemand auch nur ein Wort Türkisch. Ich rede nicht von so einfachen Dingen wie »Ich liebe dich«, »Guten Tag«, »Gute Nacht« oder »Wie geht es dir?« – wir wissen nicht einmal, was »ja« oder »nein« auf Türkisch heißt. Obwohl ich das auch erst im Sprachkurs in Istanbul gelernt habe: »evet« und »hayır«.

Als ich einmal in einer Fernsehsendung sagte, man müsse an den Schulen auch Türkischunterricht anbieten, wurde ich anschließend mit wütenden E-Mails überflutet, was mir denn einfiele, so etwas Ungeheuerliches zu fordern. Es könne doch nicht sein, dass wir jetzt Türkisch lernen müssten, empörten sich die wütenden Absender, schließlich seien die doch zu uns gekommen und müssten sich anpassen, nicht umgekehrt! Dabei hatte ich von »anpassen« gar nicht geredet, auch nicht von einem Pflichtunterricht für alle Schüler, sondern nur von der Möglichkeit, eine Sprache zu lernen, die sehr viele Menschen in Deutschland sprechen. Es wäre zudem eine Chance für Menschen mit Wurzeln in der Türkei, die Sprache ihrer Vorfahren systematisch im Schulunterricht zu erlernen, sie auch schreiben zu lernen und ihre Kenntnisse zu perfektionieren.

Richtig ist aber auch: Es gibt viele Türken in zweiter, dritter, vierter Generation, die nur schlecht Deutsch sprechen. Menschen, die seit dreißig und mehr Jahren in Deutschland leben, aber zum Arztbesuch jemanden mitnehmen müssen, der übersetzen kann. Die meisten Türken waren in den Sechzigerjahren, der Zeit des sogenannten Wirtschaftswunders, als »Gastarbeiter«

nach Deutschland gekommen. Viele der ehemaligen »Gastarbeiter«, mit denen ich sprach, sagten mir, sie hätten immer vorge-
habt, irgendwann, wenn sie genug Geld verdient hätten und in
Rente wären, wieder in die alte Heimat zurückzukehren. Sie hätten
daher die Notwendigkeit nicht gesehen, Deutsch zu erlernen, was
eine besonders schwierige Sprache sei. Aber dann hätten sie eine
Wohnung oder ein Haus gekauft, sie hätten Deutschland schätzen
gelernt und sich an die neue Heimat gewöhnt, die für ihre Kinder
oft zur einzigen Heimat geworden war. Also blieben sie.

In den Köpfen vieler Deutscher, insbesondere mancher Politiker, waren diese Menschen aber immer noch die »Gastarbeiter«,
die demnächst wieder gehen würden, keine gleichberechtigten
Mitbürger, die in Deutschland leben und mitbestimmen, mitreden,
mitgestalten würden. Bis heute hat sich die Erkenntnis, dass diese
türkischstämmigen Menschen und ihre Nachfahren mit allem,
was sie mitgebracht haben – Sprache, Kultur, Weltanschauungen,
Religion –, auf Dauer ein Teil Deutschlands sind, nicht überall
durchgesetzt.

Die Spannungen zwischen Deutschen und Deutschtürken exis-
tieren natürlich nicht erst seit Erdoğan. Ich erinnere mich an die
fremdenfeindliche Stimmung in den Jahren nach der deutschen
Wiedervereinigung, als Rechtsradikale Flüchtlingsheime und
Wohnhäuser anzündeten. In ganz Deutschland kam es in vielen
Orten, darunter in Hoyerswerda und Rostock, zu fremdenfeind-
lichen Ausschreitungen, in Westdeutschland richteten sich die
Taten oft gezielt gegen Türken. Zwei Anschläge haben sich besonders tief eingebrannt in das kollektive Gedächtnis der Türken in
Deutschland, aber auch in der Türkei: Beim Anschlag in Mölln, bei
dem zwei von türkischen Familien bewohnte Häuser mit Molotowcocktails in Brand gesetzt wurden, starben in der Nacht auf den
23. November 1992 drei Menschen, zwei Mädchen und ihre Großmutter, neun Menschen wurden zum Teil schwer verletzt. Ein halbes Jahr später, am Morgen des 29. Mai 1993, starben bei einem

Brandanschlag in Solingen auf das Haus einer Familie türkischer Abstammung fünf Menschen.

Viele Türken hatten in der Folge das Gefühl, fremd und unerwünscht zu sein in einem Land, in der Heimat, in der man seit zwanzig, dreißig, vierzig Jahren lebte. Durch die Morde verloren sie das Vertrauen in Deutschland und in ihre deutschen Mitbürger, selbst diejenigen, die bis dahin in ihrer deutschen Umgebung gut zurechtgekommen waren. Dass die deutsche Bevölkerung, deutsche Freunde und Bekannte die Erschütterung über die Anschläge nicht immer nachvollziehen konnten und die Bedrohung zum Teil herunterspielten, verschärfte das Gefühl der Isolation zusätzlich. Und so fühlten sich viele Deutschtürken alleine, ohnmächtig, verängstigt, wütend, manche kapselten sich ab, andere wurden aggressiv, schlossen sich zum Teil extremistischen Gruppen an, in dem Glauben, sich mit Gewalt jene Gerechtigkeit erkämpfen zu können, die sie von der deutschen Justiz nicht mehr erwarteten. Dabei schossen sie über das Ziel hinaus, in manchen Gruppen und Milieus galt nun das Recht des Stärkeren und die Gewohnheit, dass man Recht auf eigene Faust durchsetzt. Viele dachten darüber nach, Deutschland zu verlassen, manche taten es auch.

Auch von der deutschen Politik fühlten sich viele Deutschtürken im Stich gelassen. An der Trauerfeier für die Opfer von Mölln nahm Bundeskanzler Helmut Kohl nicht teil, er besuchte stattdessen einen Landesparteitag der CDU in Berlin. Auf die Frage von Journalisten, warum er nicht nach Mölln gereist war, erklärte sein Sprecher, diese »schlimme Sache« werde »nicht besser«, wenn die Bundesregierung »in Beileidstourismus« ausbreche. Die Anschläge geschahen in einer Zeit, als deutsche Politiker die Augen vor der Realität verschlossen und darauf beharrten, dass Deutschland kein Einwanderungsland sei – trotz der seit Jahrzehnten in Deutschland lebenden Familien aus der Türkei und anderen Ländern. Drei Tage vor dem Anschlag in Solingen hatte der Bundestag das Asylrecht verschärft und die sogenannte

Drittstaatenregelung eingeführt, wonach jeder Flüchtling, der über einen »sicheren Drittstaat« nach Deutschland kommt, hier kein Anrecht auf Asyl habe.

Für nationalistische türkische Politiker waren die Morde ein Anlass, mit antideutschen Parolen Stimmung zu machen. Seht her, wir haben es schon immer gesagt, die bringen euch um!, lautete ihre Botschaft. Bei vielen kamen solche Töne gut an – und trugen dazu bei, die Gräben zu vertiefen.

Insgesamt verschärfte sich in den Neunzigerjahren der Ton zwischen den Regierungen in Deutschland und der Türkei. 1992 verglich der türkische Premierminister Turgut Özal Deutschland mit »Hitlerdeutschland«, weil die Bundesregierung es gewagt hatte, die türkische Regierung wegen ihres gewaltsamen Vorgehens in den kurdisch besiedelten Gebieten im Südosten des Landes zu kritisieren. »Deutschland spielt sich wieder als Großmacht auf!«, sagte er. Die Zeitung »Hürriyet« bildete den deutschen Außenminister Hans-Dietrich Genscher mit Hakenkreuz-Armbinde ab. 1998 verglich Premierminister Mesut Yilmaz die EU-Politik Deutschlands mit dem Expansionsdrang der Nationalsozialisten. »Die Deutschen verfolgen die gleiche Strategie wie früher. Sie glauben an den Lebensraum«, sagte er. »Hürriyet« warnte vor einem »Hitler-Krieg«. Neue Wunden entstanden, immer wieder.

Am 9. Juni 2004 detonierte vor einem Friseurgeschäft in Köln eine Nagelbombe, die auf einem Fahrradgepäckträger montiert gewesen war. Es handelte sich um eine mit Schwarzpulver und Nägeln gefüllte Gasflasche, die von jemandem in der Nähe per Funkfernsteuerung zur Explosion gebracht wurde. Die Tat ereignete sich in der Keupstraße, einem türkisch geprägten Geschäftszentrum. Zweiundzwanzig Menschen wurden verletzt, vier davon schwer.

In den Jahren 2000 bis 2006 wurden bundesweit neun Kleinunternehmer jeweils an ihren Arbeitsorten erschossen, acht von ihnen stammten aus der Türkei, einer aus Griechenland. Immer wurde dieselbe Tatwaffe verwendet, eine Česká CZ 83, Kaliber 7,65 Millimeter Browning. Die Taten wurden als »Dönermorde« bezeichnet, es wurde eine »SoKo Bosporus« eingesetzt, die Täter wurden im Kreise der türkischen Mafia, der organisierten Kriminalität oder im Drogenmilieu vermutet. Erst 2011, fünf Jahre nach der letzten Tat, kam heraus, dass eine rechtsextreme Terrorzelle, der Nationalsozialistische Untergrund (NSU), hinter den Morden steckte. Jahrelang war bei den Ermittlungen geschlampt worden, nun wurde bekannt, dass auch die Verfassungsschutzbehörden in den Fall verstrickt waren. Diese rechtsterroristische Gruppe war außerdem für die Ermordung einer Polizistin in Heilbronn verantwortlich – und für den Nagelbombenanschlag in Köln, wie man herausfand. Angesichts dieser Terrorserie und der Unfähigkeit (oder des Unwillens) der Behörden, sie rasch und restlos aufzuklären, verwundert es kaum, dass viele Menschen mit Wurzeln in der Türkei ihr Vertrauen in den deutschen Staat verloren haben.

In dieser vergifteten Atmosphäre vermischen sich leicht Tatsachen mit Unterstellungen, wird Kritik mit Beleidigung verwechselt, behandelt man sich mit Respektlosigkeit und Verachtung, wirken Interesse und Freundlichkeit oft aufgesetzt. Umfassend, ehrlich und auf Augenhöhe miteinander zu kommunizieren fällt zunehmend schwer, geschweige denn, einander zu wertschätzen und sich in die Lage des anderen hineinzuversetzen. Die Beziehungen beider Länder sind inzwischen geprägt von Vorurteilen, Missverständnissen, Fehlern und Desinteresse – auf beiden Seiten.

Von türkischen Politikern hörte ich häufig, Deutschland stehe der Türkei feindselig gegenüber, wobei als Beleg gerne auf Deutschlands ablehnende Haltung in der Frage einer EU-Mitgliedschaft der Türkei verwiesen wird. Man mochte die Haltung von CDU/CSU in dieser Frage teilen oder nicht, tatsächlich war das Angebot einer »privilegierten Partnerschaft«, das die Union im März 2004 beschloss und als »weit über die zwischen der EU und der Türkei eingegangene Europäische Zollunion« hinausgehend anpries, ein Stück weit unehrlich. Man wollte der Türkei nicht klipp und klar sagen: Ihr werdet nie Mitglied der EU, egal, wie sehr ihr euch anstrengt! Doch die Türken verstanden das natürlich ganz genau und waren verunsichert, inwiefern ihre weiteren Reformbemühungen nur noch ein fruchtloses Hinterherhecheln hinter EU-Auflagen waren. Leider überschritt die Empörung in der Türkei über diese Ablehnung wieder einmal das Maß an akzeptabler Kritik, erneut vermutete man hinter den sich hinziehenden Verhandlungen über den EU-Beitritt einen Plan zur Schwächung des Landes. Es hieß, Deutschland neide der Türkei den wirtschaftlichen Aufstieg der vergangenen Jahre und wolle dem Land deshalb Schaden zufügen.

Umgekehrt fehlt den meisten deutschen Politiker, wie einem Großteil der deutschen Bevölkerung, ein Gespür für die Vielschichtigkeit der türkischen Gesellschaft und das Verständnis, dass sich diese Komplexität natürlich bei den in Deutschland lebenden Menschen mit Wurzeln in der Türkei widerspiegelt. Man denkt in Schablonen und spricht pauschal von »den Türken«, selbst wenn es sich um Kurden handelt. Unterschiede bemerkt man höchstens dann, wenn innenpolitische Konflikte der Türkei in Deutschland ausgetragen werden und man darauf pocht, dass »die Türken« doch bitte ihre Konflikte nicht nach Deutschland importieren sollen.

Wie kraftvoll könnte eine echte Partnerschaft zwischen diesen beiden Ländern sein, die so eng miteinander verflochten sind? Stattdessen kommen mir Deutschland und die Türkei vor wie zwei Kinder, die sich beide für die stärkeren und klügeren halten. Anstatt gemeinsam an einem Strang zu ziehen und so wirklich voneinander zu profitieren, beäugen sie sich gegenseitig kritisch, schenken sich nichts, missgönnen einander alles, unterstellen dem jeweils anderen schlechte Absichten, kennen sich gegenseitig aber kaum und wollen sich auch nicht besser kennenlernen. Leider gibt es hier keinen strengen Erwachsenen, der sagen könnte: Jetzt ist aber Schluss, rauft euch endlich zusammen!

In diesem Streit galt ich in der Türkei als Korrespondent eines deutschen Mediums als Partei, ob ich wollte oder nicht. Ich war der »deutsche Spion«, der »Terrorpropagandist«, der »Terrorsympathisant«. Seit ich mit meiner Berichterstattung über das Grubenunglück von Soma für so großen Wirbel gesorgt hatte, wurde ich dieses Etikett nicht mehr los. Jeder kritische Artikel, den ich schrieb, wurde als Angriff auf die Türkei aufgefasst. Ich spürte, dass die Enttäuschung über meine Arbeit noch größer war, weil man von mir erwartete, dass ich mit meinen pakistanischen, mithin: muslimischen Wurzeln doch mehr Verständnis für die Türkei aufbringen müsste als der gewöhnliche Deutsche! Angesichts meiner Herkunft empfanden einige meine Texte als Verrat. Der ohnehin spärliche Zugang zu regierungsnahen Politikern wurde nun noch schwieriger, viele begegneten mir, wie ich empfand, mit einer Mischung aus Furcht und Verachtung. Gleichzeitig sahen mich manche Oppositionelle als ihren Helden, als einen, der sich offen gegen Erdoğan positioniert hatte – was nicht stimmte. Ich fühlte mich von Staat und Lesern unter Dauerbeobachtung, wurde oft von türkischen Medien zu politischen Themen befragt – in den meisten Fällen verweigerte ich mich einem Interview, weil ich nicht zum Spielball türkischer Innenpolitik werden wollte – und achtete fortan sehr genau darauf, in meiner Berichterstattung weniger kritisch zu werden oder mich gar einer Selbstzensur zu unterwerfen.

Und so kam es, wie ich befürchtet hatte. Im Dezember 2015 musste ich meine Akkreditierung als Korrespondent in der Türkei verlängern, also hatte ich, wie in den zwei Jahren davor, mühsam wieder alle erforderlichen Papiere zusammengetragen, darunter ein polizeiliches Führungszeugnis – mal sagte mir jemand, es müsse eines aus Deutschland sein, also bestellte ich es, dann wieder hieß es, ich benötige ein türkisches, also fand ich einen Weg, auch dieses Dokument zu bekommen –, irgendwelche Bestätigungen der Krankenversicherung – mal genügten welche von der in Deutschland, dann teilte man mir mit, ich müsse unbedingt eine türkische Versicherung abschließen –, eine Geburtsurkunde, eine Heiratsurkunde, eine Geburtsurkunde des Kindes, eine Bescheinigung der Redaktion, dass man wirklich für sie arbeitet, eine Bescheinigung des deutschen Generalkonsulats wofür auch immer, ein Nachweis, dass man über ein Konto verfügt, zusätzlich eine spezielle Bescheinigung der Bank, ein Formular der türkischen Sozialversicherungsbehörde, für das man einen Tag damit verbrachte, diverse Unterschriften und Stempel einzusammeln, der Mietvertrag, mehrere Artikel, die man über die Türkei geschrieben hatte – und jedes Mal rätselte ich, ob ich die besonders kritischen lieber doch nicht beifügen sollte –, außerdem von allen möglichen Dokumenten Übersetzungen ins Türkische, die dann auch noch notariell beglaubigt werden mussten. Jedes Mal war es teuer, zeitintensiv und ein nervlicher Kraftakt, alle nötigen Unterlagen zu beschaffen. Aber ich hätte es, wie alle Kollegen in der Türkei, nie für möglich gehalten, dass man einem deutschen Korrespondenten die erneute Akkreditierung verweigern könnte. Ich wurde eines Besseren belehrt.

Die türkische Regierung erteilte mir zum Jahresanfang 2016 keine Akkreditierung und entzog mir damit die Arbeitsgrundlage. Nicht nur das: Als deutscher Journalist, der in der Türkei lebt, braucht man auch eine Aufenthaltsgenehmigung. Und die ist an die Pressekarte gekoppelt.

Die Akkreditierungen werden normalerweise zum Jahreswechsel erteilt, und zwar vom Presseamt, das direkt dem Premierminister untersteht. In jenem Jahr aber mussten alle deutschen Journalisten ungewöhnlich lange darauf warten. Premierminister Ahmet Davutoğlu hatte Bundeskanzlerin Angela Merkel im Frühjahr 2016 allerdings zweimal zugesichert, dass alle deutschen Korrespondenten ihre Papiere erhalten würden. Das wurde uns besorgten Journalisten von der deutschen Seite mehrfach mitgeteilt. Während andere Kollegen tatsächlich ihre Akkreditierung erhielten, bekam ich sie bis zum Schluss nicht. Zwar wurde mein Antrag offiziell nicht abgelehnt, er wurde »geprüft«. Doch weder bei den türkischen noch bei den deutschen Behörden glaubte man, dass mir die Akkreditierung noch erteilt werden würde.

Hinzu kam, dass ich Warnungen erhielt. Türkische Staatsanwälte, die der Regierung und ihrer Einflussnahme auf die Justiz kritisch gegenüberstanden, sagten mir: Wenn ich im Lande bliebe, sei denkbar, dass ich unter einem Vorwand angeklagt würde. Etwa wegen »Unterstützung einer terroristischen Organisation«, »Terrorpropaganda« oder »Beleidigung des Präsidenten«. Das sind in der Türkei üblichen Beschuldigungen gegen Journalisten, die den Mächtigen zu kritisch sind. Nur richteten sie sich bisher vor allem gegen einheimische Journalisten. Auch aus deutschen Behördenkreisen riet man mir, das Land so bald wie möglich zu verlassen, denn die türkische Seite könne die Angelegenheit sonst »eskalieren«.

Und so kam es, dass meine Familie und ich am 13. März 2016, einem Sonntag, auf dem Weg zum Flughafen von einem deutschen Diplomaten begleitet wurden. Als Vorsichtsmaßnahme. Nach quälenden Monaten der Ungewissheit und der Sorge blieb uns nichts anderes übrig, als das Land zu verlassen. Wir fürchteten um unsere Sicherheit. An unserem letzten Tag in der Türkei war meiner Familie und mir nicht nach Weggang zumute, doch die Koffer waren gepackt, die Möbel weg, Bücher, Kleidung, alle persönlichen Habseligkeiten verladen. Der Sohn war aus dem Kindergarten abgemeldet, es war auch für ihn ein schmerzlicher Abschied. Bevor wir zum Flughafen fuhren, schrieb ich eine Liste mit Telefonnummern für Janna: Kollegen, Diplomaten, Freunde in Istanbul. Für den Fall, dass ich am Flughafen festgehalten werden würde und meine Familie ohne mich ausreisen müsste.

Als ich drei Jahre zuvor in die Türkei gezogen war, voller Neugier und Interesse, hätte ich mir nie vorstellen können, dass ich eines Tages auf diese Weise aus dem Land gedrängt werden würde. Davor hatten meine Familie und ich in Islamabad, in Pakistan, gelebt. Wir dachten, Istanbul würde ein ruhiger Standort werden, ohne Terror und Repressalien. Wir sehr wir uns getäuscht hatten!

Ich kam in ein Land, das unter Erdoğan, einem begnadeten Populisten, eine Modernisierung, ein Wirtschaftswunder und einen Friedensprozess zwischen dem türkischem Staat und der kurdischen PKK erlebt hatte. In den ersten Jahren seiner Regierungszeit hatte der Premier das Land durchaus demokratisiert. Doch das änderte sich, als kurz vor unserem Umzug im Sommer 2013 von Islamabad nach Istanbul die Gezi-Proteste begannen. Erdoğan herrschte nun immer selbstherrlicher. Er ließ nicht nur Demonstranten niederknüppeln und mit Tränengas, Wasserwerfern und Gummigeschossen beschießen, sondern auch immer mehr Journalisten ins Gefängnis werfen, weil ihm ihre Berichterstattung nicht passte.

Ich war in ein Land im Umbruch geraten, in dem die Demokratie zunehmend gefährdet schien, und ich bemühte mich in meinen Berichten, die Ereignisse im Land kritisch und fair zu schildern. Doch wie viele Journalisten bekam ich zu spüren, dass der Präsident und seine Anhänger auf jede Form von Kritik allergisch reagierten. Meine Gesprächspartner, egal, ob Manager, Politiker, selbst aus der Regierungspartei AKP, Künstler, Schriftsteller, einfache Bürger, sie alle wurden vorsichtiger, verweigerten zum Teil sogar Gespräche mit dem Hinweis: »Sie wissen ja, man kann nicht offen reden. Wer weiß, was passiert, wenn herauskommt, dass ich mit Ihnen gesprochen habe?« Irgendwann bemerkte ich, wie auch bei mir selbst die Selbstzensur begann. Was konnte ich noch schreiben, mit wem konnte ich noch reden?

Wir alle wurden und werden Zeuge, wie die Türkei in den Autoritarismus abgleitet. Nie hätte ich erwartet, dass das so schnell geschehen könnte. Selbst nachdem ich die Türkei verlassen musste, hätte ich nicht damit gerechnet, dass wenige Monate später ein deutscher Journalist in der Türkei für seine Arbeit im Gefängnis landen würde.

Für türkische Kolleginnen und Kollegen ist es besonders gefährlich, sich kritisch über den Staat oder die Regierung zu äußern, nicht nur, weil sie mit Hilfe diverser Paragrafen angezeigt und vor Gericht gestellt werden können, sondern auch weil sie schnell ihre Arbeitsplätze verlieren, was unter anderem mit der Struktur türkischer Medien zu tun hat: Sie gehören meist zu großen Industriekonzernen, die von staatlichen Aufträgen abhängig sind oder sich solche nicht entgehen lassen wollen. Deshalb wagen es hochrangige Politiker, bei unliebsamer Berichterstattung beim Konzernchef anzurufen und die Entlassung des allzu kritischen Kollegen zu fordern und, sollte dem nicht Folge geleistet werden, mit der Streichung von staatlichen Aufträgen zu drohen. In den zurückliegenden Jahren haben Hunderte türkischer Journalisten auf diese Weise ihre Jobs verloren, viele von ihnen haben sogar Monate oder Jahre in Gefängnissen verbracht oder sind noch immer in Haft. Aber bis vor wenigen Monaten hätte niemand für möglich gehalten, dass die türkische Regierung sich solch ein Vorgehen bei einem ausländischen, gar einem deutschen Journalisten trauen würde.

Nachdem wir wochenlang nichts von unserem Kollegen Deniz Yücel, Korrespondent der Tageszeitung »Die Welt«, gelesen hatten, erfuhren wir, dass er seit Mitte Februar 2017 eingesperrt war, zunächst in Polizeigewahrsam, dann in Untersuchungshaft. Was wird Yücel vorgeworfen? Er hat mit Leidenschaft aus der Türkei berichtet, dem Land, aus dem seine Eltern stammen. Er selbst ist im hessischen Flörsheim am Main geboren und aufgewachsen. Dass der türkischen Regierung seine Berichterstattung nicht gefiel, verwundert nicht – ihr gefällt nichts, was in irgendeiner Form kritisch ist, und niemand, der ihre Verlautbarungen hinterfragt. Sie will keinen Journalismus, sie erwartet Hofberichterstattung.

Yücel fiel der Regierung auf, als er im Februar 2016 wagte, beim Besuch von Kanzlerin Merkel bei einer gemeinsamen Pressekonferenz mit dem damaligen Premierminister Davutoğlu eine unbequeme Frage zu stellen. Er wollte von Merkel wissen, weshalb sie von ihrer früher geäußerten Kritik an mangelnder Meinungsfreiheit und an der Missachtung von Menschenrechten in der Türkei, zum Beispiel während der Gezi-Proteste, nun nichts mehr wissen wolle und warum sie zu dem gewaltsamen Vorgehen der türkischen Sicherheitskräfte gegen Kurden schweige. Und er wies Merkel darauf hin, dass die Lage in den kurdischen Gebieten keineswegs so sei, wie Davutoğlu es gerade dargestellt hatte.

Es war eine berechtigte journalistische Frage. Merkel redete sich heraus, indem sie erklärte, die Situation im deutsch-türkischen Verhältnis habe sich nun mal geändert. Damit war für sie die Sache erledigt. Davutoğlu hingegen griff Yücel an: Das sei ja überhaupt keine Frage, die er da gestellt habe, sondern ein politisches Statement. Aber allein die Tatsache, dass er diese Frage überhaupt stellen und mithin ihn, Davutoğlu, offen beschuldigen könne, sei doch Beweis dafür, dass in der Türkei Pressefreiheit existiere, blaffte er Yücel an.

Yücel hatte seine Frage mit ein paar kritischen Sätzen zur Lage der Türkei verbunden. Er hatte Missstände angesprochen und das, was Davutoğlu vorher beschönigend dargestellt hatte, geradegerückt. Davutoğlu mochte darüber nicht erfreut sein, aber es war und ist nicht die Aufgabe von Journalisten, schmeichelhafte Dinge zu sagen und freundliche Fragen zu stellen. Davutoğlus Reaktion zeigte einmal mehr, dass die türkische Regierung mit Kritik, so, wie wir sie in einer Demokratie kennen, nicht umgehen kann. In der Türkei halten es die Mächtigen nicht für nötig, der Öffentlichkeit Rechenschaft für ihr Tun abzulegen.

Für Davutoğlu war die Angelegenheit damit aber längst nicht abgehakt, am Tag darauf legte er in einer Ansprache an die AKP-Fraktion nach. »Dieser Journalist versuchte zu provozieren und Schuldzuweisungen gegen die Türkei zu betreiben«, sagte er und verwies darauf, dass Yücel neben der deutschen auch die türkische Staatsbürgerschaft besitze. »Gut, jeder kann fragen, aber er bekommt dann auch die Antwort, die er verdient«, drohte er.

Für die der Regierung treu ergebene Presse war das der Start-schuss für eine Kampagne gegen Yücel. »Schaut mal, wer dieser PKK-Journalist ist, den Davutoğlu so souverän zurechtgewiesen hat«, schrieb die Zeitung »Sabah« und verwies auf ein Interview, das Yücel mit dem PKK-Anführer Cemil Bayık im Kandil-Gebirge im Nordirak geführt hatte. Andere Zeitungen nannten ihn einen »PKK-Anwalt« und einen »Religionsfeind«, der »arrogante, provo-zierende Fragen« stelle. Dass er auch noch einen türkischen Pass hatte, machte ihn für die Regierungssprachrohre zu einem »Ver-räter« und einem »Antitürken«.

Wie so oft bei solchen Kampagnen verhallte das Ganze nach einigen Tagen. Doch um die Weihnachtszeit 2016 erfuhr Yücel, dass er nun ins Visier der türkischen Staatsanwaltschaft gera-ten war. Der genaue Grund blieb unklar. Er hatte über E-Mails von Erdoğans Schwiegersohn Berat Albayrak berichtet, die eine Hackergruppe mit dem Namen RedHack gekapert und an die Ent-hüllungsplattform WikiLeaks weitergeleitet hatte. RedHack gilt in der Türkei als Terrororganisation – waren Yücel und alle ande-ren Journalisten, die über die mehr als fünfzigtausend E-Mails geschrieben hatten, nun ernsthaft »Terrorunterstützer«? Wieder berichteten türkische Zeitungen über Yücel, warfen ihm vor, ein »Spion« zu sein und »Propaganda für eine Terrororganisation« zu betreiben. Das Auswärtige Amt schaltete sich ein, denn nun war Yücel ernsthaft in Gefahr: Ihm drohte, wie anderen Kollegen, die die geleakten E-Mails thematisiert hatten, die Festnahme.

Als Yücel schließlich im Februar 2017 das Polizeipräsidium in Istanbul aufsuchte, um die Vorwürfe gegen ihn zu entkräften – ein mutiger Schritt, denn ihm war bewusst, welche Konsequenzen es haben könnte, wenn er sich bei der Polizei meldete –, trat das ein, was zu befürchten war: Die Polizei nahm ihn gleich in Gewahr-sam. Seit diesem Tag im Februar sitzt er im Istanbuler Bezirk Sili-vri, etwa eine Autostunde vom Stadtzentrum entfernt, in Isolati-onshaft – wofür genau, ist bis heute unklar. Möglicherweise wurde ihm die Berichterstattung über die E-Mails von Erdoğans Schwiegersohn zum Verhängnis, der zufälligerweise auch Energieminister der Türkei ist. Die E-Mails legen nahe, dass er bei Ölgeschäften möglicherweise Kontakte zum IS hatte. Vielleicht nahmen die türkischen Behörden aber auch Anstoß an dem Interview, das Yücel mit dem PKK-Anführer Bayık führte, auch wenn Dutzende andere Journalisten den Mann ebenfalls interviewt haben. Es kann auch sein, dass ihm ein unter Kurden verbreiteter Witz, den er in einem seiner Artikel zitiert hat, als »Volksverhetzung« zur Last gelegt wird. Der Witz geht so: »Ein Türke und ein Kurde werden zum Tod verurteilt. ›Was ist dein letzter Wunsch?‹, wird der Kurde vor der Vollstreckung gefragt. Er überlegt kurz und sagt dann: ›Ich liebe meine Mutter sehr. Bevor ich aus dieser Welt scheide, möchte ich noch einmal meine Mutter sehen.‹ Dann darf der Türke seinen letzten Wunsch äußern. Ohne zu zögern, antwortet er: ›Der Kurde soll seine Mutter nicht sehen.‹« Man kann das lustig finden oder nicht, Humor ist eine Frage des persönlichen Geschmacks. Aber eine Straftat? Volksverhetzung? Gefängnis? Sind die türkischen Behörden verrückt geworden?

Bislang gibt es keine Anklageschrift, und in Zeiten des Ausnahmezustands, der in der Türkei seit dem Putschversuch im Juli 2016 gilt, wäre es möglich, Yücel über Jahre in Untersuchungshaft zu halten, ohne dass überhaupt Anklage erhoben werden muss. Da Yücel für eine deutsche Zeitung schreibt und neben der türkischen Staatsbürgerschaft auch die deutsche besitzt, bewegt sein Schicksal die Menschen und die Medien hierzulande. Was ihm widerfährt, ist jedoch ein Schicksal, das viele türkische Kollegen teilen, ohne dass darüber im Ausland groß berichtet wird: Türkische Journalisten sitzen im Gefängnis, weil sie ihre Arbeit getan haben. Sie müssen Freiheitsentzug erdulden, ohne angeklagt zu sein – was die Haft zur Freiheitsberaubung macht und die Türkei zum Unrechtsstaat.

Doch immer häufiger trifft der Verfolgungswahn der türkischen Behörden auch ausländische Kollegen. Am 30. April 2017 wurde die deutsche Journalistin und Übersetzerin Meşale Tolu in Istanbul festgenommen. Sie besitzt ausschließlich die deutsche Staatsbürgerschaft, und dennoch wurden die deutschen Behörden nicht über ihre Festnahme informiert. Die Vorwürfe gegen sie sind ähnlich diffus wie gegen Deniz Yücel.

Dass ich die Türkei verlassen musste, nimmt sich dagegen vergleichsweise harmlos aus. Und doch fällt auf: Mit Deniz Yücel, Meşale Tolu und mir haben ausgerechnet drei deutsche Journalisten Schwierigkeiten mit dem türkischen Staat bekommen, die keine deutschen Wurzeln haben. Ich habe mehrfach von türkischen Oppositionspolitikern gehört, die Regierung traue sich nur deshalb, so mit uns umzugehen, weil sie denke, wir wären keine »richtigen Deutschen«, und daher spekuliere, die Bundesregierung würde sich letztlich nicht konsequent für uns einsetzen. Ich habe keinen Beweis dafür, dass es so ist. Aber wenn es so wäre, wäre es eine rassistische Haltung, die mich nicht wirklich überraschen würde. Oft genug habe ich gehört, wie sehr ein überzogener Nationalstolz und ein Wir-gegen-den-Rest-der-Welt-Gefühl, wie »Türkentum« und »türkisches Blut« das Denken und die Debatte in der Türkei prägen.

Wie steht es um die Beziehungen Deutschlands zu solch einem Land? Bemerkenswert ist: Vor eineinhalb Jahrzehnten, als die Türkei sich um Reformen bemühte, konnte die Kritik aus Berlin an der Türkei nicht laut genug sein. Jetzt, da Kritik unbedingt geboten wäre, ist die Bundesregierung leise, vorsichtig, geradezu Rücksicht nehmend. Damals wollte man auf keinen Fall, dass die Türkei Mitglied der EU wird. Heute will man die Beitrittsverhandlungen nicht beenden, will man einen klaren Schnitt und deutliche Worte vermeiden. Dabei ist jedem klar, dass die Türkei kein Mitglied in der EU werden kann, solange Erdoğan an der Macht ist und das Land immer mehr zu einer Autokratie umformt.

Die Haltung der Bundesregierung zur Türkei wird dabei, früher wie heute, von anderen, größeren Themen bestimmt. In den Neunzigerjahren wollte Bundeskanzlerin Merkel mit ihrer Ablehnung des EU-Beitritts der Türkei vor allem ein Signal nach innen senden, an die zumindest in dieser Frage überwiegend konservative Bevölkerung: »Schaut her, ich stelle mich der Türkei entgegen!« Heute ist es Realpolitik, die sie antreibt: Die Türkei ist zu groß, zu wichtig als außenpolitischer Partner, als dass sie den Bruch wagen könnte. Vor allem in einer wichtigen Angelegenheit befindet Merkel sich in einer – selbstverschuldeten – Abhängigkeit von der Türkei: in der Flüchtlingspolitik.

Im Jahr 2015 kamen Millionen Menschen als Flüchtlinge nach Europa. Tausende ertranken, im Mittelmeer auf dem Weg von Nordafrika und in der Ägäis auf dem Weg aus der Türkei. Ein Großteil der Flüchtlinge, die die gefährliche Überfahrt überlebten, wollten nach Deutschland, wo Merkel mit ihrem »Wir schaffen das« ein Zeichen für ein weltoffenes, freundliches, hilfsbereites Land gesetzt hatte – und damit bei vielen Menschen Widerstand und Protest auslöste. Manche reagierten ängstlich, andere ließen ihrem Fremdenhass freien Lauf. Gehörigen Anteil am Unmut hatte der Umstand, dass sehr viele Flüchtlinge unkontrolliert und unregistriert ins Land gekommen waren. Die Kritiker der Merkelschen Flüchtlingspolitik forderten, die Grenzen zu schließen oder zumindest besser zu kontrollieren. Dass Ungarn, Slowenien, Kroatien, Serbien und Mazedonien ihre Grenzen nacheinander schlossen, nützte Merkel, doch darüber hinaus musste sichergestellt werden, dass nur noch möglichst wenige Menschen von der Türkei nach Griechenland gelangten, wo die Zustände in den Flüchtlingslagern und an der Grenze immer schlimmer wurden.

Also schloss man einen Deal mit Ankara: Die Regierung der Türkei sicherte der EU zu, alle Flüchtlinge zurückzunehmen, die seit März 2016 über die Türkei nach Griechenland gekommen waren. Die EU verpflichtete sich im Gegenzug, die gleiche Zahl an syrischen Flüchtlingen aus der Türkei aufzunehmen. Außerdem versprach man der Türkei, die EU würde dem Land bis zum Jahr 2018 insgesamt sechs Milliarden Euro zahlen, unter anderem für die Unterbringung und den Schulbesuch der Flüchtlinge. Zudem stellte man der Türkei Visaerleichterungen in Aussicht, wenn sie dafür insgesamt zweiundsiebzig Kriterien erfüllte und ihre umstrittenen Antiterrorgesetze änderte – jene Gesetze also, mit deren Hilfe sie politische Gegner und Journalisten mundtot macht.

Die türkische Regierung behauptet, das versprochene Geld sei nicht in vollem Umfang gezahlt worden. Offensichtlich hatte sie erwartet, es würde direkt in den türkischen Staatshaushalt fließen, doch die europäischen Staaten haben darauf geachtet, dass es projektbezogen für Flüchtlinge zugeteilt wird. Visaerleichterungen für den Schengenraum für türkische Staatsbürger gibt es bislang nicht, auch weil die Türkei nicht alle Kriterien hierfür erfüllt. Gleichwohl drohen Erdoğan und andere türkische Politiker immer wieder, das Flüchtlingsabkommen platzen zu lassen, unter anderem nachdem der Bundestag im Juni 2016 zum hundertsten Jahrestag des Beginns der Deportationen von Armeniern im Osmanischen Reich die Resolution »Erinnerung und Gedenken an den Völkermord an den Armeniern und anderen christlichen Minderheiten in den Jahren 1915 und 1916« beschlossen hatte. In der Türkei, in der die Vertreibung und Ermordung der armenischen Minderheit ein Tabu ist, wurde diese Resolution als Affront aufgefasst.

Mit dem Flüchtlingsdeal hat sich die Europäische Union als Ganzes und Deutschland im Speziellen in eine schwierige Abhängigkeit zur Türkei begeben. Erdoğan besitzt nun ein Drohpotenzial, woran er seine Verhandlungspartner nur zu gerne erinnert. Als etwa das EU-Parlament darüber abstimmte, die Beitrittsgespräche mit der Türkei einzufrieren, drohte Erdoğan: »Hören Sie mir zu! Wenn Sie noch weitergehen, werden die Grenzen geöffnet. Merken Sie sich das! Weder ich noch meine Bevölkerung lassen sich von diesen Drohungen beeindrucken!«

Und als mehrere türkische Politiker Anfang 2017 in europäische Länder reisen wollten, darunter auch nach Deutschland, um für das Präsidialsystem zu werben, über das türkische Staatsbürger am 16. April 2017 abstimmen sollten, entbrannte eine Diskussion darüber, ob solche Auftritte zugunsten eines undemokratischen, ja autoritären Systems überhaupt zulässig seien. Auch hier ließ die türkische Regierung immer wieder durchblicken, man denke darüber nach, das Flüchtlingsabkommen platzen zu lassen. In der erhitzten Auseinandersetzung über die Zulässigkeit solcher Propagandaauftritte außerhalb der türkischen Staatsgrenzen wurden von türkischer Seite auch gerne wieder Nazi-Vergleiche bemüht – diesmal nicht nur von türkischen Medien, die erneut deutsche Politiker mal mit Hakenkreuz, mal in Nazi-Uniform, mal mit Hitlerbart abbildeten, sondern auch von Erdoğan persönlich. Er warf Merkel »Nazi-Methoden« vor. Diese polternden Töne dienten zwar in erster Linie dazu, nach innen den starken Mann zu markieren, dennoch waren sie inakzeptabel, erst recht unter Staats- und Regierungschefs von Ländern, die sich partnerschaftlich verbunden sein sollten. Merkel mahnte zwar irgendwann, dass nun endlich Schluss sein müsse mit diesen unsäglichen Nazi-Vergleichen, »ohne Wenn und Aber«, doch als Erdoğan unverdrossen weiterpolterte, blieb das für ihn wieder einmal ohne Konsequenzen.

Erdoğan hat schnell begriffen, dass er sich einiges erlauben kann im Umgang mit Deutschland und Europa. Er hat gesehen, dass Merkel immer wieder zu Gesprächen in die Türkei reist, trotz seiner immer repressiveren Politik, trotz seiner herrischen Art – und ihn dabei nie in die Schranken weist. Immer wieder hat er Grenzen ausgetestet und Gefallen an der Provokation gefunden, so zum Beispiel auch, wenn deutschen Politikern mehrfach der Besuch von Bundeswehrsoldaten untersagt wurde, die im türkischen Incirlik stationiert waren. Nach ebenso end- wie fruchtlosen Diskussionen entschied Deutschland im Juni 2017 schließlich, die Soldaten von dort abzuziehen.

Schon lange vor dem Flüchtlingsabkommen war klar, dass Erdoğan von deutschen Politikern keine Kritik annimmt. Auf Ermahnungen aus dem Ausland reagiert er dünnhäutig und feindselig, wie etwa als der damalige Bundespräsident Joachim Gauck im April 2014 Ankara besuchte und dort an einer Universität Menschenrechte, Meinungsfreiheit und Unabhängigkeit der Justiz einforderte und seiner Sorge Ausdruck verlieh, all diese Dinge könnten in der Türkei in Gefahr sein. Gauck sprach die Internetsperren, Zensur und Strafverfolgung von Kritikern an und wertete es als eine »Gefahr für die Demokratie«, »wenn Bürgern vorgeschrieben wird, wie sie zu leben haben; wenn eine verstärkte geheimdienstliche Kontrolle über ihr Leben angestrebt wird; wenn Protest auf der Straße gewaltsam unterdrückt wird und Menschen dabei sogar ihr Leben verlieren«. »Eine Türkei, die sich selbst isolierte, sie würde sich selbst schaden«, warnte er, ohne den Namen Erdoğans zu erwähnen. »Wo Bürger nicht oder nicht ausreichend informiert, nicht gefragt und nicht beteiligt werden, wachsen Unmut, Unerbittlichkeit und letztlich auch die Bereitschaft zur Gewalt.« Erdoğan reagierte erwartungsgemäß harsch, obwohl Gauck Fehler Deutschlands in der Einwanderungspolitik einräumte, sich erschüttert über die NSU-Morde zeigte und betonte: »Hier treffen sich Freunde!« Erdoğan erklärte daraufhin im Fernsehen: »Ich habe dem deutschen Staatspräsidenten gesagt, dass wir seine Einmischung in die inneren Angelegenheiten unseres Landes niemals dulden werden.« Später sagte er vor der AKP-Fraktion: »Der deutsche Staatspräsident denkt wohl, er sei immer noch ein Pastor. Aus diesem Verständnis heraus schaut er auf die Dinge. Das geht nicht. Das ist hässlich.«

Der Putschversuch vom 15. Juli 2016 hat die Beziehungen zwischen Deutschland und der Türkei weiter verschlechtert, weil die Türkei sich seither schneller als zuvor in Richtung Autokratie entwickelt hat. In dem Jahr nach dem gescheiterten Coup hat die Regierung in Ankara mehr als einhundertdreißigtausend

Beamte vom Dienst suspendiert, etwa fünfzigtausend Menschen wurden als vermeintliche Verschwörer festgenommen. Nach dem Umsturzversuch wurde der Ausnahmezustand ausgerufen, seither kann Erdoğan per Dekret regieren, es ist einfacher geworden, Menschen zu verhaften und für längere Zeit wegzusperren. Grundsätzlich ist das nach einem solchen Ereignis durchaus nachvollziehbar. Aber schnell wurde klar, dass Erdoğan den Ausnahmezustand vor allem dazu nutzt, seine Macht auszubauen und seine Kritiker mundtot zu machen.

Vertreter aus Deutschland und anderen Staaten haben die Türkei nach dem Putschversuch nicht sofort besucht. In der Türkei wurde das als Affront wahrgenommen, man warf dem Ausland vor, die Lage der Türkei nicht zu verstehen und gar hinter den Putschisten zu stehen. Tatsächlich hat Deutschland, wie die meisten anderen Staaten auch, zögerlich reagiert und der Türkei nur halbherzig seine Solidarität bekundet, denn man hat die Entwicklung, die später tatsächlich eingetreten ist, vorausgesehen. Nur das Ausmaß und das Tempo, in dem die türkische Regierung gegen Kritiker vorgehen würde, hatte man unterschätzt.

Die deutsch-türkischen Beziehungen durchleben schwierige Zeiten, und die Wahrheit ist wohl: Solange Erdoğan an der Macht ist, werden sie nicht besser werden. Viele Menschen in Deutschland mit türkischen Wurzeln mögen Erdoğan, bei Wahlen ist die Zustimmung unter den Wahlberechtigten in Deutschland deutlich größer als im Durchschnitt in der Türkei. Erdoğan hat bei Wahlkampfauftritten immer wieder betont, die Türken in Deutschland sollten sich integrieren, aber ihre türkischen Wurzeln, ihre Kultur, ihre Sprache nicht vergessen. Er hat ihnen, anders als die meisten anderen türkischen Politiker vor ihm, immer wieder signalisiert, dass er an ihrer Seite steht und sie nicht vergessen hat, bloß weil sie ein paar tausend Kilometer entfernt leben. Und er hat ihnen Selbstbewusstsein verliehen, in Zeiten, in denen sie in Deutschland bisweilen das Gefühl hatten, nicht willkommen zu sein.

Spricht man mit Erdoğan-Verehrern in Deutschland, stellt man oft fest: Sie mögen Deutschland, wollen in Deutschland bleiben, finden aber auch gut, dass Erdoğan ihre Interessen vertritt gegenüber dem deutschen Staat, dessen Politik sie als türkenfeindlich empfinden. Dass Erdoğan in der Türkei die Demokratie beschneidet, bekümmert sie nicht. Sie glauben, dass er genau jene Politik des starken Mannes betreibt, die die Türken brauchen. Diese Überzeugung gründet auf der Erfahrung der vergangenen Jahrzehnte, als die Türkei geprägt war von Korruption und wirtschaftlicher Schwäche, von einer übermächtigen Armee, Militärputschen und Bürgerkrieg. In Deutschland Demokratie, Frieden und Freiheit zu genießen und gleichzeitig für Erdoğan zu sein stellt sich für sie nicht als Widerspruch dar.

Diese Haltung macht das deutsch-türkische Verhältnis nicht leichter. Auf Seiten der Deutschen vermengt sich Kritik an den Entwicklungen in der Türkei leider allzu oft mit Vorurteilen gegenüber »den Türken«. Man sieht sich in der Ablehnung eines EU-Beitritts der Türkei bestätigt. Türkenhass findet plötzlich eine neue Legitimation – sei es gegenüber den Bewohnern der Türkei oder Menschen mit türkischen Wurzeln hierzulande. Die ewigen Debatten um eine »Leitkultur« in Deutschland und um die Frage, ob »der Islam« zu Deutschland gehöre, werden weitergeführt – aber es ist keine Debatte auf Augenhöhe. Selten geht es um ein besseres Miteinander oder um Erkenntnisgewinn, vielmehr kreist die Diskussion um Abgrenzung und die Vergewisserung, auf der »richtigen« Seite zu stehen. Und dort, wo im Austausch mit der Türkei nicht nur Kritik, sondern politisches Handeln nötig wäre, bleibt die Bundesregierung zögerlich.

So schwierig das Verhältnis zwischen Deutschland und der Türkei auch momentan sein mag, ein friedliches Miteinander ist möglich. Auf beiden Seiten müssen dazu Feindbilder abgebaut werden. Und wichtig bleibt zu kritisieren, wo es etwas zu kritisieren gibt – freundlich, sachlich, aber bestimmt und unbeirrt, auch wenn der andere Kritik nicht akzeptieren will. Weder darf man sich provozieren lassen, noch darf man inakzeptables Handeln tolerieren. Taten und Worte müssen Konsequenzen haben.

Es wird ein schwieriges, langwieriges Unterfangen werden, die deutsch-türkischen Beziehungen zu verbessern. Doch der lange Weg ist die Mühe wert. Eine Abkürzung wird es nicht geben.

Neo-osmanische Träume:
Die Türkei und die Welt

Ein Jahrhundert nach dem Zusammenbruch des Osmanischen Reichs glaubt Präsident Recep Tayyip Erdoğan, die Türkei wieder zu alter Größe führen zu können – zunächst zur Regionalmacht im Nahen und Mittleren Osten, dann zur Großmacht in der islamischen Welt und schließlich zu einer Weltmacht. Das jedenfalls legt seine Rhetorik der vergangenen Jahre nahe, und auch die türkische Außenpolitik scheint sich nach diesem Ziel zu richten. Sie ist geprägt vom »Sèvres-Syndrom«, benannt nach jenem Vertrag des Jahres 1920, wonach das Territorium des Osmanischen Reichs nach dem Ersten Weltkrieg zwischen Armenien, Griechenland, Großbritannien, Frankreich und Italien aufgeteilt werden und nur ein kleines Gebiet um das heutige Ankara unter türkischer Herrschaft bleiben sollte. Der Vertrag wurde nie umgesetzt, aber bis heute hält die Furcht an, dass fremde Mächte danach streben, die Türkei zu zerstückeln und zu zerstören. Als vorrangige Aufgabe der türkischen Außen- und Sicherheitspolitik wird angesehen, den Staat vor dieser Gefahr zu schützen.

Die Erinnerung an alte Größe soll da Mut machen, Feinde – vermeintliche wie echte – einschüchtern und ein Band schaffen, das das türkische Volk, patriotisch und stolz, zusammenhält. Erdoğan inszeniert sich als neuer Sultan: 2014 bezog er den neuen Präsidentenpalast, der zwar illegal inmitten eines Naturschutzgebietes gebaut wurde, der aber rund tausend Zimmer umfasst und nach seinen Worten architektonisch »osmanische und seldschukische Elemente« enthalte. Dort, im »Ak Saray«, »Weißen Palast«, tritt Erdoğan regelmäßig mit Garden in historischen Uniformen auf. Von seinen Kritikern wird das als »Karneval« verspottet, von seinen Anhängern als Anknüpfung an Traditionen gefeiert.

Die AKP-Jugendorganisation nannte Erdoğan den »Präsident der Muslime auf der ganzen Welt«, mehrere Geistliche in der Türkei und im Ausland erklärten ihn zu einem »Vorbild für alle islamischen Führer« und zu einer »Hoffnung für alle Muslime«. Das sind Worte, die über die Rückbesinnung auf das Osmanische Reich hinausgehen. Aus ihnen spricht der Wunsch nach Führerschaft der Türkei in der islamischen, genauer: sunnitischen Welt. Dort, wo die Beziehungen zur Türkei intakt sind, wo man Erdoğan schätzt, stößt solch ein Ehrgeiz auf Wohlwollen. In anderen islamischen Ländern, die der Türkei und ihrem Präsidenten kritisch gegenüberstehen, empfindet man solche Worte hingegen als Anmaßung.

Wie ambitioniert – und gefährlich – die türkische Außenpolitik ist, erlebte ich Anfang 2014. Im März, wenige Tage vor den Kommunalwahlen in der Türkei, die Erdoğan wie jede Wahl in den vergangenen Jahren zu einer Abstimmung über sich selbst deklariert hatte, tauchten mehrere heimliche Mitschnitte von Telefongesprächen wichtiger Politiker im Internet auf. Darunter war eine besonders heikle Aufnahme, auf der angeblich der damalige Außenminister Ahmet Davutoğlu, Geheimdienstchef Hakan Fidan, Unterstaatssekretär Feridun Hadi Sinirlioğlu und Vizearmeechef Yaşar Güler zu hören sind. Heikel war die Aufnahme, weil die Männer in diesem Gespräch nach einem Grund für einen Krieg mit Syrien suchten.

Mir wurde der Gesprächsmitschnitt von einer anonymen Quelle zugespielt, samt deutscher Übersetzung. Dieser Service ließ darauf schließen, dass Erdoğans Gegner kurz vor der Wahl noch einmal mit schmutzigen Mitteln versuchten, der Regierung zu schaden. Gleichwohl ergaben Recherchen, dass das Band echt war.

Die Türkei, die seit dem Ausbruch der Gewalt in Syrien im März 2011 auf einen Sturz von Präsident Baschar al-Assad setzte, fühlte sich durch den Konflikt im Nachbarland zunehmend bedroht. Jahrelang waren Erdoğan und Assad befreundet gewesen und hatten sich um gute Beziehungen zwischen beiden Ländern bemüht. Doch als der »Arabische Frühling« in mehreren Staaten zu Wechseln an den Staats- und Regierungsspitzen führte, ließ Erdoğan Assad fallen. Erdoğan glaubte, auch Assad würde den Aufstand großer Teile seiner Bevölkerung politisch nicht überleben. In der Folge unterstützte die Türkei Rebellen in Syrien, die gegen das dortige Regime kämpften.

Seit immer mehr Extremisten auf Seiten der Regierungsgegner kämpfen, befürchtet Ankara allerdings ein Übergreifen der Gewalt auf türkisches Territorium. Und nach einem Jahre andauernden, mit aller Macht und äußerster Brutalität geführten Bürgerkrieg in Syrien erscheint es nicht mehr ausgeschlossen, dass die Rebellen unterliegen könnten und Assad an der Macht bleiben wird. Für die Türkei wäre das ein Problem, denn für die Rebellen hatte man die Grenze zu Syrien von Anfang an offen gehalten. Auch extremistische Kämpfer konnten über die Türkei ein- und ausreisen, das Land war für sie eine Rückzugsmöglichkeit.

Nun wollte die türkische Regierung am liebsten in das Kriegsgeschehen in Syrien eingreifen, das legt jedenfalls der Gesprächsmitschnitt nahe. Die Stimme, die Geheimdienstchef Fidan zugeschrieben wird, erläutert, dass die Türkei keine Kontrolle mehr über die türkisch-syrische Grenze habe. Man müsse deshalb verstärkt damit rechnen, dass in Zukunft auch in der Türkei Bomben explodieren. Eine Stimme sagt, man habe einen türkischen General zu den Dschihadisten geschickt. Außenminister Davutoğlu erkundigt sich, welche Folgen es hätte, türkische Truppen nach Syrien zu entsenden. »Würde es Schwierigkeiten geben, wenn wir Panzer nach Syrien schicken?«, fragt er.

Offensichtlich bereitete es Davutoğlus Gesprächspartnern anfangs Unbehagen, über einen Krieg mit Syrien zu sprechen. Er vergewisserte der Runde daher, Erdoğan, damals noch Premierminister, sei grundsätzlich einverstanden. Er habe in diesem

Zusammenhang auch um ein persönliches Treffen mit Erdoğan gebeten, »weil die Lage nicht gut aussieht«. Das syrische Militär sei durchaus schlagkräftig, daher sei man bislang noch nicht einmarschiert.

Aber letztlich unterhalten sich die Männer doch darüber, wie man einen Krieg gegen Syrien beginnen könnte. Sie erwägen dem Mitschnitt zufolge, Anschläge auf schützenswerte Grabstätten zu inszenieren, um einen Angriffsgrund gegen Syrien zu haben. Alternativ könnten auch türkische Agenten von syrischem Boden aus Raketen auf türkisches Territorium feuern. Wörtlich sagt ein Mann, vermutlich Geheimdienstchef Fidan: »Wenn es nötig ist, kann ich vier Männer nach Syrien schicken und acht Raketen auf die Türkei abfeuern lassen, um einen Kriegsgrund zu schaffen. Wenn nötig, kann auch ein Angriff auf die Grabstätte erfolgen.«

Kaum war der Mitschnitt auf YouTube veröffentlicht worden, ließ die türkische Regierung die Videoplattform sperren. Zwar waren dort auch andere heimlich aufgenommene Gespräche hochrangiger türkischer Politiker veröffentlicht worden, darunter fünf Telefonate Erdoğans, in denen er mit seinem Sohn Bilal darüber spricht, wie sie mehrere Millionen Dollar, Euro und Lira vor Antikorruptionsermittlern in Sicherheit bringen können, doch der Grund für die YouTube-Sperre, so vermuten Beobachter, sei das Gespräch über Syrien gewesen. Schließlich handele es sich um eine Angelegenheit der »nationalen Sicherheit«. Mit der Sperre wollte Erdoğan offenbar verhindern, dass Millionen von Menschen das Gespräch hören. Er nannte die Veröffentlichung des Mitschnitts über einen möglichen Kriegseinsatz in Syrien »schändlich« und bestätigte damit indirekt die Echtheit der Aufnahmen. Das Außenministerium drohte denen, die das Gespräch veröffentlicht hatten, mit »härtesten Strafen«. »Das ist eine Kriegserklärung gegen die türkische Republik!«, sagte Davutoğlu.

In Verhandlungen mit YouTube signalisierte die türkische Regierung, die Blockade wieder aufzuheben, sobald das Video entfernt worden sei. Doch YouTube weigerte sich, das Video zu löschen. Schon einmal hatte ein türkisches Gericht den Zugang zu YouTube gesperrt, von Mai 2008 bis Oktober 2010, damals ging es um angebliche Beleidigungen gegen Atatürk. Der Europäische Gerichtshof für Menschenrechte verurteilte die Türkei für diese Sperre, doch das hielt die Regierung Anfang 2014 nicht davon ab, die Seite erneut zu blockieren. Obwohl das Video bis heute auf der Plattform aufgerufen werden kann, lenkte die türkische Regierung dieses Mal ein: YouTube konnte in der Türkei einige Wochen später wieder genutzt werden.

Das geleakte Gespräch über einen fingierten Grund für den Kriegseintritt in Syrien zeigte, wie sehr die Türkei in den Konflikt im Nachbarland verstrickt ist. Für ihre Politik, die Grenzen auch für islamistische Rebellen (und Kämpfer des IS) offen zu halten, wurde die Türkei vom Ausland immer wieder kritisiert. Analysiert man das türkische Vorgehen in Syrien, wird jedoch schnell deutlich, welche Motive ihm zugrunde liegen.

Erstens wollte die Türkei anstelle von Assad, dessen Regime aus Alawiten besteht, eine sunnitische Führung in dem Nachbarland sehen, die Ankara ergeben ist; damit hätte die Türkei ihre Position als Regionalmacht gestärkt. Doch da es Assad wider Erwarten bis heute gelang, sich an der Macht zu halten, muss die türkische Regierung sich nun wohl oder übel mit ihm arrangieren. Das dürfte, da sie sich so offen gegen ihn gestellt hat, nicht leicht werden.

Zweitens hat die Türkei ein Interesse daran, ein Übergreifen von Gewalt und Terror auf das eigene Territorium zu verhindern; auch wenn ihr das erste Ziel, der Sturz Assads, so wichtig war, dass sie bisweilen Extremisten in Syrien unterstützt hat, solange sie gegen Assad vorgingen. Diese Haltung war auch der Grund dafür, warum die Türkei lange gezögert hat, den »Islamischen Staat« zu bekämpfen, dessen Milizen sie im eigenen Land lange gewähren ließ. Nachdem sich die Türkei der internationalen Anti-IS-Allianz angeschlossen hatte, nutzte sie die Einsätze zwar auch zur Bekämpfung des IS, vor allem jedoch dazu, kurdische Stellungen in Syrien und im Irak zu beschießen. Im August 2016 startete die Türkei eine Bodenoffensive unter dem Namen »Operation Schutzschild Euphrat« und rückte mit Panzern, Artillerie und Kampfjets auf syrisches Territorium vor. Es gehe um die »Säuberung des Grenzgebiets von Terroristen«, erklärte Erdoğan. Ganz offen sagte er, damit sei nicht nur der IS gemeint, sondern auch der syrische Zweig der PKK, der zuletzt mit US-amerikanischer und russischer Hilfe militärisch erfolgreich gegen den IS vorgegangen war.

Womit wir, drittens, beim für die Türkei wichtigsten Anliegen in Syrien wären, nämlich zu verhindern, dass die dortigen Kurden ihre Macht ausweiten, möglicherweise entlang der Grenze zur Türkei einen Korridor besetzen oder gar, wie im Irak, ein autonomes Gebiet für sich beanspruchen. Die Region wurde und wird in Teilen von Ablegern der PKK kontrolliert, der »Partei der Demokratischen Union«, kurz: PYD, und ihren bewaffneten Volksverteidigungseinheiten YPG. Die Partei PYD und ihre Milizen werden zwar – wie die PKK – von der Türkei als Terrororganisation betrachtet, nicht aber von den USA und Europa, die sie als Schlüsselpartner im Kampf gegen den IS sehen. Wie eng die Verbindungen der kurdischen Kämpfer zur Anti-IS-Koalition ist, zeigt sich nicht nur daran, dass die USA die YPG mit Waffen versorgt, sondern auch daran, dass die YPG-Kämpfer mitunter amerikanische Embleme an ihren Uniformen tragen.

Diese Waffenhilfe lässt die Regierung in Ankara vor Wut schäumen. Die unterschiedliche Bewertung dieser kurdischen Verbände in Syrien – Terroristen oder Partner im Kampf gegen den IS – ist einer der größten Streitpunkte zwischen der Türkei und den USA. Die Türkei versucht, in diesem Konflikt Fakten zu schaffen, und nutzt ihre Einsätze in Syrien dazu, die kurdischen Einheiten zurückzudrängen. Auch der Vorschlag der Türkei, eine Flugverbotszone entlang der türkisch-syrischen Grenze einzurichten, soll nicht in erster Linie dem Kampf gegen den IS dienen, sondern vielmehr dazu, das Gebiet frei von YPG-Einheiten zu halten. Entsprechend fördert die Türkei Rebellengruppen in Syrien, die nicht nur gegen Assads Regierungstruppen kämpfen, sondern auch gegen die Kurden vorgehen. Mit dieser Strategie war die Türkei zuletzt durchaus erfolgreich: Türkische Truppen haben die Kontrolle über große Teile des Grenzgebiets zu Syrien erlangt und eine Pufferzone eingerichtet.

Politische Unterstützung bei diesem Vorgehen erhält die Türkei von Russland und Iran. Sie sehen in den kurdischen Einheiten in Syrien amerikanische Interessensvertreter und befürchten, die USA könnten kurdisch kontrolliertes Gebiet in Syrien womöglich nutzen, um dort eine Militärbasis einzurichten. Das würde russischen und iranischen Interessen in der Region entgegenstehen. Das militärische Vorgehen der Türkei gegen die kurdischen Einheiten wiederum könnte dazu führen, dass die Kurden sich den Russen und den Iranern annähern.

Ahmet Davutoğlu hatte Syrien als türkischer Außenminister mehrfach mit einem Militärschlag gedroht. Manch einer in den USA und in Europa verstand das als Zeichen der Türken, sich dem Kampf gegen den IS anzuschließen. Tatsächlich geht es der Türkei bei ihren Militäroperationen in Syrien aber nur in zweiter Linie um den IS. Wenn die Regierung davon spricht, gegen »Terroristen« vorgehen zu wollen, meint sie vor allem die kurdischen Milizen.

Davutoğlu ist der Mann, der die türkische Außenpolitik so nachhaltig geprägt hat wie kaum ein anderer Politiker: Nach einer akademischen Karriere als Politikwissenschaftler wurde er außenpolitischer Berater, Außenminister und später, als Erdoğan ins Amt des Präsidenten wechselte, Premierminister. 2014 übernahm er von Erdoğan auch das Amt des AKP-Parteichefs, da dieser als Präsident keiner Partei mehr angehören durfte. Bis Davutoğlu sich mit Erdoğan überwarf und im Mai 2016 aus der Politik ausschied, galt er als treuer Gefolgsmann des Präsidenten und als vehementer Verfechter von dessen Politik. In der Öffentlichkeit sah man stets einen freundlichen, unauffälligen Herrn mittleren Alters mit Schnurrbart, meist im dunklen Anzug, fast immer mit Krawatte, der es mit seiner beständigen Art weit gebracht hatte. Noch im Wahlkampf 2011 sagte er, Vater von vier Kindern, er könne sich an manche Dinge im Leben eines Politikers nur schwer gewöhnen. Bei einer Fahrt durch seine Heimatprovinz Konya deutete er auf die vielen Plakate mit seinem Konterfei. »Ich sehe mich jetzt überall«, sagte er, dabei habe er, der Akademiker, sich diesen Lebensstil überhaupt nicht gewünscht. »Man hat keine Zeit zu lesen, zu denken, zu schreiben, zu lernen, zu überlegen und allein zu sein.«

Nach seiner Wahl zum Regierungschef 2014 blieb Davutoğlu noch weniger Zeit für diese Dinge, zumal er als Premierminister all die außenpolitischen Schwierigkeiten in den Griff bekommen musste, die er als Außenminister zu verantworten hatte. Eine »Null Probleme mit den Nachbarn«-Politik hatte er einst ausgerufen. Tatsächlich war das Gegenteil eingetreten, hatten sich die Beziehungen zu den Nachbarstaaten in seiner Amtszeit als Außenminister teils dramatisch verschlechtert, insbesondere die zu Syrien. Kritiker verspotteten seine Politik als »Nur Probleme mit den Nachbarn«-Kurs. Der Lauschangriff, bei dem herauskam, dass die Türkei nach einem Kriegsgrund mit Syrien suchte und dazu sogar einen Angriff des Nachbarlandes fingieren wollte, war sicher ein Tiefpunkt für ihn und die von ihm propagierte Politik.

Aber Davutoğlu überstand solche Krisen relativ unbeschadet. Er war loyal, das brachte ihn an die Spitze der Regierung. 2002 hatte ihn Abdullah Gül, damals Premierminister und später Präsident, als außenpolitischen Berater geholt. Als Erdoğan ein Jahr später Regierungschef wurde, übernahm er Davutoğlu in seinen Stab. 2009 machte er ihn im Zuge einer größeren Kabinettsumbildung zum Außenminister.

Davutoğlu setzte um, was Erdoğan wollte: umfassende Reformen zur Demokratisierung einerseits, um die Türkei der EU näherzubringen; andererseits eine Hinwendung zur islamischen Welt, Richtung Osten. Noch als Politikprofessor in Istanbul hatte Davutoğlu in seinem Buch »Strategische Tiefe« skizziert, wie er sich eine erfolgreiche Politik der Türkei vorstellte: Sie müsse international viel stärker eigenen Interessen folgen und nicht »globalen Vorgaben«. Gemeint war, die Türkei solle sich nicht westlichen Interessen beugen, sondern ihre Politik stärker auf die islamischen Länder in der Region ausrichten. Da das Land geografisch, wirtschaftlich und militärisch viel stärker sei als alle Nachbarstaaten, so Davutoğlus Überzeugung, müsse es eine wichtigere Rolle bei der Gestaltung des Nahen und Mittleren Ostens spielen. Ziel sei es, eines der politisch einflussreichsten Länder der Welt zu werden. »Unser Spielfeld ist die Welt«, sagte Davutoğlu einmal. Bei den nationalbewussten Türken kamen solche außenpolitischen Ambitionen gut an.

Gegner im In- und Ausland warfen ihm dagegen »neo-osmanische Träume« vor und zweifelten an deren Umsetzbarkeit. Ein früherer US-Botschafter in Ankara schrieb einer von WikiLeaks veröffentlichten Depesche zufolge, die türkische Außenpolitik habe »die Ambitionen von Rolls-Royce, aber die Mittel von Rover«. Außerdem, sagten Kritiker, ordne Davutoğlu sich Erdoğan unter. Lange bevor es im April 2017 zum Referendum über ein Präsidialsystem kommen sollte, hatte Erdoğan deutlich gemacht, dass er mit der Tradition des repräsentativen Präsidenten brechen und sich auch aus diesem Amt heraus in die Politik einmischen wolle. Schon Anfang 2014, drei Jahre vor dem Referendum, ließ er in der Öffentlichkeit erkennen, dass er den Plan verfolge, die Verfassung entsprechend zu ändern. Die Zeitung »Hürriyet« nannte Davutoğlu deshalb einen »osmanischen Medwedew«, in Anlehnung an den russischen Regierungschef Dmitrij Medwedew, der auf ähnliche Weise Wladimir Putin die Macht gesichert hatte, als dieser ins Präsidentenamt gewechselt war. Davutoğlu wies diese Vorwürfe stets von sich. Es gehe ihm nicht um Machtpolitik.

Auch wenn Davutoğlu gerne betonte, dass der Anker der Türkei die Nato, also die Westbindung, sei und das Land nach wie vor die Mitgliedschaft in der EU anstrebe, deutete schon vor einigen Jahren vieles darauf hin, dass die Türkei angesichts der oft ablehnenden Haltung von wichtigen EU-Ländern wie Deutschland und Frankreich versuchte, sich andere Optionen offenzuhalten. Der Handel mit den arabischen Staaten und Iran wuchs beständig. Das krisengeschüttelte Nachbarland Irak war eines der wichtigsten Exportmärkte für die Türkei geworden. Davutoğlu betonte, er wünsche sich eine »totale ökonomische Integration« mit dem kurdisch besiedelten Nordirak.

Es ist bemerkenswert: Mit den Kurden im Irak, mit der dort herrschenden Familie Barsani, pflegt die türkische Regierung gute Beziehungen, nicht nur weil sie von hier Erdöl bezieht, sondern weil die Türkei in dieser Region insgesamt gute Geschäfte macht. Bei Reisen in die Autonome Region Kurdistan im Nordirak hatte ich immer den Eindruck, ich führe durch eine türkische Provinz: Ich kam in Hotels türkischer Besitzer unter, sah türkische Bauunternehmer Hochhäuser bauen und kaufte türkische Lebensmittel in türkischen Supermarktketten. Wenn also wichtige Geschäftsinteressen im Spiel sind, klappt es auch mit den Kurden.

Alles in allem waren und sind aber auch die Beziehungen zum Irak schwierig, es gibt zahlreiche Streitpunkte. In der Vergangenheit hat Erdoğan etwa mehrfach betont, dass Mossul, nach Bagdad die zweitgrößte Stadt des Irak, im Juni 2014 vom IS eingenommen und seither Stück für Stück befreit, eigentlich zur Türkei gehöre. Sie sei Teil des Osmanischen Reichs gewesen und zu Unrecht nicht der Türkei zugeschlagen worden, als die türkische Republik 1923 gegründet wurde.

Zwar ist die Türkei seit den Neunzigerjahren im Irak militärisch präsent, als führende PKK-Figuren, aber auch einfache Kämpfer sich in die Kandil-Berge zurückzogen. Doch inzwischen muss auch das türkische Vorgehen im Irak als Folge des »Arabischen

Frühlings« gesehen werden, nach dem die Türkei die Chance witterte, zur Regionalmacht aufzusteigen und den Nahen und Mittleren Osten nach eigenen Interessen zu formen: mit starker sunnitischer Dominanz und möglichst vielen Regierungen in den Nachbarländern, die Erdoğan wohlgesonnen sind.

Seit dem Krieg gegen den IS sind etwa fünfzehn Kilometer nordöstlich von Mossul rund siebenhundert türkische Soldaten stationiert, gegen den Willen der USA und gegen den Willen der irakischen Regierung in Bagdad, die von einer »Besatzung« spricht. Gelegentlich wird gemeldet, dass türkische Soldaten in die Kämpfe gegen den IS in Mossul eingreifen. Erdoğan hat deutlich gemacht, dass die Türkei mit darüber bestimmen will, wer künftig in dieser Stadt leben soll, nämlich »sunnitische Araber, Turkmenen und sunnitische Kurden« – ein Affront gegen den Irak, in dem mehrheitlich Schiiten leben. Die Türkei schwingt sich zur Schutzmacht der Sunniten auf, wobei das militärische Vorgehen im Irak deutlich macht, dass Ankara die türkischen Interessen notfalls auch mit Gewalt durchsetzen wird.

Doch die türkischen Großmachtträume reichen noch weiter. »Wir haben unsere derzeitigen Grenzen nicht freiwillig akzeptiert«, sagte Erdoğan in einer Rede im Oktober 2016. »Unsere Gründungsväter wurden außerhalb dieser Grenzen geboren.« Damit machte er seinen Widerwillen gegen den Vertrag von Lausanne aus dem Jahr 1923 deutlich, der unter anderem die heutigen Grenzen der Türkei festlegt und der den noch weniger geschätzten Vertrag von Sèvres ersetzte. Vom Osmanischen Reich, das einst von Nordafrika einschließlich Ägyptens über den Balkan bis ans Kaspische Meer reichte, war nach dem Ersten Weltkrieg nicht mehr viel übrig – eine Tatsache, die Erdoğan offensichtlich nicht akzeptieren will.

Immer wieder stellt er die heutigen Grenzen der Türkei in Frage. Richtung Griechenland verkündete er zum Beispiel: »Im Vertrag von Lausanne haben wir Inseln weggegeben. So nah, dass wir eure

Stimmen hören können, wenn ihr hinüberruft. Das waren unsere Inseln. Dort sind unsere Moscheen.« Mit Griechenland verbindet die Türkei ohnehin eine alte Feindschaft, die sich bis heute in gegenseitigen Provokationen äußert. So wirft Griechenland den Türken vor, mit Militärflugzeugen regelmäßig griechischen Luftraum zu verletzen, also immer wieder unerlaubt in griechisches Hoheitsgebiet einzudringen.

Vor allem der Zypernkonflikt belastet das Verhältnis beider Staaten. Dieser Konflikt dauert inzwischen mehr als vier Jahrzehnte an. Im Sommer 1974 wollten griechische Putschisten den Anschluss Zyperns an Griechenland durchsetzen. Daraufhin besetzte das türkische Militär den Norden der Insel, später wurde dort die Türkische Republik Nordzypern ausgerufen. Mit Ausnahme der Türkei wird sie von der internationalen Staatengemeinschaft nicht als Staat anerkannt, bildet aber ein De-facto-Regime. Die Teilung Zyperns ist bis heute ein Streitpunkt zwischen Griechenland und der Türkei, eine Lösung zielt derzeit auf eine Zweistaatenföderation ab. In der Vergangenheit wurde vom Verhalten der Türkei im Zypernkonflikt auch abhängig gemacht, inwieweit das Land Mitglied der EU werden kann.

Viele Anhänger Erdoğans zeigen unverhohlen, dass sie sich eine Rückkehr ihres Landes zu alter Größe ersehnen. Im Internet verbreiten sie Karten, die die Türkei in den vermeintlichen Grenzen von 1920 zeigen. Selbst staatlich kontrollierte Sender zeigen gelegentlich solche Schaubilder. Neben Teilen des heutigen Irak wie zum Beispiel Mossul gehörten bis 1920 auch Teile Syriens zum Osmanischen Reich, darunter die Stadt Aleppo. Mit Blick auf Irak und Syrien betont Erdoğan regelmäßig, es gebe dort »türkische Interessen«. Premierminister Binali Yıldırım, der Davutoğlu im Mai 2016 nachfolgte, erklärte, es sei »seltsam, in dieser Region Pläne ohne die Türkei zu machen«. Aber, beschwichtigte er, Ankara verfolge »keine expansionistische Politik«, sondern sei dort, »um Probleme zu lösen, die uns schmerzen«.

Doch nicht nur in der Region und den Nachbarländern, weltweit will sich die Türkei inzwischen einmischen, um »Probleme zu lösen«. Man wolle den »guten Ruf der Türkei festigen«, sagte mir ein AKP-Abgeordneter, aber natürlich geht es bei diesem weltweiten Engagement Ankaras auch um wirtschaftliche Interessen. Ankara ist vor allem bemüht, die Beziehungen zu Lateinamerika und Afrika zu verbessern. Man wolle, sagte der AKP-Mann, diese Kontinente »nicht den Chinesen überlassen«.

Die nichteuropäischen Staaten sind auch für die Binnenwirtschaft immer wichtiger geworden, der Anteil der Touristen aus diesen Ländern hat spürbar zugenommen, insbesondere aus der arabischen Welt, aus Russland und China. Da sich die innenpolitische Lage nach diversen Terroranschlägen, dem Putschversuch und Erdoğans Sieg beim Referendum über ein Präsidialsystem dramatisch verschlechtert hat und Touristen aus dem Westen nahezu gänzlich ausbleiben, sind Reisende aus anderen Ländern die einzige Hoffnung für die türkische Tourismusindustrie. Zugleich will die teils staatliche Fluggesellschaft Turkish Airlines zur größten Airline der Welt aufsteigen. Sie vergrößerte ihre Flotte und fliegt nach eigenen Angaben inzwischen so viele internationale Ziele an wie keine andere Fluggesellschaft.

Wirtschaftliche Interessen zu verfolgen ist legitim und nützt im besten Fall nicht nur der eigenen Bevölkerung, sondern auch den Partnern. Wie sinnvoll türkisches Engagement in der Welt sein kann, wurde zum Beispiel in Afghanistan deutlich, wo sich das türkische Vorgehen von anderen Staaten stark unterschied. Man kam nicht nur ins Land, um für Sicherheit zu sorgen, die politische Stabilität und schließlich wirtschaftlichen Aufschwung bringen sollte – dieses Konzept ist, wie hinlänglich bekannt ist, gescheitert –, sondern die Türkei verfolgte von vornherein eigene wirtschaftliche Interessen. Mit türkischer Entwicklungshilfe wurden Gebäude und Straßen gebaut, die Regierung in Ankara ermutigte türkische Unternehmer, in Afghanistan zu investieren.

Zwar wurden in Afghanistan auch Türken zum Ziel von Terrorangriffen, doch anders als westliche Kräfte vor Ort umgaben sie sich nicht mit Stacheldraht und hohen Mauern, vermieden es also, sich und ihre Unternehmen zu verschanzen und von den Einheimischen abzuschotten. So vermittelten sie den Afghanen das Gefühl, ihnen auf Augenhöhe zu begegnen. Ankara finanzierte nicht nur Stipendien für afghanische Studenten, damit diese in der Türkei studieren konnten, sondern schickte auch türkische Studenten zum Studium nach Afghanistan – welches andere Land tat das? Türkische Unternehmer verfolgten mit Investitionen in die afghanische Öl- und Gaswirtschaft zwar vor allem eigene Interessen, machten die Afghanen, die es gewohnt waren, als Hilfsempfänger dazustehen, damit jedoch auch zu gleichberechtigten Geschäftspartnern.

Angesichts dieses Austauschs auf Augenhöhe verwundert es kaum, dass später größere staatliche Bauaufträge an türkische Unternehmen gingen, dass türkische Produkte in Afghanistan beliebt sind und man mit den Türken gerne Handel treibt. Man muss es anerkennen: Die Türken waren in Afghanistan deutlich erfolgreicher als andere Staaten. Natürlich kann man einschränken, dass die Türkei sich anders als andere Nato-Staaten nicht an Kampfeinsätzen gegen die Taliban beteiligt und an keinerlei militärischen Operationen der Terrorbekämpfung teilgenommen hat, weil sie nicht als »Besatzungsmacht« dastehen und nicht gegen »islamische Brüder und Schwestern« kämpfen wollten – diese undankbaren Aufgaben überließen sie den anderen Nato-Staaten. Aber immerhin sicherte die Türkei sich und der Nato damit einen einzigartigen Zugang zu den Einheimischen. Immer wieder hörte ich Afghanen sagen: »Die Türken sind die Einzigen in der Nato, die uns verstehen.« Und sosehr sich andere Nato-Soldaten darüber ärgerten, dass die Türkei sich an den Kampfeinsätzen gegen die Taliban nicht beteiligte, so sehr schätzten sie, dass die Türken dort einen Weg fanden, wo andere sich verirrten.

Man könnte also meinen, die Türkei wäre ein guter Nato-Partner, ein hilfreicher Freund. In diesem Zusammenhang wurde in früheren Jahren häufig das Wort »Brücke« bemüht, die die Türkei zwischen West und Ost sein könnte, allein schon durch ihre geografische Lage, aber auch durch ihre politische, wirtschaftliche und kulturelle Anbindung in beide Richtungen. Doch sowohl das Verhältnis zu den Nato-Partnern als auch die Beziehungen zu den Nachbarstaaten sind inzwischen so konfliktreich, dass von einer Brückenfunktion der Türkei kaum noch die Rede sein kann. Selbst Optimisten räumen ein, dass es derzeit kaum Entwicklungen gibt, die in diese Richtung gedeutet werden könnten. Die Türkei bewertet und korrigiert ihr gesamtes Geflecht an strategischen Beziehungen, ihre Außen- und Sicherheitspolitik offensichtlich grundlegend neu und nimmt dabei keine Rücksicht auf Befindlichkeiten im Westen. Man könnte sagen: Erdoğan koppelt sein Land vom Westen ab. Oder, um bei dem Bild zu bleiben: Er ist dabei, Brücken, die einmal existiert haben mögen, einzureißen.

Über lange Zeit pflegte die Türkei beispielsweise als einer der wenigen islamischen Staaten gute Beziehungen zu Israel, sie war der erste Staat mit mehrheitlich muslimischer Bevölkerung, der Israel anerkannte. Doch seit ein Flottenkonvoi, darunter das türkische Passagierschiff »Mavi Marmara«, im Mai 2010 mit etwa zehntausend Tonnen Hilfsgütern aufbrach, um die israelische Blockade des Gazastreifens zu durchbrechen, und beim Entern der »Mavi Marmara« durch israelische Soldaten neun Aktivisten getötet wurden – acht Türken und ein türkischstämmiger US-Bürger –, herrscht zwischen der Türkei und Israel Eiszeit. Erdoğan bemüht sich nicht mehr, sein antisemitisches Denken zu verbergen. Hinter allen möglichen Problemen seines Landes vermutet er die »internationalen Juden« und die »jüdische Zinslobby«. Von dieser »wird heute ein ganz hinterhältiges, ganz abscheuliches und mieses Spiel mit unserer Region und unserem Land getrieben«, sagte er einmal. Sie versuche, »die Saat der Feindschaft und Zwietracht in unserer Region zu säen«. Die »Zinslobby« versuche, die wirtschaftliche Entwicklung der Türkei zu hemmen, so, wie sie versuche, in der internationalen Presse Lügen über die Türkei zu streuen und Erdoğan selbst aus dem Amt zu jagen. Sie stachele Intellektuelle an, gegenüber der Türkei eine feindliche Haltung einzunehmen, und stecke hinter Demonstrationen, Terror und allem sonstigen Übel, das die Türkei erleide.

In vielen Politikfeldern wird zunehmend deutlich, dass die türkische Regierung sich in Konkurrenz zum Westen sieht, auch im Bereich der Entwicklungshilfe. So erklärte Serdar Çam, Chef der türkischen Entwicklungsagentur Tika, die Türkei und westliche Staaten verfolgten in ihrer Entwicklungszusammenarbeit »entgegengesetzte Interessen«. Während die Türkei ärmeren Ländern tatsächlich helfen wolle, betreibe der Westen »postkoloniale Entwicklungspolitik«, wolle also, mit anderen Worten, über die Hilfsempfänger herrschen. Ähnlich ist die türkische Sichtweise bei militärischen Operationen: Man verfolgt eigene Interessen, selbst innerhalb der Nato, und nimmt immer weniger Rücksicht auf die Partner. Bisweilen scheint es, als nähme die Türkei die Verbündeten eher als Feinde wahr.

Beflügelt durch den wirtschaftlichen Aufstieg und den politischen Bedeutungszuwachs der Türkei, aber auch durch die Zuversicht, künftig wieder Großmacht zu sein, glaubt Erdoğan offenbar nicht nur, dass die Türkei ohne den Westen bestehen kann, sondern er scheint auch sogar überzeugt zu sein, dass das Land ohne den Westen eine bessere Zukunft hat. Für westliche Beobachter ist es geradezu irritierend, wie Erdoğan seine Politik bewusst als antiwestlich verstanden wissen will.

Mit Verwunderung nahm man zum Beispiel seine Brandrede gegen den Westen bei einem Treffen der Organisation für Islamische Zusammenarbeit im November 2014 in Istanbul zur Kenntnis. »Jene, die von außen in die islamische Welt kommen, mögen Öl, Gold und Diamanten, sie mögen billige Arbeitskräfte, und sie mögen Zwist und Streit. Sie wollen nicht, dass wir Dinge hinterfragen. Glaubt mir, sie mögen uns nicht. Sie sehen wie Freunde aus, aber sie wollen uns tot sehen, sie mögen es, unsere Kinder sterben zu sehen.« Mit diesen groben Worten wollte er, offensichtlich immer noch verärgert über den Spott aus dem Westen über seine Aussage, Muslime hätten Amerika entdeckt, die Länder des Nahen Ostens ermutigen, ihre Probleme ohne Hilfe des Westens selbst zu lösen.

Wenige Tage später, im Dezember 2014, kritisierte Erdoğan internationale Organisationen und stellte sie als »Instrumente des Westens« dar. So sei der Uno-Sicherheitsrat ein »rein christlich besetztes Gremium«. »Hofft nicht auf objektive Sichtweisen in einer Welt, wo internationale Organisationen gemäß ihrer eigenen Ideologien, Politik und Überzeugungen entscheiden. Wird der Nobelpreis nach objektiven Kriterien vergeben? Nein. Trifft der Uno-Sicherheitsrat objektive Entscheidungen? Nein, nie.« Die Menschen in der Türkei sollten den Blick lieber auf sich selbst richten. Die Türkei müsse ihre eigene Kultur, ihren Film, ihre Literatur und ihre Kunst pflegen. Sie dürfe »nicht schweigend zuschauen, wie die Hegemonen die Geschichte der Kunst und der Wissenschaft schreiben«. Über den bislang einzigen Nobelpreisträger aus der Türkei, den Schriftsteller Orhan Pamuk, verlor er kein Wort – Pamuk hat wegen seiner Kritik an der Politik der Türkei viele Feinde im eigenen Land und erhält Morddrohungen; 2005 wurde er unter Anklage wegen »öffentlicher Herabsetzung des Türkentums« gestellt, weil er geäußert hatte: »Die Türken haben auf diesem Boden dreißigtausend Kurden und eine Million Armenier getötet.«

Die Hinwendung der Türkei zur islamischen Welt birgt für das Land jedoch Risiken. Denn so umworben die Türkei in manchen muslimischen Ländern ist, so sehr lehnt man sie in anderen ab. Spricht man mit Politikern aus Saudi-Arabien, stellt man schnell fest, dass man dort, in der Geburtsstätte des Islam, der Türkei bis heute nicht verziehen hat, das Kalifat abgeschafft zu haben. Mehrmals hörte ich, Türken seien »keine echten Muslime« – man belächelt oder verachtet die Türken, wobei das nicht nur mit Unterschieden in der Glaubensausübung zu tun haben mag, sondern auch in der Rivalität zwischen beiden Ländern. Beim Ringen um die regionale Vormachtstellung sind die saudischen Ambitionen ähnlich groß wie die türkischen.

Ein weiteres Problem für die Türkei sind die Flüchtlinge, die aus Syrien, Irak und anderen Ländern über die Grenzen kommen. Kaum ein anderes Land hat so viele Flüchtlinge aufgenommen wie die Türkei: Zeitweise waren zweieinhalb Millionen Menschen als Flüchtlinge registriert, vermutlich gibt es Hunderttausende weitere, die nicht offiziell erfasst sind. Auch wenn die genaue Zahl niemand kennt, lässt sich der hohe Bevölkerungsanteil, den die Flüchtlinge ausmachen, unter anderem daran erahnen, dass in manchen Orten im Südosten der Türkei mehr Syrer als Türken leben und man dort Arabisch häufiger hört als Türkisch.

Die Qualität der Unterbringung schwankt von Ort zu Ort: Manche Flüchtlinge haben sich in türkischen Städten angesiedelt und leben in durchaus komfortablen Wohnungen, andere fristen ihr Dasein in löchrigen Zelten in überfüllten Camps. Die Türkei ist bemüht, möglichst überall dort, wo Bedarf ist, Schulunterricht auf Arabisch einzurichten. Zudem hat sie den Flüchtlingen aus Syrien eine kostenlose Gesundheitsversorgung ermöglicht, was zu Spannungen mit Flüchtlingen aus anderen Ländern führt. Gleichzeitig wachsen auch die Konflikte zwischen der einheimischen Bevölkerung und den Neuankömmlingen, vor allem in Gegenden, in denen es sehr viele Flüchtlinge gibt. Die Syrer würden den Türken die Arbeit wegnehmen, heißt es dann. Oder syrische Händler würden ihre Waren zu Dumpingpreisen anbieten.

Die türkische Regierung war lange davon ausgegangen, dass diese Menschen irgendwann in ihre Heimat zurückkehren würden. Die Lage in Syrien lässt daran aber überhaupt nicht denken.

Und die Erfahrung mit Massenmigration zeigt, dass Menschen, die länger als zwei Jahre an einem neuen Ort leben, meist nicht in ihre Heimat zurückkehren. Allmählich setzt sich auch in der Regierung in Ankara die Erkenntnis durch, dass die Syrer dauerhaft in der Türkei bleiben werden. Sie reagiert daher auf vielschichtige Weise. Einerseits dürfen die syrischen Flüchtlinge seit 2016 offiziell arbeiten, wenn sich ein Arbeitgeber für sie einsetzt. Damit sind sie nicht mehr zur Schwarzarbeit gezwungen, bei der die türkischen Behörden aber, wie auch beim Betteln, von Anfang an meist großzügig wegschauten. Andererseits versucht die Türkei inzwischen, die Flüchtlinge vom Grenzübertritt abzuhalten: Es kursieren glaubhafte Berichte, dass die türkische Armee an der Grenze immer wieder auf syrische Flüchtlinge schießt.

Doch die Flüchtlinge, für die die Türkei nach eigenen Angaben seit Beginn der Gewalt in Syrien im Frühjahr 2011 bis 2016 etwa neun Milliarden Euro ausgegeben hat, sind für das Land nicht nur eine große Belastung, sondern auch ein politisches Pfand: Ankara kann mit Verweis auf die Belastungen durch die Flüchtlingskrise Geld von Europa zur Unterstützung einfordern und damit drohen, andernfalls die Grenzen zu öffnen und die vielen Menschen Richtung Westen weiterziehen zu lassen.

Wenig bekannt ist, dass die Türkei entlang seiner südlichen und östlichen Grenzen Zäune und Mauern errichtet. Das ist zum einen ein schlechtes Zeichen für die Beziehung zu den islamischen Nachbarn und zum anderen ein Hinweis darauf, dass die Türkei nun mit allen Mitteln versucht, den weiteren Zuzug von Flüchtlingen zu verhindern. Bereits 2014 hat die Türkei damit begonnen, eine doppelte Mauer entlang der Grenze zu Syrien zu bauen, Mitte 2017 waren mehr als zwei Drittel der gesamten Grenze auf diese Art geschützt. Als Begründung für den Grenzwall wird angeführt, man wolle verhindern, dass kurdische Militante und IS-Kämpfer in die Türkei einsickern, aber die Mauer hält eben auch Flüchtlinge ab. Erdoğan erklärte, in Zukunft solle die Mauer entlang der gesamten Grenze zu Syrien verlaufen. Aber auch an den Grenzen zu Irak und Iran will die Türkei Mauern und Zäune bauen. Die Türkei schottet sich ab.

Zu Iran besteht ohnehin ein zwiespältiges Verhältnis. Zwar gibt es immer wieder Signale von beiden Seiten, dass man um freundschaftliche Nachbarschaft bemüht sei. Doch immer wieder wirft die Türkei Iran wie Irak vor, die PKK zu unterstützen und den kurdischen Kämpfern Unterschlupf zu bieten. Iran war lange vor dem Osmanischen Reich eine Weltmacht. Und wie die Türken speist sich das Selbstbewusstsein iranischer Politik oft aus dem Rückblick auf die heroische Geschichte, während man die vergleichsweise unspektakuläre Gegenwart gerne verdrängt. Entsprechend existiert eine Rivalität zwischen beiden Ländern – zumal Iran überwiegend schiitisch, die Türkei mehrheitlich sunnitisch ist. Den wirtschaftlichen Erfolg der Türkei beäugt man in Iran seit Jahren mit einer Mischung aus Bewunderung und Neid: Warum haben wir nicht erreicht, was der Türkei gelungen ist?, fragen sich viele Iraner. Die internationalen Sanktionen, unter denen das Land wegen seiner Atompolitik lange gelitten hat, empfinden sie deshalb auch rückblickend als Ungerechtigkeit. Ohne die Sanktionen, glauben sie, hätte Iran die Türkei längst wirtschaftlich überholt.

Nirgendwo wird die Konkurrenz beider Staaten so deutlich wie in Syrien: Im gemeinsamen Nachbarland verfolgen Iran und Türkei entgegengesetzte Interessen. Iran unterstützt Präsident Assad, will ihn stützen und weiter an der Macht sehen. Die Türkei hat auf dessen Ende spekuliert.

Beim Syrienkonflikt kommt schließlich eine weitere Macht ins Spiel, die in der Region eine wichtige Rolle spielt: Russland. Auch Russland ist in Syrien Assads Verbündeter, zum Missfallen der Türkei. Ansonsten hat Ankara lange Zeit auf ein gutes Verhältnis zu Moskau gesetzt, trotz der Meinungsverschiedenheiten über Syrien. Russische Touristen waren lange Zeit ein wichtiger Wirtschaftsfaktor für die Türken, auch sonst arbeitete man wirtschaftlich eng zusammen, unter anderem im Energiesektor und beim Bau von Pipelines, um bei der Öl- und Gasversorgung gemeinsam die EU zu umgehen. Doch dann schoss die Türkei im November 2015 ein russisches Kampfflugzeug ab, das auf dem Weg nach Syrien war. Nach türkischer Darstellung war es trotz Warnungen per Funk in türkischen Luftraum eingedrungen. Russland bestritt, dass das Flugzeug sich über türkischem Hoheitsgebiet befunden hatte, aber selbst wenn – es war unterwegs Richtung Syrien, der Beschuss daher eine unverhältnismäßige Reaktion. Beim Abschuss des Flugzeugs wurde einer der beiden russischen Piloten getötet, syrische Rebellen veröffentlichten Videoaufnahmen im Internet, die eine entstellte Leiche zeigten.

Als Nato-Mitglied hatte die Türkei mit dieser Aktion das gesamte Bündnis in Bedrängnis gebracht. Es war klar, dass der Abschuss eines russischen Flugzeugs nicht ohne Folgen bleiben würde. Mehrere russische Abgeordnete verlangten den Abbruch der diplomatischen Beziehungen zur Türkei, zumal Erdoğan sich in seiner trotzigen Art weigerte, öffentlich Abbitte zu leisten. Stattdessen beharrte er darauf, dass das türkische Militär sich korrekt verhalten habe. In Moskau wurde daraufhin behauptet, die Türkei habe die Maschine abgeschossen, um den IS vor russischen Angriffen zu schützen. Der Fall »belegt zum wiederholten Mal die grenzenlose Unterstützung des internationalen Terrorismus durch die Türkei«, hieß es in einem Schreiben russischer Parlamentarier an Präsident Putin. Auch der warf Ankara vor, mit dem IS gemeinsame Sache zu machen. Russische Soldaten führten einen »heldenhaften Kampf gegen den Terror, ohne sich selbst und das eigene Leben zu schonen. Doch der heutige Verlust ist verbunden mit einem Schlag, den uns die Handlanger der Terroristen in den Rücken versetzt haben«, erklärte er.

Danach eskalierte der Konflikt Schritt für Schritt: Der russische Außenminister Sergej Lawrow sagte einen lange geplanten Besuch in der Türkei ab, die Nato berief auf Bitten der Türkei ein

Sondertreffen ein. Russland belegte die Türkei mit Wirtschaftssanktionen. Die Regierung in Moskau forderte die Bevölkerung auf, nicht mehr in die Türkei zu reisen. Sie gab eine Reisewarnung für die Türkei heraus, russischen Reisebüros wurde untersagt, Urlaube dorthin zu vermitteln. Es wurde ein Flugverbot für Pauschalreisen und Charterflüge in die Türkei erlassen, das erst im Juli 2016 wieder aufgehoben wurde, nachdem Erdoğan sich nach monatelangem Warten endlich zu einer Entschuldigung hatte durchringen können.

Dass der Konflikt mehr oder weniger begraben ist, liegt daran, dass Putin und Erdoğan sich persönlich gut verstehen. Nur so ist zu erklären, dass die russische Regierung dem Aufruf mehrerer russischer Abgeordneter, die diplomatischen Beziehungen zur Türkei komplett abzubrechen, nicht nachkam. Die beiden Präsidenten sind sich in ihrem Wesen ähnlich, beide pflegen einen mitunter selbstherrlichen Politikstil, beide haben in ihrem jeweiligen Land staatliche Institutionen auf ihre Person zugeschnitten, und beide fühlen sich verbunden in der gemeinsamen Rolle des kritisierten Außenseiters am Rande von Europa. Weil die gemeinsamen – vor allem wirtschaftlichen – Interessen groß sind, haben Vorfälle wie der Abschuss des Flugzeugs oder die Ermordung des russischen Botschafters Andrej Karlow im Dezember 2016 in Ankara durch einen islamischen Extremisten keine langfristigen Auswirkungen.

Im Verhältnis mit ihren Nachbarn und Bündnispartnern befindet sich die Türkei in einer schwierigen Phase. Die Ziele ihrer Außenpolitik sind nur noch schwer zu durchschauen. Es ist unklar, inwiefern die türkische Regierung noch Wert legt auf eine Anbindung an den Westen, inwieweit sie sich islamisch definiert, eine Neuorientierung Richtung Osten sucht und den Bruch mit Europa und den USA riskiert. In seinen Reden hat Erdoğan mehrfach deutlich gemacht, dass er neue Bündnisse anstrebt, vor allem mit Russland und China. Und diese beiden Staaten sind nur zu gerne zur Stelle, um die immer schlechter werdenden Beziehungen zwischen Europa und der Türkei für sich auszunutzen. Man kann diese Hinwendung der drei Länder zueinander als Abgrenzung zur EU verstehen: Von Europa fühlen sich die Türkei, Russland und China aus unterschiedlichen Gründen schlecht behandelt. Nach wie vor ist die EU der wichtigste Handelspartner der Türkei, sie ließe sich auch nicht leicht durch andere Partner ersetzen. Doch trotz des wirtschaftlichen Risikos billigt mindestens die Hälfte der türkischen Bevölkerung Erdoğans politischen Kurs, sich von der EU zu distanzieren.

Die Entwicklung der letzten Jahre hat deutlich gemacht, dass die Türkei immer weniger gewillt ist, den demokratischen Normen des Westens zu entsprechen, und sich das Land in Richtung Autokratie entwickelt. Das immer stärker zutage tretende Großmachtdenken, das sich vor allem in der Außenpolitik äußert, macht die Türkei zu einem schwierigen, geradezu unberechenbaren Partner.

Abschied: Tod einer Demokratie

Seitdem ich die Türkei verlassen musste, erhalte ich regelmäßig Zuschriften von Familie, Freunden und Lesern, in denen sie mir mitteilen, wie froh sie seien, dass ich nicht mehr in Istanbul lebe. »Du kannst dir nicht vorstellen, welche Sorgen wir uns um euch gemacht haben«, schreibt eine Freundin. »Ich bin beruhigt, Sie in Sicherheit zu wissen«, bekundet ein Leser. Die Türkei ist plötzlich ein unsicheres Land, jedenfalls wird sie so wahrgenommen. Viele Menschen fragen sich, ob sie heute, angesichts des Terrors und der politischen Entwicklungen, noch dorthin reisen können. Oft höre ich die Antwort: Auf jeden Fall! Schließlich sei die Wahrscheinlichkeit, in der Türkei Opfer eines Terroranschlags zu werden, extrem gering. Und was die autoritäre Politik Präsident Erdoğans angehe, solle man nicht vergessen, dass etwa die Hälfte der stimmberechtigten Bevölkerung gegen ihn sei. Man dürfe die Kritiker doch gerade jetzt nicht im Stich lassen, sondern müsse ihnen in diesen schwierigen Zeiten beistehen.

Ich kann diesen Appell nachvollziehen. Ich kenne sehr viele kritisch denkende Menschen in der Türkei, die unter den derzeitigen Entwicklungen leiden. Ich sehe, dass die Türkei ein lebensfrohes, buntes Land sein könnte, mit seiner kulturellen Vielfalt, seinen schönen alten Städten, den herrlichen Küsten, den weiten Landschaften mit den Olivenhainen, Bergen und Seen und, vor allem, mit seinen vielen liebenswürdigen Menschen. Die Türkei könnte ein prosperierendes Land sein. Sie hat die Menschen, sie hat die Ressourcen, sie hat das Potenzial.

Aber ich zögere, mich diesem Appell anzuschließen. Denn ich sehe auch, dass es nicht *die* Opposition zu Erdoğan gibt und dass die, die sich als Alternative anbieten, nicht unbedingt eine *bessere*

Alternative sind. Da huldigen die einen Atatürk und treiben um ihn einen Personenkult, ähnlich wie es die AKP um Erdoğan tut. Da sind die türkischen Rechtsextremen, die sich mit dem Wolfszeichen begrüßen: eine zu einem Wolfskopf geformte Hand, ähnlich dem »Leisefuchs«, den Pädagogen verwenden, um eine Gruppe Kinder zum Schweigen zu bringen. Und auch sie verehren einen Mann geradezu kultisch: Alparslan Türkeş, Gründer der Partei der Nationalistischen Bewegung, kurz: MHP, ein 1997 verstorbener Neofaschist und ehemaliger Armee-Oberst, dessen Porträt sich in Parteibüros, auf Plakaten, Fahnen und Wimpeln findet und dessen Name in nahezu jeder Rede von MHP-Politikern erwähnt wird. Dann ist – oder besser: war – da die prokurdische, linksliberale HDP, immerhin eine Zeit lang zweitgrößte Oppositionspartei. Man muss in der Vergangenheitsform sprechen, denn weil das türkische Parlament im Mai 2016 einer von der AKP vorgelegten Verfassungsänderung zustimmte, mit der viele Abgeordnete automatisch ihre Immunität verloren, sitzen nun mehrere HDP-Politiker im Gefängnis, darunter die gesamte Parteiführung in Person der Parteivorsitzenden Selahattin Demirtaş und Figen Yüksedağ. Erdoğan wirft ihnen vor, politischer Arm der PKK zu sein. Und tatsächlich gab es aus Parteikreisen immer wieder zweifelhafte Kommentare zugunsten der PKK sowie Auftritte von HDP-Mitgliedern, bei denen das PKK-Logo verwendet wurde. Viele HDP-Funktionäre verehren Abdullah Öcalan, Gründer der PKK und Gründungsinitiator der HDP. Aber die meisten HDP-Politiker haben sich deutlich von der Gewalt der PKK distanziert. Auch deswegen sagen manche westlichen Diplomaten, wenn sie nach einer Alternative zu Erdoğans AKP gefragt werden, die HDP sei noch »die vernünftigste Oppositionspartei«.

Es hat sich gezeigt, dass Oppositionspolitiker und ihre Anhänger Erdoğan zwar kritisch sehen, aber in einer merkwürdigen Mischung aus politischer Hilflosigkeit und falsch verstandener Loyalität geschlossen hinter ihm stehen, wenn sie sich als Türken in ihrem Nationalstolz verletzt fühlen. Zuletzt wurde das nach dem gescheiterten Putschversuch im Juli 2016 ersichtlich. Da traten Oppositionspolitiker demonstrativ Hand in Hand mit Erdoğan auf die Bühne, um ein Zeichen gegen die Putschisten zu setzen. Dabei übersahen sie das Offensichtliche: dass Erdoğan dieses Ereignis ausnutzen würde, um sich auf einen Schlag seiner Kritiker zu entledigen. Tatsächlich nahm er den Putschversuch zum Anlass, den Ausnahmezustand auszurufen und seither per Dekret zu regieren. Erdoğan hat die Gülen-Bewegung als Drahtzieher des Coups ausgemacht und lässt ihre tatsächlichen und vermeintlichen Anhänger verfolgen, obwohl die meisten von ihnen mit Politik nichts zu tun haben. Innerhalb weniger Wochen ließ Erdoğan Tausende Menschen aus dem Staatsdienst entfernen und Tausende ins Gefängnis werfen. Auch außerhalb der türkischen Landesgrenzen werden vermeintliche Staatsfeinde mit allen Mitteln verfolgt: Weltweit werden Menschen mit Wurzeln in der Türkei im Auftrag der türkischen Regierung bespitzelt, einige geraten in Schwierigkeiten, wenn sie später in die Türkei reisen. Dutzende Festnahmen am Atatürk-Flughafen in Istanbul sind bekannt, nur weil den Einreisenden unterstellt wird, Sympathien für Gülen zu haben.

Es ist ein Dilemma: Die Oppositionellen wollen sich nicht mit Erdoğan solidarisieren, fühlen sich aber vom Ausland missverstanden und von oben herab behandelt. Erdoğan weiß das geschickt zu nutzen, indem er mit kalkulierten Provokationen versucht, ausländische Politiker, Medien und Bevölkerungen zu Reaktionen zu verführen, die er als Arroganz, Geringschätzung und Beleidigung von Türken umdeutet. Auf diese Weise kann er sich als derjenige präsentieren, der die Türken behütet und beschützt und verteidigt – er, und nur er allein.

Die Gezi-Proteste im Sommer 2013, als Menschen aus allen Schichten gegen den Autoritarismus Erdoğans protestierten und dafür beschossen, niedergeknüppelt und ins Gefängnis gesteckt wurden, haben gezeigt, dass es in der türkischen Bevölkerung ein beachtliches Potenzial für Widerstand gibt. In der Folge wurde aber auch deutlich, dass es einer autoritären Regierung gelingen kann, Protest zu ersticken – sie muss nur brutal genug gegen ihre Kritiker vorgehen. Die Akteure von Gezi klammern sich an die Hoffnung, dass der Geist der Proteste und die andere, demokratische, bunte Seite der Türkei noch lebe. Tatsache ist aber, dass die Türkei heute undemokratischer ist denn je. Erdoğan gewinnt immer noch haushoch Wahlen, vielleicht nicht mehr so unbeschwert wie noch vor ein paar Jahren, aber indem er geschickt an die Gefühle seiner Anhänger appelliert und jeglichen Widerspruch massiv unterdrückt, gelingt es ihm nach wie vor, eine deutliche Mehrheit für sich und seine Ziele zu gewinnen. Das hat er zuletzt bei der Abstimmung über die Verfassungsänderung im April 2017 unter Beweis gestellt, bei der ihm die Mehrheit der türkischen Bevölkerung das Mandat erteilte, das Land nach seinen Vorstellungen umzuformen. Von Gezi ist wenig geblieben. Und wen wundert es, denn wer wagt sich schon auf die Straße, wer soll gegen die Regierung, gegen den Präsidenten demonstrieren, wenn er mit drastischen Strafen rechnen oder gar um sein Leben fürchten muss? Wer macht auch nur den Mund auf, wenn er dadurch gleich in die Nähe von Terroristen gerückt wird, ein Generalverdacht, der auf allen lastet, die nicht in den Erdoğan-Jubel einstimmen?

Im Juni und Juli wagte es der Oppositionsführer, CHP-Chef Kemal Kılıçdaroğlu, aus Protest gegen die Festnahme eines CHP-Abgeordneten wegen angeblichen Geheimnisverrats von Ankara nach Istanbul zu marschieren. Diesem Protestmarsch schlossen sich immerhin Tausende Menschen an, bei der Abschlusskundgebung in Istanbul waren Hunderttausende dabei, darunter Anhänger unterschiedlicher Parteien. Sie alle forderten »Recht, Justiz, Gerechtigkeit«. Es war eine seltene Demonstration der Opposition, eine eindrucksvolle Meinungsbekundung vieler Menschen, von der man sich erhofft, dass sie Wirkung zeigt.

In den Reise- und Sicherheitshinweisen des Auswärtigen Amtes zur Türkei heißt es: »Es wird dringend davon abgeraten, in der Öffentlichkeit politische Äußerungen gegen den türkischen Staat zu machen beziehungsweise Sympathie mit terroristischen Organisationen zu bekunden.« Da die türkische Regierung in ihrem Verfolgungswahn immer neue Festnahmen veranlasste, sah sich die Bundesregierung im Juli 2017 gezwungen, ihre Reisehinweise zu verschärfen. »Zuletzt waren in der Türkei in einigen Fällen Deutsche von freiheitsentziehenden Maßnahmen betroffen, deren Grund oder Dauer nicht nachvollziehbar war. Hierbei wurde teilweise der konsularische Zugang entgegen völkerrechtlichen Verpflichtungen verweigert«, heißt es jetzt amtlich. Wer »aus privaten oder geschäftlichen Gründen« in die Türkei reise, dem werde »zu erhöhter Vorsicht geraten«.

Auch andere Länder warnen, zum Beispiel Österreich. »Es wird darauf hingewiesen, dass politische Äußerungen in der Öffentlichkeit (auch über Social Media) gegen den türkischen Staat und dessen oberste Organe verboten sind, geahndet werden und zu Festnahmen führen können«, heißt es in den Reiseinformationen des Außenministeriums in Wien. Es ist nachvollziehbar, dass »Sympathie mit terroristischen Organisationen« prinzipiell zu ächten ist. Schwierig wird es aber, wenn gleich jeder, der sich kritisch über die türkische Regierung, die türkische Politik oder Erdoğan äußert, als »Terrorist« oder »Terrorsympathisant« gebrandmarkt wird. Diese pauschale Verurteilung ist ein Mittel der Regierung, um Kritiker und Opposition verfolgen und zum Schweigen bringen zu können. Darin unterscheidet die türkische Regierung sich nicht von anderen Autokratien.

Besonders problematisch ist diese Haltung, legitime Kritik pauschal als Terrorunterstützung zu verdammen, auch deswegen, weil die Türkei zugleich vermeidet, sich mit dem wirklichen Terrorproblem im Land auseinanderzusetzen. Ich habe mich in der Türkei mit IS-Leuten getroffen. Das war für die türkische Regierung nie ein Problem, jedenfalls bin ich deswegen nie angefeindet worden.

Aber dass ich mit PKK-Anhängern gesprochen habe, das machte mich in ihren Augen zu jemandem, der »Terrorpropaganda« verbreitet. Dabei habe ich mich natürlich mit niemandem gemeingemacht, weder mit dem IS noch mit der PKK. Ich habe darauf geachtet, jenen, die Gewalt als Mittel der Politik sehen, keine Bühne zu bieten, sondern ihr Handeln und Denken kritisch zu beleuchten. Das nennt man Journalismus. Ich verstehe, dass Politik oft eine heikle Angelegenheit ist und dass sich politische Themen nicht als Party-Smalltalk eignen. Aber wenn Staaten Reisende davor warnen müssen, sich in der Türkei kritisch zu äußern, dann kann von Meinungsfreiheit in diesem Land nicht mehr die Rede sein. Der Schriftsteller und Nobelpreisträger Orhan Pamuk sagte einmal: »Wissen Sie, es gibt Leute, die lieben ihr Vaterland, indem sie foltern. Ich liebe mein Land, indem ich meinen Staat kritisiere.«

Ich liebe die Türkei nicht, weil ich prinzipiell keinen Staat liebe, aber ich mag dieses Land, auch wenn mir Erdoğan-Anhänger unterstellen, ich wäre ein »Feind der Türkei«. Ich war viele Jahre lang ein Befürworter einer EU-Mitgliedschaft der Türkei. Aber heute? Angesichts der Entwicklungen fällt mir kein Grund mehr ein, der einen EU-Beitritt rechtfertigen würde. Hätte es einen Unterschied gemacht, wenn die Türkei vor einigen Jahren, als die Reformen noch vorankamen und das Land auf einem guten Weg zu mehr Demokratie war, in die EU aufgenommen worden wäre? Gäbe es dann heute eine andere Türkei?

Gewiss, sagen manche, denn dann hätte man auf die Türkei ganz anders einwirken können, nicht nur auf Erdoğan direkt, sondern auch durch eine Stärkung der Zivilgesellschaft und der oppositionellen Kräfte im Land. Dann wäre es dem Präsidenten vielleicht nicht so leichtgefallen, die Bevölkerung von der mangelnden Wertschätzung des Auslands, von einer Konfrontation »Wir gegen den Rest der Welt« zu überzeugen und die Türkei in eine Situation zu führen, in der die Beziehungen zu ihren Partnern und Nachbarländern so konfliktreich sind wie nie zuvor.

Keineswegs, behaupten andere, denn Erdoğan habe nie etwas anderes im Sinn gehabt als seine eigene Macht, koste es, was es wolle. Er und seine Anhänger hätten Demokratie nur als Mittel zum Zweck gesehen – und, als das Ziel auf demokratischem Weg nicht zu erreichen war, eben auf ein anderes Vorgehen gesetzt. Um an der Macht zu bleiben und das Land nach seinen Vorstellungen umzuformen, ist Erdoğan jedes Mittel recht, daran hätte auch eine Mitgliedschaft in der EU nichts ändern können, da die Möglichkeiten, auf die innenpolitische Entwicklung eines Mitgliedsstaates einzuwirken, sehr begrenzt sind, was man momentan am Beispiel Polens und Ungarns sehen kann.

Dennoch steht die Frage weiterhin im Raum: Gehört die Türkei in die EU? Unter diesem Präsidenten, mit dieser Politik ganz gewiss nicht. Ich halte es für wichtig, ehrlich zu sein und deutlich zu machen: Worte und Taten haben Folgen. Es nützt nichts, sich hinter diplomatischen Formulierungen zu verstecken, sondern man muss auch Konsequenzen androhen und nötigenfalls in die Tat umsetzen. Ein Abbruch der EU-Beitrittsverhandlungen wäre ein harter Schritt, aber die türkische Regierung muss wissen, dass ihr Handeln solch eine Entscheidung zur Folge haben kann. Andererseits: Die Türkei wird immer ein Nachbar Europas bleiben, und da man sich seine Nachbarn nicht aussuchen kann, gibt es nur einen Weg: weiterhin an einem möglichst friedlichen Miteinander zu arbeiten, den Gesprächsfaden nicht abreißen zu lassen und darauf hinzuwirken, dass sich in der Türkei etwas verändert. Türkei-Politik ist in diesen Zeiten ein Balanceakt. Doch fest steht: Eine Kultur, die keine Kritik verträgt, ist zu kritisieren. Und ein Land, in dem die Launen einer einzelnen Person das Schicksal von Menschen besiegeln können, ist keine Demokratie.

Uns Journalisten wird oft vorgeworfen, wir würden den Blick zu sehr auf Erdoğan richten. Doch das ist notwendig bei einem Präsidenten, der für sich beansprucht, die Türkei geradezu zu verkörpern. In einem Rechtsstaat würde jeder einzelne der folgenden

Vorwürfe genügen, ihn des Amtes zu entheben: Korruption und Vetternwirtschaft, das Umgehen von Gesetzen zum eigenen Vorteil, das brutale Vorgehen im Südosten des eigenen Landes, der Umgang mit dem IS, die heimlichen Kriegspläne gegen Syrien. In der Türkei führt all das zu: nichts. Die Korruptionsvorwürfe gegen Erdoğan und seine Familie sind gewaltig und bis heute nicht widerlegt, aber statt die Vorwürfe zu untersuchen, wurden alle Ermittler, alle Kritiker abgestraft und mundtot gemacht. Erdoğan regiert unbeirrt und unbehelligt weiter.

Die Türkei ist ein Land geworden, in dem seit dem Putschversuch offen nach der Todesstrafe gerufen wird. Erdoğan kokettiert mit der Wiedereinführung und verspricht, er würde eine solche Gesetzesänderung durchsetzen, wenn die Bevölkerung dafür stimme – wissend, dass damit jegliche Chancen auf eine EU-Mitgliedschaft verspielt wären. Manche halten die Diskussion daher auch nur für eine gezielte Provokation in Richtung Westen und glauben, dass die türkische Regierung eine Wiedereinführung der Todesstrafe nicht ernsthaft in Erwägung zieht. Unbestreitbar ist aber, dass ein Klima herrscht, in dem es legitim erscheint, den politischen Gegner zu vernichten. Erdoğan hat so lange Bedrohungsszenarien aufgebaut, dass ein Großteil der Bevölkerung nun solch ein hartes Vorgehen gegen vermeintliche Staatsfeinde fordert. Der türkische Wirtschaftsminister Nihat Zeybekçi sagte nach dem Putschversuch über die Festgenommenen, noch bevor ein Prozess auch nur begonnen hatte oder irgendein Beweis gegen die Beschuldigten vorlag: »Wir werden sie so hart bestrafen, dass sie uns anflehen werden: ›Lasst uns sterben, damit wir erlöst werden!‹ Wir werden sie zwingen, uns anzuflehen! Wir werden sie in so tiefe Löcher werfen, dass sie kein Sonnenlicht mehr sehen, solange sie atmen. ›Tötet uns!‹, werden sie uns anflehen. Selbst wenn wir sie hinrichten, fände mein Herz keinen Frieden. Sie werden in zwei Quadratmeter großen Löchern sterben wie Kanalratten.« Solche Worte abstoßend, primitiv und einer Demokratie unwürdig zu finden bedeutet nicht, Sympathien mit den Tätern zu haben. Aber so legt es die türkische Regierung aus: Wer Kritik gegen das Vorgehen der Regierung äußert, ist aus ihrer Sicht entweder ein Anhänger der PKK oder Gülenist oder Kemalist oder Religionsfeind oder Spion oder Terrorpropagandist oder Verräter. Nur eines ist er für sie nicht: ein Staatsbürger, der sein Recht auf freie Meinungsäußerung in Anspruch nimmt.

Im Januar 2016, als ich noch in Istanbul lebte, sprengte sich ein Selbstmordattentäter in einer Gruppe deutscher Touristen auf dem Platz zwischen Blauer Moschee und Hagia Sophia in die Luft. Ich war erschüttert. Alle paar Wochen war ich dort gewesen, ein friedlicher, schöner Ort. Eine Woche nach meinem Wegzug, im März 2016, zündete ein Terrorist in der Haupteinkaufsstraße von Istanbul, in der Istiklal Caddesi, seine Sprengstoffweste. Das geschah nur wenige hundert Meter von unserer alten Wohnung entfernt, an einer Stelle, an der ich fast täglich vorbeigekommen war. Im Juni 2016 richteten mutmaßliche IS-Anhänger ein Massaker am Atatürk-Airport in Istanbul an. Von keinem anderen Flughafen bin ich öfter abgereist, nirgendwo häufiger gelandet.

Dann der Putschversuch im Juli 2016, bei dem viel Blut vergossen wurde. Seither wurden Tausende von Soldaten bis hin zu hochrangigen Offizieren, Polizisten, Richtern, Staatsanwälten, Lehrern und sonstigen Beamten entlassen, wurden Tausende ins Gefängnis geworfen. Manche Kritiker behaupten, Erdoğan selbst habe den Putsch inszeniert, um eine Rechtfertigung für sein unerbittliches Vorgehen gegen die Opposition im Land zu haben. Sie führen an, dass die Putschisten dilettantisch und viel unprofessioneller vorgegangen seien als Offiziere bei früheren Umstürzen, so hätten sie beispielsweise das Parlamentsgebäude in Ankara bombardiert, was überhaupt keinen Sinn ergeben habe. Sosehr Erdoğan die Lage nach dem Putsch für sich ausnutzt, sosehr er auch seine politischen Gegner auf undemokratische Weise aus dem Weg räumt – Beweise dafür, dass er selbst hinter dem Putsch steckt, gibt es nicht.

Genauso wenig gibt es jedoch Beweise dafür, dass die Gülen-Bewegung der Drahtzieher des Putsches ist. Solange es keine belastbaren Beweise für die eine oder andere Version der Geschichte gibt, bleiben nur Mutmaßungen und Verschwörungstheorien. Klar ist aber, dass Erdoğan von dem Umsturzversuch profitiert. Er und seine Getreuen sind Nutznießer der Unfreiheit. Der gescheiterte Versuch einiger Militärs, den Präsidenten und die Regierung zu stürzen, zeigte einmal mehr, wie die Mächtigen in der Türkei sich Ereignisse zunutze machen, um ihre Ziele zu verfolgen. Keinen halben Tag nach dem Umsturzversuch sprach Erdoğan ganz offen darüber, wie er die Lage für sich nutzen wolle. »Dieser Aufstand, diese Bewegung ist wie ein Geschenk Gottes«, sagte er am Istanbuler Atatürk-Flughafen. Denn der Putsch gebe ihm »die Gelegenheit, die Streitkräfte zu säubern«. Jene, die sich an dem Coup beteiligt hätten, seien »Terroristen«. Mit diesen Worten ließ sich die weitere Entwicklung erahnen. Und trotzdem stellten sich Oppositionspolitiker mit ihm gemeinsam auf eine Bühne, aus Angst, man könnte sie der Unterstützung der Putschisten bezichtigen. Man könnte auch mutmaßen: aus vorauseilendem Gehorsam und einem Konformismus, der die Demokratie immer weiter aushöhlt.

In diesem Klima der Angst ließ Erdoğan die türkische Bevölkerung am 16. April 2017 in einem Referendum über eine Verfassungsänderung abstimmen, mit der ein Präsidialsystem eingeführt werden sollte. Er gewann mit knapper Mehrheit und nimmt seitdem mehr denn je für sich in Anspruch, den Willen des Volkes unmittelbar zu repräsentieren. Bereits jetzt ist das Parlament entmachtet, eine unabhängige Justiz gibt es kaum noch, alle Macht liegt beim Präsidenten. Jedes Medium, das nicht in Erdoğans Sinne berichtet, wird eingeschüchtert und auf Linie gebracht oder geschlossen. Gesamte Redaktionen wurden ausgetauscht, sodass vormals kritische Blätter von einem Tag auf den anderen plötzlich Jubelberichte veröffentlichten. Dass die öffentliche Meinung mit solch unlauteren Mitteln manipuliert wird, ist aus Sicht der Regierung legitim und kein Grund, sich zu schämen.

Ich habe die Politik der türkischen Regierung als eine Aneinanderreihung von Tiefpunkten erlebt. Das Vorgehen Erdoğans ist dabei ebenso durchschaubar wie traurig: Er will die Macht, und zwar ohne Widerspruch, ohne Diskussion, ohne Kompromisse. Er glaubt, weil er mit knapp zweiundfünfzig Prozent der Stimmen zum Präsidenten gewählt wurde, habe er nun die hundertprozentige Macht und müsse auf niemanden mehr Rücksicht nehmen. Dass Demokratie sich nicht auf das Abhalten von Wahlen beschränkt, sondern auch eine Vielzahl von Prinzipien wie Gewaltenteilung, Presse- und Meinungsfreiheit, Unabhängigkeit der Justiz und vieles mehr beinhaltet, hat er entweder nie verinnerlicht oder es ist ihm nicht wichtig. Solange die demokratische Fassade gewahrt bleibt und er sich darauf berufen kann, dass die Mehrheit des Volkes hinter ihm steht, fühlt sich Erdoğan über jegliche Kritik erhaben.

Erdoğan giert nach kultischer Verehrung. Die Menschen sollen ihn feiern, ihm zujubeln, ihm zu Füßen liegen. Das versteht er unter Respekt. Wenn seine Fans ihm zurufen:»Ein Wort von dir, und wir töten! Ein Wort von dir, und wir sterben!« oder sogar, wie ich es selbst bei einem Auftritt in Istanbul gehört habe, in aller Öffentlichkeit schreien:»Ich bin nur das Haar an deinem Hintern!«, dann ermahnt Erdoğan sie nicht, zur Besinnung zu kommen, nein, er lächelt ihnen väterlich zu, fühlt sich geschmeichelt und lobt sie ob ihrer Loyalität. Eine Gesellschaft, in der solch ein Führerkult herrscht, hat nicht nur ein politisches Problem, sondern auch ein psychologisches.

Es wäre unfair, alle Türken, die Erdoğan wählen, in eine Schublade zu stecken. Ich habe, grob unterteilt, drei Arten von Fans kennengelernt: rational denkende, eher unemotionale Menschen, die sich von ihm einen politischen und ökonomischen Aufstieg des Landes und damit für sich selbst und ihre Kinder einen höheren Lebensstandard erhoffen; einfache Leute, die Erdoğan mögen, ihn durchaus emotional beurteilen und als Vaterfigur sehen und sagen: »Seit Erdoğan regiert, habe ich mehr Geld im Portemonnaie.« Und schließlich die glühenden Verehrer, die ihn aus nationalistischer oder islamistischer Überzeugung bejubeln oder weil er ihren Wunsch nach einer starken Führerpersönlichkeit bedient. Die ersten beiden Gruppen könnten sich von ihm abwenden, wenn es mit der Türkei politisch und, mehr noch, wirtschaftlich weiter bergab geht. Die dritte Gruppe wird immer zu ihm halten, komme, was wolle. Und ich fürchte, diese Gruppe ist nicht klein.

Ich kenne aber auch viele Türken, die unter Erdoğan leiden, die sich für seine Grobheit, seine Hetze gegen Andersdenkende schämen und dafür, dass er die Türkei im Ausland schlecht dastehen lässt. Menschen, die darüber nachdenken, das Land zu verlassen. Türkische Freunde fragen nach Jobperspektiven im Ausland und wie man an ein Visum und eine Aufenthaltserlaubnis kommt. Hotels, Restaurants, Läden sind leer – die Entwicklung der vergangenen Jahre hat auch in der Wirtschaft ihre Spuren hinterlassen, Touristen bleiben aus, ausländische Investoren ziehen sich zurück, die türkische Lira hat dramatisch an Wert verloren.

Das immer mehr Türken darüber nachdenken, ihr Heimatland zu verlassen, verwundert nicht in einer Zeit, in der Denunziantentum Bestandteil türkischer Regierungspolitik geworden ist. Im Internet wurde die Bevölkerung aufgefordert, jeden zu melden, der sich kritisch über die Regierung oder gar positiv über die Gülen-Bewegung äußert. Für jene, die Erdoğan und seiner Politik nicht bedingungslos folgen wollen, wird es immer gefährlicher.

Ein Ende dieser Entwicklung ist nicht absehbar. Nach jeder neuen Unmöglichkeit sagte man sich: *Das* wird Erdoğan ganz gewiss nicht machen, *das* wird er sich nicht trauen, noch weiter wird er nicht gehen. Aber die türkische Regierung hat bewiesen, dass es immer noch schlimmer kommt, als man denkt: der

Krieg in den überwiegend kurdisch besiedelten Regionen der Türkei, damit sich die Regierung als starke, schützende Macht inszenieren kann; die Entlassung und Gängelung von Tausenden von Menschen, die in irgendeiner Form als Kritiker definiert wurden; die Absetzung von Richtern, Staatsanwälten und Polizeibeamten, weil sie angeblich der Gülen-Bewegung nahestehen oder weil sie Korruptionsvorwürfen gegen Regierungsmitgliedern nachgingen; die Schließung von Zeitungen und die Sperrung von Nachrichtenseiten sowie der Austausch ganzer Redaktionen; Tausende von Anzeigen gegen einfache Leute, die etwas Lustiges über den Präsidenten im Internet gepostet haben und sich nun wegen Beleidigung vor Gericht verantworten müssen. Neben der massiven Einschränkung der Meinungsfreiheit und der brutalen Verfolgung vermeintlicher und realer Oppositioneller greift der Staat inzwischen auch auf vielfältige Weise in den Alltag der Bürger ein: Der Alkoholausschank und -verkauf wird immer weiter eingeschränkt, den Stewardessen von Turkish Airlines wurde untersagt, roten Lippenstift zu tragen, Studentinnen und Studenten müssen in getrennten Wohnheimen leben, und die Gay-Pride-Demonstration in Istanbul wurde verboten, obwohl Tausende daran teilnehmen wollten.

Trotz all dieser Repressionen ist eine Mehrheit der Türken für Erdoğan. In Deutschland lebende Türken sind da sogar noch radikaler als die Türken in der Türkei, wie Wahl- und Abstimmungsergebnisse immer wieder zeigen – mit anderen Worten: Diese Menschen leben in Frieden und Freiheit, stimmen aber für eine Politik in der Türkei, durch die die Demokratie abgeschafft wird. Manche tun das aus Trotz gegenüber Deutschland, weil sie sich hier schlecht behandelt fühlen und weil sie wissen, wie kritisch die Mehrheit der Deutschen Erdoğan sieht. Man muss sich ihre Argumentation anhören. Man muss zur Kenntnis nehmen, dass es Fehler in der Integrationspolitik Deutschlands und Mängel beim Integrationswillen der Eingewanderten gegeben hat. Man sollte sich um ein neues Miteinander mit den hier lebenden türkischstämmigen Mitbürgern bemühen. Aber klar ist, dass die Entscheidungen der Deutschtürken die Unfreiheit in der Türkei fördern und dass sie sich mit diesem merkwürdigen Handeln am Ende selbst schaden – weil sie so den Graben in der Bevölkerung vertiefen, weil sie sich damit selbst ausgrenzen und entfremden, weil ihr Handeln erklärungsbedürftig ist, es aber keine widerspruchsfreie Erklärung gibt. Ich halte es für richtig, dass sich die Türken in Deutschland für ihr politisches Verhalten rechtfertigen müssen.

Ich kann leider nicht mehr in die Türkei reisen, in das Land, das für drei Jahre mein Zuhause geworden war, in dem ich Freunde gefunden und dessen Sprache ich gelernt habe. Das Risiko, dass ich bei der Einreise festgenommen werde, unter welchem Vorwand auch immer, ist zu groß. Dabei habe ich nichts anderes getan, als über die Türkei zu berichten.

Die drei Jahre, die ich mit meiner Familie in der Türkei gelebt habe, waren spannende, aber auch nervenaufreibende, anstrengende Jahre. In dieser Zeit habe ich gelernt, dass man leidensfähig sein muss, wenn man die Türkei mag. Es geschieht viel Unrecht, doch meist kann man nur hilflos zuschauen. Man lernt das Land und seine Menschen schätzen und muss hinnehmen, dass die Regierung zunehmend autoritärer herrscht. Man verliert den Glauben an die immer schwächeren demokratischen Kräfte in der Türkei und die Hoffnung, dass das Land sich von Erdoğan befreien können wird. Spätestens seit der Niederschlagung der Gezi-Proteste wurde für die ganze Welt sichtbar, dass sich das Land in die falsche Richtung entwickelt. Und es bleibt der Eindruck, dass die Welt zusieht und zu wenig unternimmt, um die Demokratie in der Türkei – oder das, was davon noch geblieben ist – zu schützen.

Eine Freundin schrieb mir kürzlich: »Wie gut, dass du nicht mehr in der Türkei lebst!« Sie meinte es gut. Aber ich war traurig, glücklich sein zu müssen, dass ich nicht in der Türkei lebe.

Ein Wort des Dankes

Zu diesem Buch haben viele Menschen beigetragen. Aber weil es ein kritisches Buch ist und weil ich wegen meiner Arbeit angefeindet werde (obwohl mir die Türkei und die Menschen dort sehr am Herzen liegen), kann ich nicht ausschließen, dass all jene, denen ich namentlich danke, Probleme bekommen, beispielsweise bei der Einreise in die Türkei. Da ich niemanden in Schwierigkeiten bringen möchte, verzichte ich an dieser Stelle auf Namensnennungen. Mein Dank gehört den vielen Menschen, die mir Türen geöffnet, Informationen anvertraut, Kontakte vermittelt, Zusammenhänge erklärt haben. Und allen, die gesagt haben: »Schreib das auf!«, die mich ermuntert und motiviert haben. Und denen, die das Manuskript gelesen, Kritik geübt, Verbesserungsvorschläge gemacht, am Text gearbeitet haben. Der größte Dank gebührt meiner Familie, die mich begleitet, auf vieles verzichtet, alles mitmacht, mir den Rücken stärkt, für mich da ist und überhaupt erst alles ermöglicht. Çok teşekkür ederim!

Bibliografie

Dies ist eine Auswahl an Literatur über die Türkei – Sachbücher, Textsammlungen, Essays, Romane –, die ich mit Gewinn gelesen habe, sei es, weil ich Neues gelernt, Interessantes erfahren oder auch einfach nur Spaß gehabt habe. Die Bibliografie erhebt keinerlei Anspruch auf Vollständigkeit, sondern ist eine Anregung für weitere Lektüre.

Adatepe, Sabine (Hrsg.): *Gezi. Eine literarische Anthologie*, binooki Verlag, Berlin 2014.

Adıvar, Halide Edip: *Mein Weg durchs Feuer. Erinnerungen*, Unionsverlag, Zürich 2010.

Ağaoğlu, Adalet: *Sich hinlegen und sterben*, Unionsverlag, Zürich 2008.

Akyol, Çiğdem: *Erdoğan: Die Biografie*, Herder Verlag, Freiburg im Breisgau 2016.

Alanyali, Iris: *Gebrauchsanweisung für die Türkei*, Piper Verlag, München 2015.

Aldak, Hülya / Glassen, Erika (Hrsg.): *Hundert Jahre Türkei. Zeitzeugen erzählen*, Unionsverlag, Zürich 2010.

Atay, Oğuz: *Die Haltlosen*, binooki Verlag, Berlin 2016.

de Bellaigue, Christopher: *Rebellenland. Eine Reise an die Grenze der Türkei*, Verlag C. H. Beck, München 2008.

Bohle, Hendrik / Dimog, Jan: *Architekturführer Istanbul*, DOM publishers, Berlin 2014.

Çalışlar, Ipek: *Mrs. Atatürk Latife Hanim. Ein Porträt*, btb Verlag, München 2010.

Çetin, Fethiye: *Meine Großmutter. Erinnerungen*, Verlag Auf dem Ruffel, Engelschoff 2014.

Cobanli, Hasan: *Der halbe Mond*, Langen-Müller, Stuttgart 2016.

Dündar, Can: *Lebenslang für die Wahrheit. Aufzeichnungen aus dem Gefängnis*, Hoffmann und Campe, Hamburg 2016.

Erdoğan, Aslı: *Nicht einmal das Schweigen gehört uns noch. Essays*, Albrecht Knaus Verlag, München 2017.

Esser, Anna / Krüger, Karen: *Bosporus Reloaded. Die Türkei im Umbruch*, Aufbau, Berlin 2015.

Gottschlich, Jürgen: *Beihilfe zum Völkermord. Deutschlands Rolle bei der Vernichtung der Armenier*, Ch. Links Verlag, Berlin 2015

Gottschlich, Jürgen: Türkei: *Erdoğans Griff nach der Alleinherrschaft. Ein politisches Länderporträt*, Ch. Links Verlag, Berlin 2016.

Großbongardt, Annette: *Istanbul Blues. Die Türkei zwischen Tradition und Moderne*, Rowohlt Berlin, Berlin 2008.

Günay, Cengiz: *Geschichte der Türkei. Von den Anfängen der Moderne bis heute*, Böhlau UTB, Wien 2013.

Günday, Hakan: *Flucht*, btb Verlag, München 2016.

Güngör, Baha: *Die Angst der Deutschen vor den Türken und ihrem Beitritt zur EU*, Diederichs, München 2004.

Guttstadt, Tayfun: *Çapulcu. Die Gezi-Park-Bewegung und die neuen Proteste in der Türkei*, Unrast Verlag, Münster 2014.

Hosfeld, Rolf: *Tod in der Wüste: Der Völkermord an den Armeniern*, Verlag C. H. Beck, München 2015.

Içpinar, Canset / Taşdemir, Ebru: *Ein »türkischer« Sommer in Berlin. Die Gezi-Bewegung und der Traum von Demokratie*, Orlanda Frauenverlag, Berlin 2014.

Kayser, Gisela (Hrsg.): *Ara Güler. Fotografien 1950 – 2005*, Nicolaische Verlagsbuchhandlung, Berlin 2014.

Kemal, Yaşar: *Memed mein Falke*, Unionsverlag, Zürich 2015.

King, Charles: *Mitternacht im Pera Palace. Die Geburt des modernen Istanbul*, Propyläen-Verlag, Berlin 2015.

Kreiser, Klaus: *Atatürk. Eine Biografie*, Verlag C. H. Beck, München 2014.

Kreiser, Klaus / Neumann, Christoph K.: *Kleine Geschichte der Türkei*, Reclam Verlag, Stuttgart 2009.

Landwehr, Susanne / Thumann, Michael: *Neue Anschrift Bosporus. Wie wir versuchten, in Istanbul heimisch zu werden*, Rowohlt, Reinbek bei Hamburg 2015.

Livaneli, Zülfü: *Roman meines Lebens. Ein Europäer vom Bosporus*, Klett-Cotta Verlag, Stuttgart 2011.

Mak, Geert: *Die Brücke von Istanbul. Eine Reise zwischen Orient und Okzident*, Pantheon Verlag, München 2007.

Mater, Nadire: *Mehmets Buch. Türkische Soldaten berichten über ihren Kampf gegen kurdische Guerillas*, Suhrkamp Verlag, Berlin 2001.

Pamuk, Orhan: *Istanbul*, Hanser Verlag, München 2006.

Pamuk, Orhan: *Der Koffer meines Vaters. Aus dem Leben eines Schriftstellers*, Hanser Verlag, München 2010.

Sauter, Dieter: *Im Land des Hamam. Begegnungen in der unbekannten Türkei*, F. A. Herbig Verlag, Stuttgart 2006.

Schweizer, Gerhard: *Türkei verstehen. Von Atatürk bis Erdoğan*, Klett-Cotta Verlag, Stuttgart 2016.

Serbes, Emrah: *Deliduman*, binooki Verlag, Berlin 2015.

Shafak, Elif: *Der Architekt des Sultans*, Kein & Aber, Zürich / Berlin 2014.

Shafak, Elif: *Der Bastard von Istanbul*, Kein & Aber, Zürich / Berlin 2015.

Steinbach, Udo: *Geschichte der Türkei*, Verlag C. H. Beck, München 2010.

Strittmatter, Kai: *Gebrauchsanweisung für Istanbul*, Piper, München 2010.

Şükrü Hanioğlu, M.: *Atatürk. Visionär einer modernen Türkei*, Theiss Verlag, Darmstadt 2015.

Tanpınar, Ahmet Hamdi: *Das Uhrenstellinstitut*, Hanser Verlag, München 2008.

Temelkuran, Ece: *Euphorie und Wehmut. Die Türkei auf der Suche nach sich selbst*, Hoffmann und Campe, Hamburg 2015.

Werfel, Franz: *Die vierzig Tage des Musa Dagh*, S. Fischer Verlag, Frankfurt am Main 1990.

Wolf, Klaus: Gallipoli 1915: *Das deutsch-türkische Militärbündnis im Ersten Weltkrieg*, Mittler Report Verlag, Bonn 2008.

Wustmann, Gerrit: *Istanbul Bootleg*, binooki Verlag, Berlin 2013.

Yalçin-Heckmann, Lale / Strohmeier, Martin: *Die Kurden. Geschichte, Politik, Kultur*, Verlag C. H. Beck, München 2016.

Yücel, Deniz: *Taksim ist überall. Die Gezi-Bewegung und die Zukunft der Türkei*, Edition Nautilus, Hamburg 2014.

Zaimoğlu, Feridun: *Siebentürmeviertel*, Kiepenheuer & Witsch, Köln 2015.

Personenregister

Christoph Reuter · Die schwarze Macht

Der »Islamische Staat« und die Strategen des Terrors

Gebunden mit Schutzumschlag, 352 Seiten, 13,5 x 21,5 cm
ISBN 978-3-421-04694-9
€ 19,99 [D] | € 20,60 [A]

Dieses Buch ist auch als E-Book erhältlich.

Der »Islamische Staat« ist unter Druck geraten, aber das macht ihn nur noch gefährlicher. Neben seiner Herrschaft über Teile Syriens und des Iraks versucht er, in neuen Gebieten Fuß zu fassen. Und er orchestriert und inspiriert Terroranschläge, die immer häufiger auch Europa brutal erschüttern. In seinem mehrfach preisgekrönten Buch zeigt SPIEGEL-Korrespondent Christoph Reuter, was der Terror der Dschihadisten bedeutet: für die Menschen in Syrien und im Irak, für die Nachbarstaaten des IS und für uns in Europa.

»Eine faktenreiche und brillante Analyse der Entstehung, des Aufstiegs und der Strategien des IS.« *NDR Kulturjournal*

DVA

Erich Follath · Jenseits aller Grenzen

Auf den Spuren des großen Abenteurers Ibn Battuta durch die Welt des Islam

Gebundenes Buch mit Schutzumschlag, 528 Seiten, 13,5 x 21,5 cm
ISBN 978-3-421-04690-1
€ 24,99 [D] | € 25,70 [A]

Dieses Buch ist auch als E-Book erhältlich.

Ibn Battuta, der »Marco Polo des Orients«, bereiste im 14. Jahrhundert weite Teile der damals bekannten Welt: die Länder des Islam von Marokko bis ins ferne China. Der langjährige SPIEGEL-Korrespondent Erich Follath hat sich auf die Spuren Ibn Battutas begeben und zeichnet in seinem Buch ein beeindruckendes Porträt des Islam gestern und heute.

»Liest sich stellenweise wie ein Abenteuerroman. Dabei ist es einfach nur exzellenter politischer Reisejournalismus.« *Die literarische Welt*

DVA